UNDERSTAND
# INTELLIGENT VEHICLE SAFETY
## WITH ONE BOOK

# 一本书读懂
# 智能汽车安全

## 功能安全、预期功能安全和网络安全

SASETECH 汽车安全社区 　　　　　　组编

边俊 曲元宁 张玉新 毕先改 毕云天 单峻俊 范宏亮 冯亚军
华秋实 李阳泰 林誉森 刘辉 刘擎宇 柳福龙 马小龙 潘文韬
钱杰 秦跃 荣芩 宋涛 隋玉磊 滕飞 王为 王志文 项洪秀
许传斌 杨雪珠 余启灯 张则立 赵鑫 郑亮 周小舟 朱燚 　著

 机械工业出版社
CHINA MACHINE PRESS

**图书在版编目（CIP）数据**

一本书读懂智能汽车安全：功能安全、预期功能安

全和网络安全 / SASETECH 汽车安全社区组编；边俊等著 .

北京：机械工业出版社，2025.3. --（智能汽车丛书）.

ISBN 978-7-111-77273-6

Ⅰ. U461.91

中国国家版本馆 CIP 数据核字第 2025PD8109 号

机械工业出版社（北京市百万庄大街 22 号　邮政编码 100037）

策划编辑：杨福川　　　　　　　　责任编辑：杨福川　董惠芝

责任校对：张勤思　王小童　景　飞　　责任印制：任维东

天津嘉恒印务有限公司印刷

2025 年 3 月第 1 版第 1 次印刷

186mm×240mm・20.75 印张・370 千字

标准书号：ISBN 978-7-111-77273-6

定价：99.00 元

电话服务　　　　　　　　网络服务

客服电话：010-88361066　　机　工　官　网：www.cmpbook.com

　　　　　010-88379833　　机　工　官　博：weibo.com/cmp1952

　　　　　010-68326294　　金　书　网：www.golden-book.com

**封底无防伪标均为盗版**　　机工教育服务网：www.cmpedu.com

在当前智能网联技术高速发展的背景下，汽车安全的地位愈发重要。本书直击行业痛点，对于从事汽车研发、安全管理的人员，以及相关技术的学习者来说，都是一本极具指导意义的参考书。本书不仅系统地阐述了智能汽车安全的核心技术脉络，还通过生动的案例与详细的分析，帮助读者全面理解功能安全、预期功能安全和网络安全的关系与挑战，以及汽车安全行业的发展趋势。

——李波　中国汽车标准化研究院技术专家

本书不仅在技术层面做到了精准与深入，更难得的是将理论与实践紧密结合，适合不同层次的读者阅读。作为高校教育者，我们一直在培养未来汽车行业的技术人才，而本书为智能汽车安全提供了系统、前沿的知识体系，尤其在功能安全、网络安全等关键领域为教学与研究提供了宝贵的参考。它不仅是从业人员的实践指南，也是学术研究和人才培养的优秀教材。

——高振海　吉林大学汽车工程学院教授，

汽车底盘集成与仿生全国重点实验室主任

本书以深厚的理论基础与丰富的实践经验，为智能汽车安全领域提供了一份全面而实用的指南。作为学术研究者和教育者，我深感本书在功能安全、预期功能安全及网络安全等多个关键领域的系统性介绍，对于培养未来汽车工程领域的研究生和博士生具有重要意义。书中的案例与技术剖析不仅能帮助学生理解复杂的安全技术，还能为学术研究提供有力支持，是学术与实践相结合的典范之作。

——朱西产　同济大学汽车学院教授、博士生导师本书以独特的视角和严谨的逻辑，为智能网联汽车安全提供了系统的知识框架和实用的技术方法。作为智能出行领域的研究者，本书对功能安全、预期功能安全和网络安全的全面剖析，恰恰契合了当前智能驾驶与未来出行技术发展的核心需求。它不仅对技术人员有极强的指导意义，也为学术界在智能出行领域的创新研究提供了宝贵的参考资料，是推动汽车安全技术进步和创新的重要力量。

——王红　清华大学车辆与运载学院副研究员、智能出行所副所长

自动驾驶的飞速发展要求功能安全必须与技术创新齐头并进。本书精准呈现了功能安全、预期功能安全与网络安全在智能汽车领域的全景图，尤其在自动驾驶安全的技术实现方面，给予了系统化的指导。对于东软睿驰这样致力于自动驾驶创新的企业，书中的内容不仅能帮助我们在复杂场景下强化系统安全性，也为功能安全专家们提供了理论与实践最佳结合指南。这本书无疑是推动自动驾驶安全迈向新高度的重要工具。

——闻继伟　东软睿驰自动驾驶创新研究部首席专家、功能安全专家

在智能汽车行业的变革浪潮中，安全始终是技术创新的核心驱动力。本书将功能安全、预期功能安全和网络安全的前沿理论与实际应用紧密结合，为华为等致力于智能网联汽车领域的企业，提供了极具参考价值的技术框架。书中系统的分析与大量的案例，为我们在自动驾驶、智能座舱等前沿技术的安全实现上提供了明确的指导。这本书不仅是智能汽车安全技术的实践指南，更是引领未来智能出行的战略参考书。

——尚世亮　汽车功能安全标准化促进中心自动驾驶安全和人工智能研究组组长

本书为当下智能网联汽车的安全技术提供了详细而系统的解读，尤其是在功能安全、预期功能安全和网络安全的深度探讨中，展示了技术与实践相结合的前沿成果。本书对于自动驾驶安全技术进行了精准分析，涵盖了从系统设计、风险评估到安全验证的全流程，帮助行业从业者应对智能驾驶技术落地过程中的安全挑战。它无疑是推动智能驾驶安全技术标准化的重要参考。

——周宏伟　长安汽车功能安全专家

随着人工智能在智能驾驶领域的应用日益广泛，汽车安全面临着前所未有的挑战。本书为我们提供了全面的安全技术指南，特别是在功能安全、预期功能安全和网络安全的探索上，

展现了深厚的技术积淀。对于专注于 AI 与自动驾驶技术融合的地平线，这本书无疑是帮助我们提升技术安全性、应对未来挑战的重要工具。它不仅为智能驾驶系统的开发提供了精准的技术指导，更为智能汽车的安全演进指明了方向。

——杨虎　地平线系统安全总监

在智能汽车与自动驾驶技术的浪潮中，安全始终是技术创新的核心驱动力。本书深入探讨了功能安全、预期功能安全和网络安全的关键技术，全面阐释了如何在复杂的智能驾驶系统中实现高效与安全的融合，不仅为智能汽车领域的技术研发人员提供了清晰的安全指导，还为 AI 驱动的自动驾驶技术的落地与应用提供了实践依据，是每一位致力于智能汽车安全的从业者学习的技术宝典。

——王方方　汽车功能安全标准化
促进中心专家委员会特聘专家，小鹏前自动驾驶系统安全副总监

本书精准抓住了智能网联汽车安全的核心议题，系统地阐述了功能安全、预期功能安全和网络安全在汽车研发中的重要性与复杂性。对于致力于打造下一代智能电动车的企业而言，这本书为我们提供了深入的技术指导，尤其是在自动驾驶和车联网等领域的安全问题上，给予了可操作的解决方案。书中丰富的案例和实践经验对于提升产品安全性、优化用户体验具有极大的参考价值，是智能汽车开发团队的优秀读物。

——刘彦军　蔚来汽车综合安全开发部高级总监

智能网联汽车的普及让汽车安全技术成为行业的核心议题。本书紧跟产业发展的前沿，系统梳理了功能安全、预期功能安全和网络安全三大领域，特别适合汽车行业的技术人员和管理人员阅读。本书通过理论与实际案例相结合的方式，深入浅出地揭示了智能汽车在设计、研发和运营中的安全挑战及解决方案。对于希望在智能汽车安全领域拓展视野的从业者来说，这本书提供了清晰的学习指导路径，可以帮助他们更好地理解行业动态和技术应用。知行汽车深信，本书将为行业的安全技术进步提供实质性贡献，助力智能汽车产业的稳健发展。

——宋炜瑾　知行汽车首席信息官

随着智能网联汽车的快速发展，安全问题日益凸显。本书通过详细的技术剖析和丰富的行业案例，系统性地展示了功能安全、预期功能安全和网络安全的技术细节及其在智能汽车

中的实际应用。本书为行业从业者提供了一条清晰的知识学习路径，尤其在汽车安全技术的落地方面具有重要的指导价值。对于希望深入理解汽车安全的工程师与技术管理者来说，这本书提供了独特的视角和可操作的解决方案。

——唐春蓬　中国汽研信息智能事业部功能安全科科长

随着智能网联汽车技术的迅猛发展，汽车安全成为当前产业发展的重中之重。尤其在国家政策的推动下，智能汽车的功能安全、预期功能安全和网络安全得到了前所未有的关注。本书正是顺应这一趋势，以通俗易懂的方式对三大安全体系进行了系统梳理。本书不仅为智能汽车安全从业者和爱好者提供了理论学习与实践指导，还通过真实案例深度剖析了智能汽车安全面临的挑战与应对策略。对于任何希望深入了解智能汽车安全领域的专业人士、技术人员及汽车行业的管理者来说，这是一本不可多得的参考书，能够帮助快速掌握核心安全知识，并在实践中有效应用。赛宝作为电子技术标准和检测领域的专家，认为本书是提升智能汽车安全认知的宝贵资源，将为行业的技术进步和安全保障提供有力支持。

——李乐言　工业和信息化部电子第五研究所车联网安全技术总监

本书是一本难得的全面解析功能安全、预期功能安全和网络安全的著作，它将复杂的技术概念以简明、务实的方式呈现，尤其对功能安全的深度剖析，极具实际操作价值。书中不仅覆盖了从概念设计到系统验证的完整流程，还通过丰富的案例展示了在智能汽车研发中的应用场景。这对负责功能安全测试与评估的技术人员来说，是一本不可多得的参考指南，也为行业安全标准的完善提供了宝贵的见解。

——王潇屹　上海汽检功能安全负责人

安全是智能汽车时代不可妥协的基石，而本书为这个复杂的领域提供了清晰的指引。它不仅深入阐述了功能安全、预期功能安全和网络安全，还以实用的案例帮助技术人员快速掌握关键点。对于那些致力于提升汽车安全标准的专家和工程师来说，这是一本不可多得的实用指南，能为实际工作提供直接的帮助和启发。

——薛剑波　舍弗勒智能驾驶科技转向业务单元总监

在智能汽车领域，安全技术是推动创新的基石。本书通过深入分析功能安全、预期功能安全和网络安全，为智能网联汽车的安全提供了全面的指导。对于大众汽车这样的全球汽车制造领军企业，这本书不仅能帮助我们在技术落地过程中保障安全，也能为未来出行安全标准的完善提供重要的理论支持。它是所有从事汽车安全领域技术人员的优秀参考书。

——张乐敏　上汽大众 GB/T 34590 起草组成员

底盘作为汽车安全的基石，其功能安全的保障至关重要。本书从功能安全、预期功能安全到网络安全，全面覆盖了智能汽车安全的关键领域。书中的系统分析和实战经验，尤其在底盘安全的设计与实施方面，提供了深刻的见解和实用的解决方案。对于泛亚汽车这样专注于汽车底盘技术安全的企业，本书是提升产品安全性和可靠性的绝佳参考，值得每一位从事功能安全的技术人员深入研读。

——李珍珍　泛亚汽车底盘功能安全负责人

随着智能网联汽车技术的日益成熟，安全成为行业发展的核心议题。本书通过对功能安全、预期功能安全及网络安全的全方位剖析，展现了智能汽车安全的复杂性与关键要点。对于德勤这样在战略咨询和技术实施方面有着深厚积累的企业，这本书为我们在智能汽车安全评估、合规性咨询及技术解决方案方面提供了宝贵的参考。它不仅能帮助企业理解技术实现的风险，还为推动整个行业的安全标准化提供了坚实的理论支持。

——刘征　德勤车辆合规业务总监

随着智能网联汽车技术的快速发展，安全问题成为不可忽视的核心议题。本书以全面且实用的方式，深入探讨了功能安全、预期功能安全和网络安全三大关键领域。书中的内容不仅涵盖最新的行业标准和技术趋势，还通过大量的案例分析帮助读者理解如何在实际应用中解决复杂的安全挑战。对于智能网联汽车从业者，尤其是技术研发人员和安全工程师而言，本书是一本不可多得的实操指南，能够帮助读者全面掌握智能汽车安全技术的关键知识点，并在实践中获得宝贵经验。作为智能网联汽车安全领域的领先企业，赛目认为本书将为推动汽车安全技术的提升与创新提供强大的支持。

——薛晓卿　赛目科技前瞻事业部总监

# 前　　言 *Preface*

## 为什么要写这本书

　　作为国内首个由汽车安全技术专家共同发起的公益型社区，SASETECH 成立以来已经服务了行业内超过 80% 的汽车安全从业者。一直以来，我们尝试通过线下沙龙、线上技术直播等多种方式，为汽车安全从业人员提供技术交流与学习的平台，努力推动汽车安全行业的进步。在与汽车行业接触的过程中我们发现，越来越多的人开始关注汽车安全，越来越多的相关行业企业也开始关心汽车安全。特别是在国家政策的推动下，国内的汽车安全领域迎来了春暖花开的时节。

　　2023 年 11 月，工业和信息化部、公安部、住房和城乡建设部、交通运输部联合发布了《关于开展智能网联汽车准入和上路通行试点工作的通知》，标志着我国的智能驾驶进入了新的发展阶段，也标志着我国智能网联汽车的技术水平达到了一个新的高度。同时，我国在自主芯片研发方面也在不断努力，在国产汽车芯片兴起的趋势下，更多的技术方案与技术创新如雨后春笋般涌现。特别是在国家对新能源汽车发展的大力支持下，所有相关产业都将掀起一股发展热潮。而这其中，汽车安全自然是极其关键的一环。

　　国内汽车安全领域已历经多年风雨，然而，一直以来，这一领域缺乏一本能够让从业人员迅速了解该行业及其相关技术的通俗易懂的书籍。市场上的大多数图书，要么是对汽车安全某一个细分领域的介绍，要么是以理论为依据的教科书式读物。对于一些刚入行的人员以及企业内从事汽车安全相关岗位的人士来说，了解汽车全域安全的渠道和方式非常有限。

因此，我们与众多汽车安全专家一起编写了这本能够让初学者快速入门的汽车安全技术图书。我们希望读者通过这本书，快速了解汽车安全的整体技术脉络。同时，我们更希望有越来越多的企业和技术人员能够通过这本书了解汽车安全、走进汽车安全，为汽车安全的发展添砖加瓦。希望本书能为国内汽车安全技术的发展，乃至整个汽车行业的发展贡献一份微薄之力。

## 读者对象

- ❑ 汽车安全行业的技术人员
- ❑ 从其他行业转入汽车安全行业的管理者或工程师
- ❑ 开设相关课程的院校老师及学生
- ❑ 智能网联汽车等新兴科技的爱好者

## 本书特色

区别于其他技术型书籍，本书通过理论联系实际的形式，以方法论加案例阐释的逻辑，为读者展现了一幅汽车安全技术全景。通过宏观与微观、纵向与横向的切换和比对，形成以汽车安全和研发流程为主线，功能安全、预期功能安全、网络安全融为一体的模式。

另外，本书的作者几乎全部来自一线的汽车安全领域，他们突破了诸多传统理论框架，摒除了一些空泛的理论和基础释义，真正为读者呈现了一部在工作实践、学术研究中具有指导意义的词典式参考书籍。

## 如何阅读本书

本书将汽车安全（包括功能安全、预期功能安全以及网络安全）融入产品研发流程展开介绍，共 7 章。

第 1 章系统性地讲述汽车的三大安全体系——功能安全、预期功能安全和网络安全的概念，全面阐述它们在汽车产品设计理念、实现方式等方面的差异，同时介绍三者之间的内在联系和相互影响。读者可以从中了解三大安全体系的发展现状。

第 2 章介绍安全文化在企业内部安全工作顺利落地过程中的重要作用，具体阐述了安全文化这一软实力如何确保安全理念贯穿产品的全生命周期，并在组织架构优化、安全团队建设、管理措施制定等多个层面发挥积极的作用，从而构建系统化的安全管理体系。

第 3 章介绍安全概念阶段的安全相关工作，具体讲述了功能安全、预期功能安全和网络安全三大体系的潜在风险，并阐述了三大安全体系在概念阶段的要求和工作重点，为后续开发奠定基础。

第 4 章介绍系统阶段的安全相关工作，阐述功能安全、预期功能安全和网络安全三大体系在该阶段的开发流程要求，以及主流的设计方法。

第 5 章介绍硬件开发阶段的安全相关工作，具体阐述了功能安全、网络安全对传统硬件开发流程（包括失效分析、安全机制设计、失效度量、集成测试等）的新要求，并探讨了芯片层面的功能安全开发。

第 6 章介绍软件开发阶段的安全相关工作。在阐述软件开发流程的基础上，融入功能安全和网络安全的具体要求，重点介绍了基于模型的开发方法，并列举了软件安全设计、编码和验证过程中常用的工具，为实现产品功能及安全机制提供切实可行的指导。

第 7 章介绍验证与确认阶段的安全相关工作。这是确保三大安全体系要求落实的关键环节，论述了功能安全、预期功能安全和网络安全在验证与确认方面的差异化要求，并结合实际案例，深入分析了各种可行的方法，为读者提供宝贵的实践经验。

## 勘误和支持

由于作者水平有限，书中难免会出现一些错误或不准确的地方，恳请读者批评指正。联系邮箱 admin@sasetech.com.cn，微信公众号 sasetech。

## 致谢

感谢边俊、曲元宁、张玉新一直以来的辛苦编撰，感谢毕云天、单峻俊、范宏亮、冯亚军、华秋实、李阳泰、林誉森、刘辉、刘擎宇、柳福龙、马小龙、潘文韬、钱杰、秦跃、荣芩、宋涛、隋玉磊、滕飞、王为、王志文、项洪秀、许传斌、杨雪珠、余启灯、张则立、赵鑫、郑亮、周小舟、朱燚（排名不分先后）等的参与创作与协同支持。

特别感谢毕先改等对审阅工作的支持，最终让内容以更清晰的形式呈现给读者。

谨以此书献给所有热爱汽车安全的人。

SASETECH 汽车安全社区

2024 年 3 月 13 日

# 目　录 *Contents*

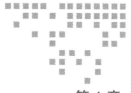

第 1 章 *Chapter 1*

# 智能汽车安全概述

  汽车开发中涉及的安全概念包含被动安全、主动安全、数据安全、功能安全、网络安全（信息安全）、预期功能安全等。

  被动安全和主动安全属于传统的安全领域。从整车安全的发展历程来看，在过去传统汽车车内环境相对封闭的状态下，被动安全是安全的基础和最后屏障，能在事故发生时最大限度地减轻人身伤害，主动安全则是监测并避免车辆失控及交通事故的发生。

  随着汽车电子电气技术的发展，系统逐渐从封闭向智能化、开放化演进。为避免系统功能性故障导致的不可接受风险，功能安全应运而生。随着高级驾驶辅助系统（ADAS）的复杂化，功能安全逐渐延伸至预期功能安全（SOTIF）。汽车网联化和智能化的演进，如增加了LTE、蓝牙、WiFi等对外通信接口，以及娱乐应用、远程升级、远程控制、V2X等联网功能，使得网络安全越来越受到关注和重视，保护相关的安全资产及功能免受威胁变得尤为重要。此外，车辆运行数据、交互数据、采集数据等带来了大数据的爆发，数据成为用户和企业的重要安全资产。智能汽车的数据安全问题也进入了监管视野，要求坚持车内处理、匿名化、最小保存期限、精度范围适用和默认不收集的处理原则。保障汽车重要数据及个人数据的全生命周期安全，成为整个产业面临的新挑战。

  整车的安全开发要秉承安全第一的理念，构建健全的安全业务体系及管理体系，采用先进的安全防护技术，通过充分验证把好产品安全关口，确保安全运维与运营，实现整车产品全维度、全生命周期的安全防护。主动／被动安全由原有的传统安全部门负责开发，企业级的数据、信息安全由 IT 部门负责管理，系统安全由新的系统安全部门负责开发和运维管理。

本章将重点介绍电子电气安全。首先，通过几个经典案例引出三类安全：功能安全、预期功能安全和网络安全。接下来介绍这三类安全的基本概念及相关技术，并阐述它们之间的相互关系。在这三类安全中，功能安全是基础，只有实现了功能安全，才能保证车辆的正常运行和故障后的安全问题解决。预期功能安全是智能车辆高级辅助驾驶和自动驾驶落地的关键保障，只有满足了预期功能安全要求，才能让驾驶员放心地把驾驶任务交给车辆。网络安全是网联车辆安全的重要保障，只有保证网络安全，才能有效防止设备通信故障和恶意攻击，确保设备和网络的正常运行。

随着智能网联等技术的发展，三类安全有逐渐融合的趋势。通过整合技术和资源，可以提升体系化效率，更好地保障电子电气安全。在这个过程中，我们需要关注三类安全的定义和范围、历史发展过程、行业发展现状、面临的挑战以及实践情况，以便更好地理解和应对安全问题。

## 1.1 安全简介

在本节中，我们将从四个方面对智能汽车安全进行介绍。首先，通过行业内经典的安全案例引出三类安全：功能安全、预期功能安全和网络安全。接下来，我们将介绍这三类安全的关系，并结合关联技术领域，让读者对智能汽车安全有更全面的认识。最后，我们将从系统工程角度阐述智能汽车安全的实施和落地的关键路径。

### 1.1.1 三类安全的案例

随着电子信息技术的快速发展和汽车制造业的不断变革，电子控制、计算机、通信等技术日新月异，汽车的电子化程度逐年加深。在电动化、网联化、智能化等趋势的驱动下，汽车电子化水平不断提高，汽车电子在整车制造成本中的占比逐年上升，预计到 2030 年将接近 50%。

近年来，中国汽车电子市场规模一直保持稳定增长。根据公开数据，2020 年和 2021 年市场规模分别达到 1 029 亿美元和 1 104 亿美元。2020 年全球汽车电子市场规模约为 2 180 亿美元，预计到 2028 年将达到 4 000 亿美元。

2020 年 10 月，国务院办公厅印发了《新能源汽车产业发展规划（2021—2035 年）》，提出坚持电动化、网联化、智能化发展方向，以融合创新为重点，突破关键核心技术，优化产业发展环境，推动我国新能源汽车产业高质量可持续发展，加快建设汽车强国。到 2025 年，新能源汽车新车销量占比将达到 20%，高度自动驾驶汽车将在限定区域和特定场景实现商业化应用。在国家有关政策的大力支持下，新能源汽车与智能网联汽车将进入发展的快车道。同时，自动驾驶技术也在日新月异地发展。据统计，2021 年 L0 级安全辅助系统渗透率超过50%，L1 级部分驾驶辅助系统渗透率为 25%，L2 级辅助驾驶系统渗透率为 20%，预计 2030 年 L2 级辅助驾驶系统渗透率将达到 57%，L3 级有条件自动驾驶系统渗透率和 L4 级高度自动驾驶系统渗透率分别增长至 7.0% 和 3.0%。

电动化、智能化、网联化、自动化的趋势给用户带来了更好的体验，同时也给汽车安全带来了严峻的挑战。汽车安全涉及的内容非常广泛，本书聚焦于功能安全、预期功能安全以及网络安全，即汽车电子电气方面引起的安全。在介绍这三类安全的基本概念之前，我们通过一些有影响力的案例来引出三类安全，以说明这三类安全对汽车的重要性。

### 1. 功能安全案例

2016 年，丰田汽车因电子油门控制系统故障在全球范围内召回数百万辆汽车，这一事件被称为"丰田刹车门"。该事件引发了公众对汽车电子安全的广泛关注和讨论。

丰田刹车门事件始于 2009 年，当时多起车辆失控事故引起了公众的广泛关注。美国国家公路交通安全管理局（NHTSA）编撰的一份报告显示，该机构收到了超过 3 000 份针对丰田汽车突然加速问题的投诉，其中一些投诉日期要回溯到 2000 年初。这些事故中包括导致 93 人死亡的 75 次致命性撞车。根据 NHTSA 提交给美国国家科学院（National Academy of Sciences）的信息，这些致命性撞车事件中的一次事故是由丰田汽车的问题引起的。该事故发生在 2009 年 8 月 28 日，一份时长仅 49s 的 911 报警录音显示，一辆雷克萨斯汽车（丰田汽车公司旗下品牌）在美国加利福尼亚州圣地亚哥附近的高速公路上行驶时加速踏板被卡住。录音的结尾部分传出惊恐的尖叫声，之后这辆雷克萨斯车毁人亡。这场车祸夺去了高速公路巡警马克·塞勒及其妻子、女儿和妻弟共 4 条生命。尽管一些声称丰田和雷克萨斯汽车失控的案例里可能是汽车司机想踩刹车时错误地踩上了加速器，但这并不能排除丰田在汽车突然加速方面存在的两个问题：油门踏板卡壳以及脚垫会使油门踏板卡在车厢底板上。这一事故进一步引发了丰田汽车大规模召回事件。自此，美国联邦检察官办公室以及 NHTSA 等相关机构对此事件展开了长时间的调查，调查内容包括电子控制技术是否存在明显缺陷而导致了其中一些事故的发生。

该研究和本书所述的三类安全之一（面向电子电气系统功能失效的功能安全）密切相关。

2. 预期功能安全案例

功能安全分析是基于电子电气系统功能的失效进行安全分析，简单来说，即考察其安全相关的失效率以及失效后的安全设计是否达到要求。随着 ADAS 的日益复杂，比如引入了各种复杂的感知系统（如毫米波雷达、激光雷达、摄像头）和自动驾驶算法（如深度学习）等，即便这些系统功能不发生失效，也存在安全隐患，如这些感知系统在执行预期功能时因环境感知能力的不足和算法的缺陷在某些情况下会产生危害，从而影响行车安全。

据公开信息，2018 年 3 月 18 日晚上 10 点左右，Uber 的一辆自动驾驶汽车在 Tempe 市与一名过马路的行人相撞，该行人后来在医院不治身亡。

预期功能安全主要关注系统在没有故障时，可能因功能不足、性能限制或用户操作错误而产生的危害。这起事故与预期功能安全有着紧密的关系，主要表现在以下几个方面。

- 传感器的局限性：Uber 车辆装备有摄像头、激光雷达等多种传感系统。这些传感系统在理想条件下能够检测到周围的物体。然而，事故发生时，由于行人处于暗处，传感系统虽然收集到了行人的数据，但在撞击前 6s 内将其解读为未知物体、车辆和自行车。这表明，传感系统在特定环境下的识别能力存在局限性。
- 算法的解读与反应：即使传感系统正常工作，如果算法不能正确解读传感系统数据并做出适当的反应，也可能导致安全事故发生。在此案例中，即使传感系统识别出了行人，也显然没有采取足够的措施来避免撞击，这指向了算法在态势感知和决策方面的不足。
- 整体系统的设计与评估：在设计和评估阶段，预期功能安全要求考虑各种可能的操作场景，包括传感系统可能无法完全识别的情况。这意味着需要对自动驾驶汽车的整体安全性进行全面分析，以确保在各种复杂环境下都能保持安全行驶。
- 人为因素：尽管事故中的安全驾驶员被指控有过失，但这也反映了在自动驾驶系统中，人类驾驶员的作用和责任仍需明确界定。预期功能安全不仅涉及技术层面，还涉及人机交互以及安全驾驶员的培训和准备情况。

❑ 法律与伦理责任：此类事故还引发了关于自动驾驶汽车法律责任的讨论。如何分配责任、如何制定标准以及如何通过立法和保险制度来处理事故，都是预期功能安全需要考虑的问题。

综上所述，Uber 的这起事故凸显了预期功能安全在自动驾驶汽车研发和部署中的重要性。这就引出了本书关注的第二个安全话题——预期功能安全，即电子电气系统是否能够执行预期功能，或者在执行预期功能时是否存在因功能不足、性能受限或者合理可预见的人员误用引起的安全风险。例如，传感系统在暴雨、积雪等天气情况下，本身并未发生故障，但可能已无法执行预期的功能。

### 3. 网络安全案例

网络安全事件中最著名的无疑是 2015 年的吉普切诺基黑客攻击演示。安全研究专家 Charlie Miller 和 Chris Valasek 展示了一次引人注目的汽车黑客攻击实验，他们成功地远程控制了一辆 2014 年款的吉普切诺基。这一事件不仅震惊了整个汽车行业，也引起了广泛的关注，并最终导致对车辆大规模召回，以进行软件安全更新。

Miller 和 Valasek 的研究集中在利用联网汽车的漏洞进行远程攻击方面。他们首先通过汽车的 Uconnect 系统——一个连接到互联网的车载娱乐系统——找到了进入汽车控制系统的方法。他们发现，Uconnect 系统中存在的漏洞能让任何知道汽车 IP 地址的人从全国任何地方进入该系统。利用这个漏洞，Miller 和 Valasek 能够向汽车的内部控制器局域网络（Controller Area Network，CAN）发送指令。CAN 总线负责在车辆的各种电子控制单元（ECU）之间传递信息，ECU 控制着许多关键功能，如自适应巡航控制、电子刹车、停车辅助和转向柱控制。

在实验中，Miller 和 Valasek 演示了如何完全控制汽车的音乐播放器，设置收音机的频道和音量，以及追踪汽车。更重要的是，他们还能够远程控制汽车的方向盘、引擎、变速器和刹车系统。这表明，现代联网汽车中的网络安全漏洞可能导致严重的安全问题。

这次攻击后，菲亚特召回了 140 万辆吉普切诺基，并发布了一个补丁来关闭这个漏洞。这是第一次因软件安全问题而对大规模生产的产品进行物理召回。Miller 和 Valasek 的研究强调，汽车制造商需要在生产周期的早期提高汽车的网络安全性，因为在实验室阶段解决问题远比召回或发布补丁更容易。

Miller 和 Valasek 的这次实验不仅展示了现代汽车网络安全的脆弱性，还揭示了随着更多的计算机和网络组件被集成到车辆中汽车安全研究的重要性。他们的研究结果和使用的工具被公开发布，以鼓励其他人深入研究汽车的安全性。

这个案例是对汽车行业的一个重要警告，表明在车辆设计和生产过程中，解决网络安全问题迫在眉睫。随着汽车逐渐变为复杂的网络化智能系统，联网不仅提供了便利和新功能，也为黑客提供了新的攻击面和途径。比如，勒索软件导致汽车制造商生产业务中断，黑帽黑客的攻击以及安全研究员对车辆系统的测试等，都表明了网络安全对现代汽车行业的重要性。目前，大约四分之一的车辆以某种方式接入网络，预计到 2025 年，每八辆汽车中将有七辆是联网汽车。

人们逐渐意识到车辆网络安全漏洞可能带来的严重影响，确保车辆网络安全已成为汽车制造商和相关行业的重中之重。

## 1.1.2 三类安全的概念和关系

功能安全、预期功能安全和网络安全是本书重点阐述的三个安全体系。三者既相互关联，又各自有不同的侧重点。电子电气系统的安全通常需要综合三个维度考虑。

在汽车行业中，功能安全、预期功能安全和网络安全标准共同构成了汽车安全的框架。功能安全关注的是由于电子电气系统故障而引起的危害，预期功能安全则关注系统功能不足或用户误操作而产生的风险。相比之下，网络安全专注于人为恶意攻击给整车及相关系统带来的危害，涵盖了针对威胁场景的防御措施和关键敏感信息保护。

在这三类安全中，功能安全和预期功能安全的关系更为接近（如图 1-1 所示），因为二者都关注车辆内部原因对人身安全的影响，威胁来自车辆本身。功能安全旨在防止电子电气故障引起的（对人的）危害，其核心在于规避故障，因此解决的是电子电气系统的故障问题。对于电子电气系统而言，主要存在两类故障：一类是随机性故障（硬件故障随机发生，不可避免和消除，只能控制），另一类是系统性故障（人为错误导致，可通过流程和异构冗余机制避免）。从字面上理解，预期功能安全主要强调功能的预期性，防止因功能与预期不一致引起的风险，并对预期不一致的原因（功能不足、性能局限、用户误操作）进行限定。性能局限如超出传感器的标称精度导致的感知不准确，用户误操作即人为对功能的错误使用。这时，系统并未出现故障，仍处于正常运行状态。因此，预期功能安全侧重于解决系统在非故障状态下可能面临的风险。

网络安全的英文为 Cyber Security，其含义很广泛，包括人身安全、隐私安全，甚至国家安全。之所以翻译为网络安全或信息安全，是因为其关注的对象是网络空间的安全。这里的网络空间不应简单理解为互联网，而是涵盖车内网络、车外云端网络、汽车相关交通设施，以及汽车开发、生产、售后管理等网络。网络安全主要是防止重要的控制系统和通信设备对外开放了控制接口而导致的蓄意/恶意攻击，避免人身受伤害、隐私泄露、财产损失等安全风险。网络安全强调保护车辆系统（无论产品还是设备的数字资产）免受外部威胁。

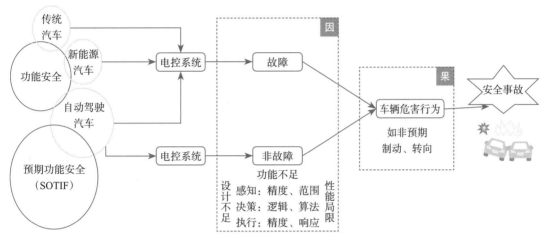

图 1-1　功能安全和预期功能安全的关系

功能安全、预期功能安全和网络安全三者之间的关系可以通过表 1-1 来呈现。

表 1-1　功能安全、预期功能安全和网络安全三者之间的关系

| 安全类别 | 标准 | 重点关注领域 | 描述 |
|---|---|---|---|
| 功能安全 | ISO 26262<br>GB/T 34590 | 电子电气系统故障引起的危害 | 防止系统故障导致的风险 |
| 预期功能安全 | ISO 21448<br>GB/T 43267 | 系统功能不足或用户误操作引起的风险 | 防止系统正常运行时可能出现的不安全情况 |
| 网络安全 | ISO/SAE 21434 | 恶意攻击 | 防止恶意攻击对汽车系统造成的危害，涵盖信息保护和防御措施 |

由此可见，一个安全相关的电子电气系统的安全问题需要从功能安全、预期功能安全和网络安全三个层面共同解决，缺一不可。任何一个层面出现短板，都会导致其他两个层面的努力功亏一篑。例如，一个系统即便在功能安全和预期功能安全层面设计的机制近乎完美，但如果系统与外部连接的安全没有保障机制，也达不到应有的安全要求。

预期功能安全的发展晚于功能安全，但随着汽车智能化以及辅助驾驶和自动驾驶技术的

发展，预期功能安全越来越重要。预期功能安全与功能安全在开发方法和流程上有众多相似之处，行业内提出了将二者结合起来的开发方法，以提高开发效率。图 1-2 为 GB/T 43267 中介绍的二者相融合的方法。

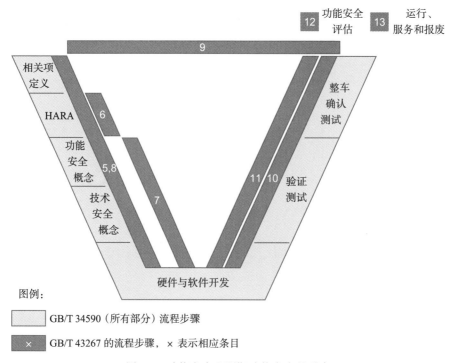

图 1-2　功能安全和预期功能安全的融合

从开发体系上来看，不仅功能安全和预期功能安全可以融合，三类安全有全方位融合的趋势，如图 1-3 所示。

智能网联的快速发展对安全性提出了更高的要求，这对从事汽车安全工作的人员全面利好。新的技术和业务带来的新体系是未来汽车安全的主要发展方向。如何有效地将安全体系与企业的产品开发、运营管理、质量管理体系相结合是一个挑战，另一个挑战在于售后的安全响应，即安全运营体系。除了同安全体系的融合之外，同产品开发流程（GVDP/APQP）、软件质量体系（ASPICE/CMMI）、质量管理体系（IATF 16949）、信息安全相关体系（ISO 27001/TISAX）等的结合也是非常重要的。

一位全面的汽车功能安全从业者应该注意到，汽车功能安全也在经历跨界。相信在未来的几年，汽车安全行业会更加切实地探索出一条与业务融合的道路。

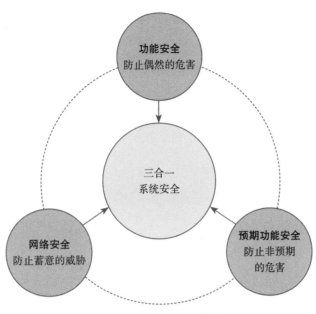

图 1-3　三类安全的融合

## 1.1.3　关联技术领域

功能安全、预期功能安全以及网络安全的实现都离不开可靠性这个技术领域。下面阐述三类安全与可靠性之间的关系，其中由于功能安全和可靠性有更多可以比较的方面，因此做重点阐述。预期功能安全和网络安全与可靠性之间的比较稍加说明。

### 1. 可靠性的定义

可靠性是指产品在规定的条件下和规定的时间内，实现规定功能的能力。可靠性的概念可以从以下方面理解。

（1）规定条件

规定条件一般是指产品工作的环境，包含气候环境（如温度、湿度、气压、烟雾等）、机械环境（如振动、冲击、碰撞等）、电应力环境（如电压、电流和电场等）和电磁环境（如磁场、电磁波辐射等）。

（2）规定功能

规定功能是指产品的功能及性能指标，涉及的可靠性标准大多是一些试验标准，如 ISO 7637《道路车辆　由传导和耦合引起的电骚扰》。目前，汽车行业还没有统一规定的可靠性设计的指导标准，但指导可靠性设计的参考教材比较多，例如：梁开武所著的《可靠性工程》(国防工业出版社于 2014 年出版)。

（3）规定时间

GJB 450B—2021《装备可靠性通用要求》在可靠性参数的定义中有关于时间的参数，例如 MTBF（平均无故障工作时间）和 MTTF（平均故障时间），这些参数可用于在一定的时间范围内评估装备的可靠性。

从可靠性的角度分析，关注的对象是产品的功能。可靠性设计应围绕产品的功能，从产品的研发、用料、制造工艺等方面延长产品的使用寿命。

2. 三类安全与可靠性的区别

可靠性与三类安全的区别如下。

（1）侧重点不同

三类安全强调对风险的控制，可靠性侧重延长产品的寿命。

（2）目的不同

可靠性设计的目的是维持系统的功能，确保产品可以无故障地长时间工作；三类安全设计的目的是防止事故和攻击事件发生，避免人员伤亡、财产损失、隐私信息泄露。

（3）设计方法不同

可靠性常用的设计方法包括降额设计、冗余设计、容差设计、简化设计、热设计、EMC（电磁兼容）设计等。功能安全设计的核心是安全机制，包括冗余设计、诊断设计、报警设计、过渡到安全状态的设计等。预期功能安全设计的核心在于对潜在的驾驶场景进行全面分析，确保系统即使在未知或异常情况下也能保持安全运行，从而降低系统设计不足或操作错误导致的风险。网络安全设计的核心是针对威胁和攻击的缓解措施，包括硬件防护设计、系统应用安全设计、通信安全设计、数据安全设计、软件升级安全设计等。

（4）分析侧重点不同

虽然可靠性分析和三类安全分析都使用了故障树分析（FTA），但分析的侧重点是不同的。三类安全侧重于风险危害的分析，可靠性则侧重于功能失效的分析。

（5）验证方法不同

可靠性设计的验证方法同样适用于三类安全设计的验证，但三类安全设计的一些验证方法，如故障注入测试，并不适用于可靠性设计的验证。

（6）管理方法不同

三类安全设计对管理的要求更高，使用了更多的管理方法。其中，安全需求管理、安全分析、安全设计等管理过程，并不适用于可靠性设计的管理，但可靠性设计的管理方法适用于功能安全设计的管理。

（7）度量指标及评价方法不同

功能安全常用的度量指标包括单点故障度量（SPFM）、潜伏故障度量（LFM）、随机硬件失效概率度量（PMHF）。可靠性常用的度量指标包括可靠度、失效率（故障率）、平均无故障工作时间（MTBF）、可靠寿命等。

两者的度量指标不同导致评价方法也不同。功能安全越好，并不意味着可靠性越高；同样，可靠性高也不代表功能安全就好。功能安全好的产品，可靠性可能会降低。反之，可靠性很高的产品，如果在设计中不考虑安全机制，功能安全也不会很好。

预期功能安全和网络安全尚没有明确的度量指标。

### 3. 三类安全与可靠性的关联性

网络安全的基础是系统脆弱性和社会工程学。可靠性不足，网络安全措施也可能失效，二者关联性不大。可靠性与功能安全、预期功能安全有较大的关联性，三者共享设计方法、分析方法、验证方法等。因此，这里重点介绍可靠性与功能安全、预期功能安全之间的关联性。

1）可靠性是功能安全和预期功能安全的基础。在产品可靠的前提下，考虑功能安全和预期功能安全才有意义。对于不可靠的产品，功能安全和预期功能安全无从谈起。

故障是可靠性和功能安全的共同根源。在防止故障发生方面，可靠性和功能安全的目标一致。在安全机制确定的情况下，可靠性越高，功能安全也越好。因此，提高系统的可靠性也有利于提高功能安全。一般情况下，系统不可靠会导致功能安全不满足要求。例如：电动助力转向系统（EPS）发生故障时，不仅会影响正常的驾驶转向操作，还可能导致车辆驶出正常轨道，造成人身伤亡。反之，可靠性达到要求并不意味着功能安全已达成。在可靠性指标达成的情况下，我们还需要定义功能安全机制，使得系统在功能失效发生时能够进入安全状态。例如：EPS 在可靠性接受失效下发生了随机硬件失效，如果没有功能安全机制被触发进入安全状态，会导致违背功能安全的碰撞事件发生。

预期功能安全要防止因预期功能不足或性能局限引起的危害。它基于产品的可靠性达到一定要求。例如，自动驾驶车辆的感知系统如果可靠性不足，会直接导致功能不足或性能局限。反之，可靠性达到要求并不代表预期功能安全已达成。例如，自动驾驶车辆的感知系统如果功能定义不足，就会导致在某些运行场景下无法探测出障碍物，进而导致无法避免撞到障碍物的安全风险。

2）可靠性和功能安全、预期功能安全具有共同的理论基础。可靠性工程的基础理论（如概率论和数理统计、常用分布函数、失效率与失效分布、浴盆曲线、常用可靠性模型等）同样适用于功能安全和预期功能安全设计。

3）可靠性和功能安全、预期功能安全有共同的设计方法。由于可靠性是功能安全和预期功能安全设计的基础，因此，可靠性设计的常用方法同样适用于功能安全和预期功能安全的设计。例如，冗余设计既是可靠性设计常用的方法，也是功能安全和预期功能安全常用的安全机制设计方法。

4）可靠性和功能安全、预期功能安全有共同的分析方法。FMEA（失效模式与影响分析）、FTA（故障树分析）等方法既适用于可靠性的设计分析，也适用于功能安全和预期功能安全的设计分析。

5）可靠性和功能安全、预期功能安全有共同的验证方法。与可靠性相关的测试方法（如气候环境测试、电磁环境测试、机械环境测试等）同样适用于功能安全和预期功能安全的测试。评审、仿真等验证方法既适用于功能安全和预期功能安全的测试，也适用于可靠性的测试。

6）可靠性和功能安全、预期功能安全有共同的开发工具。目前，市场上流行的多款可靠性开发工具同样适用于功能安全和预期功能安全的开发。

7）可靠性和功能安全、预期功能安全有类似的管理要求。无论功能安全、预期功能安全还是可靠性，不仅对技术有要求，对管理也有要求，在管理流程中有很多类似之处。可靠性设计的管理要求同样适用于功能安全、预期功能安全的设计。功能安全与可靠性之所以有很多关联，是因为故障是它们共同的根源。一切关于故障分析和故障处理的理论，既适用于功能安全，也适用于可靠性。

功能安全、预期功能安全、网络安全和可靠性之间的关系是动态和多维的。理解并实现它们之间的平衡是确保系统整体安全性和可靠性的关键。通过不断的技术创新和标准的改进，可以更好地应对这些挑战。

## 1.1.4 安全系统工程

### 1. 系统工程

系统工程是实现系统安全的前提，安全系统工程是其典型的专业工程之一，智能汽车安全系统工程是安全系统工程面向智能汽车领域的应用。人类在长期的生产实践活动中，逐渐形成了朴素的系统思想——把事物的各个组成部分联系起来，从整体上进行综合分析。

系统思想古已有之，但是"系统工程"这个概念出现的时间还不到 100 年，源于 20 世纪 40 年代以来定量化系统思想的实际应用。作为新兴专业，系统工程处于快速发展中，相关的方法和技术还在不断涌现和改进，应用领域不断拓展。

系统工程在系统思想的指导下，综合应用自然科学和社会科学中的相关理论、方法和工具，对系统的功能、构成和信息流等实际问题进行分析和处理，以达到最优规划设计和控制管理的目的。它既是一门统筹全局、协调研究系统的科学，又是一项系统开发、设计、测试、验证、实施和运用的工程技术。系统工程涉及的基础学科包括系统论、控制论、运筹学和信息论等，这些基础学科的研究极大地促进了系统工程的实际应用。

系统工程的主要研究对象是较为复杂的大系统，早期在美国航空航天和相关武器领域发挥了巨大的作用。在当今社会，系统工程已经在交通运输、能源动力、军事、农业以及经济中得到了广泛应用，并形成了相应的系统工程专业。新的应用领域还在不断被开辟和扩展。

1957 年，美国密歇根大学的古德（H. H. Goode）首次在其著作《系统工程学》中引入了排队论、线性规划、决策论等数学分支，为系统科学与工程奠定了数学基础。1965 年，霍尔（A. D. Hall）概括了系统工程学的各个方面，促成了系统工程早期最成功的范例，即 1969 年的阿波罗登月计划。国际系统工程协会（International Council on Systems Engineering，INCOSE）从 1994 年开始发布《系统工程手册》（Systems Engineering Handbook，SEH），目前已经发布了 4.0 版，对系统工程领域的相关理论、方法及应用进行了系统性阐述。业内经常引用 V 模型来描述系统工程的分解 – 集成过程，如图 1-4 所示。其中，文字描述部分增加了安全与可靠性内容。

随着信息技术的发展，系统间的交互和耦合使得系统复杂度提升。20 世纪 90 年代末，以复杂自适应理论为指导的体系（System of System，SoS，也称"分散复杂系统"）应运而生，体系及其对应的工程成为系统工程的重点研究领域。典型的体系包括军事体系、计算机体系、全球地面观测体系、智能交通体系、社会体系等。当前迅速发展的智能汽车、车联网及智能交通系统等也可看作由多个系统协作集成的规模庞大、结构复杂的体系。

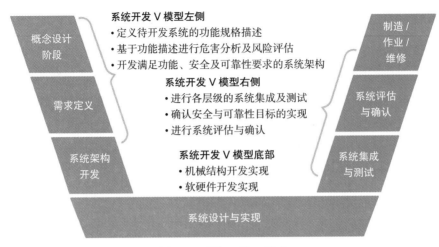

图 1-4 系统工程 V 模型

系统工程从知识体系维度可分为传统学科工程与专业工程两个方面。传统学科工程指力学、热学、电学等各学科的专门技术，多从自然科学角度延伸，研究由人类创造出来的工程系统必须服从的普通规律。专业工程从系统的各种利益相关者与系统的联系和矛盾出发，通常跨学科地应用特殊专业知识和理论方法提升系统的功能特性。依据 INCOSE《系统工程手册》对各个专业工程的描述，可按具体内涵将专业工程分为 6 类，如表 1-2 所示。

表 1-2　INCOSE《系统工程手册》中的专业工程分类

| 序号 | 分类 | 专业工程 |
| --- | --- | --- |
| 1 | 与经济、价值有关的专业工程 | 经济可承受性<br>价值工程 |
| 2 | 与系统本身特性有关的专业工程 | 物量特性工程<br>电磁兼容性 |
| 3 | 与型号系统的环境有关的专业工程 | 环境工程 / 影响分析<br>互操作性分析 |
| 4 | 与制造相关的专业工程 | 制造与可生产性分析 |
| 5 | 与使用和操控有关的专业工程 | 易用性 / 人 – 系统集成<br>训练需求<br>系统安全性工程 |
| 6 | 与可用性有关的专业工程 | 可靠性、可用性、维修性<br>安全系统工程<br>后勤工程<br>弹性（抗灾性）工程<br>安保工程 |

#### 2.安全系统工程介绍

安全系统工程是系统工程面向安全特性的重要专业工程，是指在系统思想指导下，运用先进的系统工程理论和方法，对安全及其影响因素进行分析和评价，建立综合的安全防控系统并使之持续有效运行。安全系统工程的科学理论基础包括系统论、控制论、信息论、运筹学优化理论、可靠性工程、人机工程、行为科学、工程心理学等。

安全系统工程的研究内容主要包括：危险的识别、分析与事故预测；消除和控制导致事故的危险；分析构成安全系统的各单元间的关系和相互影响，协调各单元之间的关系，找到系统安全的最佳设计；通过对安全设计和措施的验证和确认，证明相应安全需求得到了实现，最终实现系统设计和运行安全，使事故降到可接受的水平。安全系统工程的研究及应用已有较长历史，主要应用于军工、航天航空、化工石油、铁路及公路交通等安全关键系统。

智能汽车安全系统工程是安全系统工程在智能汽车中的具体应用，总体开发流程如图 1-5 所示。

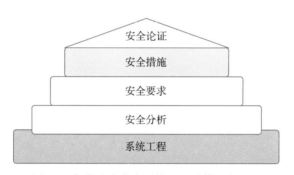

图 1-5　智能汽车安全系统工程总体开发流程

（1）系统工程

从系统工程出发，利用基于模型开发的方法，通过各类开发工具与行业最佳实践，构建智能汽车的综合系统架构模型。这是安全分析、安全要求、安全措施及安全论证等工作的基础。

将所有安全要求映射到智能汽车系统功能架构中，即可得到需求与功能架构的追踪关系。此外，基于系统模型建立起"用户需求→安全要求→功能架构→测试用例"等一系列安全活动之间的追溯关系。其中，安全要求源于用户需求，并被功能架构所满足，最终被测试用例所验证，这也是进行高级别智能汽车系统安全论证的基础。

（2）安全分析

基于系统模型，对智能汽车整车及其安全关键系统进行安全分析。智能汽车面临各个层面的安全挑战，因此，其安全分析涉及多个层面，需要综合利用多种安全分析方法，才能得到系统、完备的安全要求。

安全分析涉及的几个层面及方法介绍如下。

❑ 危害分析及风险评估（Hazard Analysis and Risk Assessment，HARA）：综合利用危害与可操作性分析（HAZOP）、失效模式及影响分析（FMEA）和故障树分析（FTA）等方法，分析系统失效及硬件故障造成的整车级别危害事件，并对其进行风险定级，得出安全目标。

❑ 系统理论过程分析（STPA）：发现组件失效造成的危害，并且更深入地发掘更多组件间的非功能交互和人为误操作等导致的危险。

❑ 威胁分析及风险评估（Threat Analysis and Risk Assessment，TARA）：发现系统可能遭受的网络攻击，并对其风险进行评估和分级。

（3）安全要求

基于综合安全分析，导出智能汽车各个层面的安全要求，即被动安全（Passive safety）、功能安全（Functional safety，FuSa）、预期功能安全（Safety of the intended functionality，SOTIF）、网络安全（Cyber security）和行为安全（Behavior safety）等。这是一个非常庞杂的系统工程。

值得注意的是，上述安全分析是基于安全系统由内而外展开的，还可以使用其他方法。例如，2017 年由美国交通部（USDOT）发布的《自动驾驶系统 2.0：安全展望》（*AUTOMATED DRIVING SYSTEMS 2.0: A Vision for Safety*）提出了自动驾驶汽车开发需要优先考虑的 12 个安全设计要素，包括系统安全、运行设计域、目标与事件探测及响应、最小风险条件、验证方法、人机交互（Human Machine Interaction，HMI）、网络安全、被动安全、碰撞后行为、数据记录、消费者教育与培训、法律法规，并建议所有开展自动驾驶研发的企业均按照这些安全设计要素公开其自动驾驶汽车的安全设计。这些安全设计要素在一定程度上成为智能汽车安全开发的顶层安全要求。

（4）安全措施

安全开发中最为核心的一步是基于相对完整的安全要求，推动相应措施的开发与验证，利用安全功能覆盖相应的安全要求，最终形成整体的安全架构。安全要求涉及多种不同类型，需要开展大量系统测试以验证安全措施，确保系统符合安全要求。

针对功能安全的测试包括：车辆、系统、子系统和组件级性能测试；需求的系统、子系统和组件的测试；安全关键控制——输入、输出、计算和通信的故障注入测试；在容错时间间隔内从故障转换到安全状态（在主路径故障时转换到辅助控制路径）的测试；侵入性测试，如电磁干扰以及电磁兼容性测试，以及其他环境元素（包括温度、湿度、射频、光能）的暴露测试；耐久性试验；基于回归和仿真的软件测试。

针对预期功能安全的测试包括：智能汽车在运行设计区域内性能边界的暴露程度测试；识别和迭代测试智能汽车的极限驾驶场景；执行车辆对目标和意外的响应能力测试；需要采取安全行为响应的环境对象和紧急情况的识别能力测试；对车辆行为是否满足标准进行定性与定量的评价。

针对网络安全的测试包括基于需求的测试、接口测试、资源使用率评估测试、控制流及数据流测试、渗透测试、漏洞扫描及模糊测试等。

在智能汽车设计过程中，我们将重复前述流程，以此来验证各项安全性能，确保持续满足安全标准。同时，在系统工程中，系统架构也会不断地优化和完善。

（5）安全论证

通过系统安全活动，形成完整的安全档案，最终利用目标结构标记（GSN）、结构化论证用例元模型（Structured Assurance Case Metamodel，SACM）等安全论证方法进行自动驾驶产品安全的论证。应当指出的是，为了确保智能汽车的安全性，我们需要采用横跨多个功能层次的多学科方法，包括硬件容错设计、机器学习算法等。这已远超安全工程本身的研究范畴，需要从硬件、软件、机器人、安全、测试、人机交互、社会接受和法律监管等多个学科角度进行研究。

# 1.2  功能安全简介

功能安全定义了所有汽车电子电气安全相关系统的安全，覆盖其整个生命周期，包括开发、生产、运营、服务和停用。无论对汽车制造商还是最终用户来说，功能安全都具有极高的重要性。本节对功能安全进行全面概述，包括其定义、范围、标准体系、发展过程、行业现状、挑战。

### 1.2.1 功能安全的定义和范围

ISO 26262 是一项专为汽车电子电气系统功能安全制定的国际标准。该标准由国际标准化组织（ISO）制定，并于 2011 年首次发布。

ISO 26262 涵盖了车辆全生命周期，包括产品研发、生产、使用、维保和报废等阶段，为保障电子电气系统的功能安全提供了一系列措施。这些措施包括如何评估、改善和验证安全性的要求、方法和管控流程，还包括机械、液压、气压等其他技术在内的安全性保证框架。

从整车功能安全性的角度出发，ISO 26262 通过对功能相关项的危害分析和风险评估，确定了汽车安全完整性等级（Automotive Safety Integrity Level，ASIL），并进一步确定了安全目标。为了实现这些安全目标，ISO 26262 将功能相关项细分为几个层级，包括组成相关项的电子电气系统、系统的各组件以及各组件的元器件等，并为每个层级制定了相应的功能安全概念和技术安全概念。此外，ISO 26262 还通过评审和验证等手段评估相关项的安全性要求是否达成。

值得注意的是，ISO 26262 不适用于为残疾人设计的特殊目的车辆的电子电气系统。而在 2018 年颁布的第二版 ISO 26262 中，车辆对象范围还扩大到除轻便摩托车外的量产道路车辆。

总的来说，ISO 26262 适用于提供安全相关功能的电气、电子和软件元素等组成的安全相关系统在整个生命周期内的所有活动。随着自动驾驶技术的持续创新，实现功能安全已经是汽车行业的必经之路。

### 1.2.2 标准体系

从前文介绍的安全系统工程可以发现，FMEA、FTA、HAZOP 等功能安全从业者熟知的方法在 ISO 26262 之前就已经出现了。功能安全是系统安全学科中的一个分支，早期的 IEC 61508 标准也是系统安全经验积累的结果。

说到汽车功能安全的发展史，就要延续上面的 IEC 61508。2000 年 5 月，国际电工委员会正式发布了 IEC 61508 标准，名为《电气 / 电子 / 可编程电子安全系统的功能安全》。IEC 61508 标准定义的安全生命周期包括 16 个阶段，可以粗略地分为 3 块：

❑ 1 ～ 5 阶段描述了分析过程；

❑ 6 ～ 13 阶段描述了实现过程；

❑ 14 ～ 16 阶段描述了运营过程。

所有阶段关注的均是系统安全功能。

IEC 61508 标准由 7 个部分组成。

❑ 1 ～ 3 部分为标准需求（规范性的）;

❑ 4 ～ 7 部分为开发过程指导和示例。

IEC 61508 标准主要针对由电气、电子、可编程电子部件构成的系统，或起安全作用的电气、电子、可编程电子（E/E/PE）系统，建立一个覆盖整体安全生命周期的基础评价方法。它的目的是为基于电子的安全系统提出一个一致且合理的技术方案，统筹考虑单个系统（如传感器、通信系统、控制装置、执行器等）中元件与安全系统组合的问题。IEC 61508 标准的核心是风险概念和安全功能。风险是指危害事件的频率（或可能性）以及事件后果的严重性。通过应用 E/E/PE 系统和其他技术实现的安全功能，使风险降低到可以接受的水平。

ISO 26262 标准是从 IEC 61508 派生出来的，如图 1-6 所示。它主要针对汽车行业中特定的电气器件、电子设备、可编程电子器件等专门用于汽车领域的部件，旨在提高汽车电子电气产品功能安全。

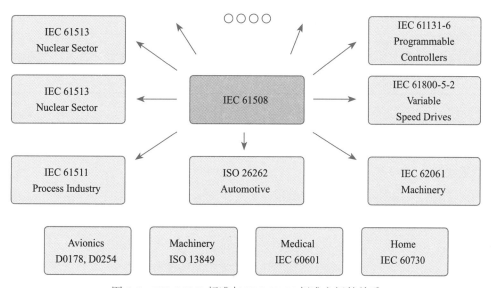

图 1-6　ISO 26262 标准与 IEC 61508 标准之间的关系

ISO 26262 为汽车安全提供了一个生命周期（管理、开发、生产、经营、运行、报废）理念，并在这些生命周期阶段提供必要的支持。该标准涵盖功能安全方面的整体开发过程，包括需求定义、设计、实施、集成、验证、确认和配置。NHTSA 的文章 "Assessment of Safety Standards for Automotive Electronic Control Systems" 中也对早期的系统安全标准及汽车功能安全标准进行了比较，如表 1-3 和表 1-4 所示。从对比中可以看到，在技术的演进中，汽车功能安全是在大系统安全理念中重点扩展了汽车属性。

表 1-3　功能安全标准与相关标准的重要内容比较

| 比较项 | ISO 26262（硬件和软件） | MIL-STD-882E（硬件） | MIL-STD-882E（软件） | DO-178C（仅限软件） |
|---|---|---|---|---|
| 伤害严重程度 | √ | √ | √ | √ |
| 操作场景暴露概率 | √ | | | |
| 失误发生概率 | | √ | | |
| 可控性 | √ | | | |
| 软件控制类别 | | | √ | |

表 1-4　不同标准的关键术语定义

| 标准 | 安全 | 危险 |
|---|---|---|
| ISO 26262 | 不存在不合理的风险 | 相关项故障行为造成的潜在危害源 |
| MIL-STD-882E | 免受可能导致死亡、伤害、职业病、设备（或财产）损坏（或损失）或环境破坏的情况 | 真实或潜在的条件恶劣导致意外事件或死亡、受伤、职业病、设备（或财产）损坏（或损失）或环境破坏 |
| DO-178C | 没有明确的定义 | 没有明确的定义 |
| AUTOSAR | 与 ISO 26262 相同 | 与 ISO 26262 相同 |
| MISRA C | 没有明确的定义 | 没有明确的定义 |

## 1.2.3　行业现状、挑战及实践

### 1. 现状

汽车智能网联化是科学技术进步与用户需求共同推动的结果，是交通、城市、生活等领域的巨大变革。整个汽车产业及周边产业都面临着巨大变革和再分工，这不仅牵扯到传统的 OEM、Tier1、Tier2 等，还涉及软件、硬件以及智能网联通信等一系列企业，如图 1-7 所示。

### 2. 挑战和实践

（1）软件定义汽车，AI 算法 / 操作系统要应对安全挑战

根据麦肯锡测算，2030 年车企软件驱动收入占比将会从 2010 年的 7% 增长到 30%。对

于车企来说，售卖自动驾驶相关软件将成为新的盈利增长点。从 OEM 工程师结构来看，软件地位日益重要。根据罗兰贝格咨询公司和德国工程师协会等披露的数据，以德国车企为例，2017—2018 年间汽车软件工程师规模增长了 56%，机械工程师规模则大幅下降了 21%。毋庸置疑，随着软件占比的增加，需要重点解决软件的开发安全性及运营安全性问题。

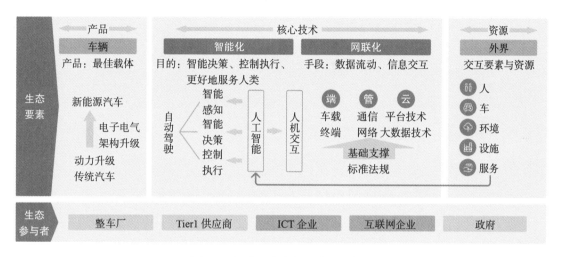

图 1-7　智能网联汽车相关企业分工

机器学习算法基于样本数据（被称为"训练数据"）建立数学模型，以便进行预测或决策而无须明确编程以执行任务。在自动驾驶领域，机器学习被广泛用于目标检测。可以看到，相对于软件代码的白盒分析和测试，神经网络的中间过程对于安全工程师而言是黑盒和不可理解的，这对于代码级的安全分析和测试是非常困难的。

在操作系统层面，Linux 是一款开源操作系统，它采用宏内核架构，驱动、内存分配和调度都由内核完成。然而，对于汽车电子开发者来说，这样的架构无法进行控制流和数据流的安全分析，也难以开展相关测试活动。针对 Linux 在车载应用中的现状，目前有两个方向：一个是对 Linux 系统进行车规级及安全性优化，另一个是选择符合功能安全要求的操作系统，如 QNX。

ISO/TC22/SC32 的专家们显然也意识到了相关问题，并在多个方向上开展了研究。在软件方面，ISO/AWI PAS 8926（Functional Safety — Qualification of Pre-existing Software Products for Safety-related Applications）用于对既有软件产品进行审核评估；在 AI 方面，ISO/AWI PAS 8800（Road Vehicles – Safety and Artificial Intelligence）用于解决汽车引入的 AI 相关算法技术

的安全性问题，该文件定义了与道路车辆环境中的人工智能性能不足和故障行为相关的安全属性及风险因素。图 1-8 展示了 ISO/AWI PAS 8800 标准与其他安全相关标准的关系。

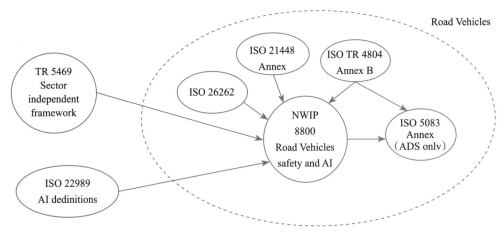

图 1-8  ISO/AWI PAS 8800 标准与其他安全相关标准的关系

对于操作系统问题，目前汽车产业还处于持续解决阶段，存在不同的解决方案，包括 AUTOSAR 混合兼顾方向、AGL/ELISA 的改良方向、QNX 方向以及全新系统等。相信多操作系统共存及多技术方向的安全性研究会逐渐成为主流。汽车软件栈和操作系统示例如图 1-9 所示。

（2）数字化与汽车功能安全擦出火花，期待化学反应

数字化也就是我们常说的运用计算机将生活中的信息转化为 0 和 1 的过程，是指数字技术在信息领域向人类生活各个领域全面推进的过程。数字化时代是一个伟大的时代，尤其是在传媒领域，通过计算机存储、处理和传播的信息得到了最快的推广。数字技术已经成为当代各大传媒的核心技术。

数字化时代的关键特征是数据驱动决策。对于工业技术而言，数字化诊断、数字化控制会进一步发展。功能安全作为汽车领域的新兴技术管理方向，相较于其他业务方向，整体的数字化进程较为缓慢，无论是在技术应用上还是体系化管理上。

在技术领域，ISO 工作组也在进行相关的研究，即 ISO/TR 9839（Road vehicles — Application of predictive maintenance to hardware with ISO 26262-5），这是以数字化技术手段解决硬件失效预测问题的标准。在管理领域，相信汽车行业会涌现出更多的数字化工具来支撑

供应链上下游及产品开发过程的运营管理。

汽车软件栈和操作系统示例

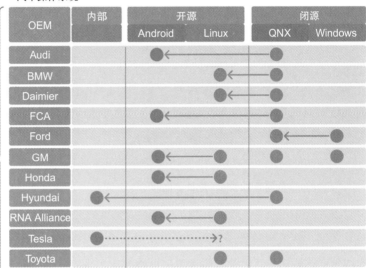

图 1-9　汽车软件栈和操作系统示例

（3）全方位体系融合是必然趋势

新四化技术直接引入了功能安全、网络安全、预期功能安全等相关风险。如何将安全体系有效地与企业的产品开发、运营管理和质量管理体系结合，是一个重要的挑战。

除了安全体系的融合之外，同产品开发流程（GVDP/APQP）、软件质量体系（ASPICE/CMMI）、质量管理体系（IATF 16949）、网络安全相关体系（ISO 27001/TISAX）等的融合也是非常重要的。

## 1.3　预期功能安全简介

随着自动驾驶系统功能架构的逐步完善，国际标准 ISO 26262 所覆盖的故障性风险导致的功能安全问题分析方法，已无法满足高度复杂系统的安全性分析要求。当前，系统在不发生故障的情况下引起的安全风险愈发受到重视。ISO 21448 将此类问题归结为预期功能安全（SOTIF），并给出了详细定义。标准指出，进行预期功能安全活动的目标是确保不存在由于影响系统特定行为的性能局限或合理可预见的人为误用所产生的不合理风险。

### 1.3.1 预期功能安全的定义和范围

道路车辆的安全是交通车辆行业最为关注的问题。可接受的道路车辆安全水平是指不存在预期功能及其实现相关的任何危害而导致不合理的风险，包括由失效引起的危害和由规范定义不足或性能局限引起的危害。

对于一些电子电气系统，例如依靠感知车辆外部或内部环境来建立态势感知的系统，尽管没有发生 ISO 26262 中所提到的故障，但其预期功能不足仍可能会导致危害行为发生。依据 ISO 21448，不存在功能不足引起的危害而导致不合理的风险被定义为预期功能安全。功能安全和预期功能安全在安全方面是互补的。

预期功能安全（SOTIF）中所述的功能不足包括：

❑ 整车层面预期功能规范定义的不足；

❑ 系统中电子电气要素实现的规范定义不足或性能局限。

预期功能安全的另一主要应对对象是可合理预见的人为误用。此外，对于由远程用户操作或辅助车辆运行，以及与后台通信可能影响车辆决策的情况，如果可能导致安全危害发生，也属于预期功能安全的范围。

针对电子电气系统的随机硬件故障和系统性故障（包括硬件和软件故障），功能安全标准给出了降低风险的指导。预期功能安全中提到的功能不足可能被认为是系统性故障，然而，应对这些功能不足的措施是预期功能安全领域所特有的。功能安全标准假定预期功能是安全的，且针对的是可导致偏离预期功能进而引发危害的电子电气系统故障。表 1-5 说明了危害事件的可能原因与现有标准的安全主题的映射关系。

表 1-5　危害事件的可能原因与现有标准的安全主题的映射关系

| 危害来源 | 危害事件的可能原因 | 对应的安全主题 |
| --- | --- | --- |
| 系统 | 电子电气系统故障 | 功能安全 |
| | 功能不足 | 预期功能安全 |
| | 不正确和不充分的人机交互（HMI）设计 | 预期功能安全 |
| | 基于人工智能算法的功能不足 | 预期功能安全 |
| 外部因素 | 用户或其他道路参与者的可合理预见的误用 | 预期功能安全<br>功能安全 |
| | 利用车辆网络安全漏洞进行攻击 | 网络安全 |
| | 智能基础设施和 / 或车辆与车辆间通信的影响，及外部系统的影响 | 预期功能安全及其他相关标准 |
| | 车辆周围环境的影响（例如，其他用户、非智能基础设施、天气、电磁干扰） | 预期功能安全及其他相关标准 |

　　从表 1-5 中可以看出，预期功能安全不包含以下问题导致的危害事件：电子电气系统故障；网络安全威胁；系统技术直接导致的危害（例如，激光雷达光束对眼睛造成的伤害）；与触电、火灾、烟雾、热、辐射、毒性、易燃性、反应性、能量释放等相关的危害，除非危害是直接由电子电气系统的预期功能不足引起的；明显违反系统预期用途的故意行为（被视为功能滥用）。

## 1.3.2　标准体系

　　预期功能安全的发展历史较短，相应的标准体系尚不成熟。在预期功能安全标准制定初期，ISO 工作组将其作为功能安全标准 ISO 26262 的一个附录，但随着标准讨论和制定的深入，工作组发现其范畴和复杂程度超出预期，便从 ISO 26262 中独立出来。2019 年，ISO 发布了 ISO/PAS 21448，经过三年多时间的制定（见图 1-10），2022 年正式发布 ISO/PAS 21448—2022。

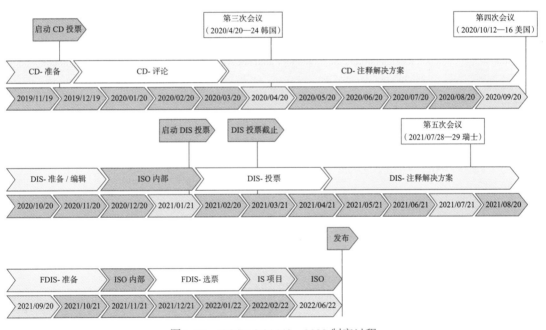

图 1-10　ISO/PAS 21448—2022 制定过程

　　该标准提供了确保预期功能安全的通用论证框架和实现措施指南，适用于依靠复杂传感器和处理算法进行态势感知且感知的正确性会对安全产生重要影响的预期功能安全，特别是紧急干预系统的功能和驾驶自动化等级为 L1 ～ L5 的系统功能安全。表 1-6 展示了与预期功能安全相关的标准和法规。

表 1-6 与预期功能安全相关的标准和法规

| 标准编号 | 标准名称 | 与预期功能安全的关系 |
|---|---|---|
| ISO 26262—2018 | Road Vehicles-Functional Safety | 功能安全国际标准，为预期功能安全的实施提供了开发流程 |
| ISO/PAS 21448—2019 | Road vehicles-Safety of the intended functionality | ISO 21448 正式发布之前的预期功能安全公开技术规范，已作废 |
| ISO 21448—2022 | Road vehicles-Safety of the intended functionality | 预期功能安全第一版正式国际标准 |
| ISO 34502—2022 | Road vehicles-Engineering framework and process of scenario- based safety evaluation | 有助于预期功能安全验证确认的策略制定及实施 |
| SAE J3187—2022 | System Theoretic Process Analysis (STPA) Recommended Practices for Evaluations of Automotive Related Safety-Critical Systems | 为预期功能安全分析（尤其是可合理预见的人为误用分析）提供方法论支撑 |
| UNECE R157—2022 | Uniform provisions concerning the approval of vehicles with regard to Automated Lane Keeping Systems | 所规定的 L3 级别自动车道保持系统的开发与测试对预期功能安全提出了明确的要求 |
| UL4600—2022 | Standard for Safety for the Evaluation of Autonomous Products | 为建立安全档案提供了一种方法论 |
| ISO/TR 4804—2020 | Road vehicles-Safety and cybersecurity for automated driving systems-Design, verification and validation | 明确推荐自动驾驶系统安全考虑预期功能安全开发及测试 |
| ISO/PAS 8800—2022 | Road Vehicles-Safety and artificial intelligence | 明确指出预期功能安全标准是保证人工智能系统安全的有效措施 |

### 1.3.3 行业现状、挑战及实践

#### 1. 现状

功能安全领域经过多年的发展，已经形成了相对成熟的解决思路和系统，并建立了比较明确的规范。预期功能安全是当前及今后智能汽车研究和商业化落地的最大难题之一，存在未知环境因素、未知系统功能不足、AI 算法不确定性等导致的安全长尾问题。

随着预期功能安全标准化工作的不断深入，各国政府、企业以及科研机构广泛探讨预期功能安全的实际应用方法。在产品开发阶段，宝马、百度等知名企业已经将预期功能安全整合进产品的安全开发全生命周期。在产品安全性评估阶段，ANSYS 等公司采纳了先进的安全分析工具，同时欧盟 ENSEMBLE 项目组和 NHTSA 等机构进行了预期功能安全评估，并对外发布了研究报告；在安全验证和确认阶段，德国的 PEGASUS 项目组及其扩展项目组 VVM、SetLevel 和日本的 SAKURA 项目组等，都进行了前沿研究。这些成果极大地支持了 ISO

21448 标准的建立。中国智能网联汽车产业创新联盟预期功能安全工作组涉及的公司和高校也努力将预期功能安全纳入安全研究与实践中。在功能提升阶段，许多企业推出了解决策略，而欧盟 DENSE 项目组则专注于解决传感器等关键部件的功能限制问题。

2. 挑战

上述标准和实践活动为智能汽车预期功能安全保障提供了框架性指导，而在实际研究和开发过程中，需采用特定的保障技术以有效解决各阶段面临的具体问题。然而，该领域尚未形成完善的技术研究体系。当前，直接以预期功能安全为主题的文献虽呈增长趋势，但总量仍相对较少，内容主要涉及概念和意义阐述、安全分析、测试验证和系统工程等方面，缺少对预期功能安全保障关键技术系统性地研究和梳理。同时，虽然许多相关领域的高水平研究成果对解决功能不足问题具有重要的启发和借鉴意义，但尚未被明确纳入预期功能安全保障技术研究范畴。智能汽车预期功能安全的发展面临一系列现实困难和挑战。

- ❑ 难以全面、系统、深入地总结和揭示复杂系统中预期功能安全危害的触发机制。
- ❑ 难以客观、准确、统一地表征和评估外界环境因素和系统功能不足共同导致的综合风险。
- ❑ 在复杂场景下，难以及时、高效地预测系统预期功能安全风险，并制定安全决策方法与协调防护机制。

3. 实践

为应对上述挑战，我们需要对人 – 车 – 路系统及其内部作用导致的预期功能安全问题机理进行更深入的研究。智能汽车是一个包含各种软硬件在内的高度综合系统，涉及多种类型的潜在功能不足，且系统自身复杂多样、环境条件动态多变。因此，以系统思维为导向，结合统计、电子、机械、人工智能等多学科交叉研究，并将其纳入统一、普适的风险监测与防护体系，是解决汽车系统安全技术难题的关键。在梳理了现有预期功能安全保障关键技术的基础上，我们综合研究了不足与发展趋势，提出如下展望。

第一，加强预期功能安全保障基础理论研究。从预期功能安全问题的本质出发，研究预期功能安全风险的产生、传播与演化机理。通过理论分析与实验验证，梳理智能汽车潜在功能不足、触发条件以及两者间的影响关系；结合智能汽车典型功能架构，探究不同模块间预期功能安全问题的影响和传播机制，研究基于场景演变的风险动态演化理论。同时，针对 AI 等新技术存在的不确定性和黑盒问题，深入研究其导致系统功能不足的本质原因。此外，结合统计学、信息论等学科研究，构建预期功能安全风险量化模型，为离线评估认证与在线风险防控技术的实施奠定理论基础。

第二，构建预期功能安全风险防护技术体系。在理论研究的基础上，探索系统改进思路，以降低整车预期功能安全风险。结合预期功能安全危害产生机理与风险模型，探究和优化智能汽车各模块功能改进技术，并进一步构建具有自我感知和自我调控能力的整车级预期功能安全风险防护系统。综合系统内部状态（如 AI 模型）、外部运行环境（如 ODD）以及其他约束（如交通法规）等信息进行监测，进而设计自适应安全决策模型，以实现对预期功能安全风险的防范。

第三，促进预期功能安全保障技术的良性更新机制形成。当前，智能汽车领域仍处于探索阶段，具有多种路线共存、技术更新迭代快等特点。与此同时，伴随技术发展、环境变化以及场景长尾问题的长期存在，新的未知不安全因素可能不断出现。因此，应建立预期功能安全保障技术的良性更新机制，完善问题监控、反馈和更新的自动化流程，探究灵活、快速、可持续的自动分析、自学习成长与重认证体系，以实现预期功能安全保障技术与智能汽车技术的同步发展。

总之，预期功能安全研究对于智能汽车最终能否被社会接受具有重要意义。然而，当前该领域标准尚未健全，行业实践仍处于探索阶段，且缺乏技术研究体系的支撑。

# 1.4 网络安全简介

网络安全的范围非常广，涵盖企业网络、政府机关网络、金融机构网络和教育机构网络等。它的目的是确保信息的可用性、机密性、完整性和可靠性，以保障用户的合法权益和国家安全。

当前，网络安全已经成为全球各行各业的重要议题。本节将对网络安全进行全面概述，包括其定义、范围、标准体系、行业现状、挑战以及实践。

## 1.4.1 网络安全的定义和范围

网络安全一词其实并不陌生。在传统 IT 领域，网络安全可以追溯到早期计算机和网络的出现。网络安全主要是指保护计算机网络、通信系统和其中的数据，免受未经授权的访问、攻击、窃取、篡改和损坏。而在汽车行业，早期的汽车网络安全主要集中在物理层面，如车门锁、防盗系统等。伴随着新四化的发展，车内的软件越来越多，车内与外界的联系越来越紧密，汽车网络安全也慢慢进入了汽车人的视野。

2021 年 8 月，ISO/SAE 21434 标准 Road vehicles — Cybersecurity engineering 正式发布。该标准是面向汽车全行业（包括 OEM 及各级供应商）的车辆网络安全管理指导文件，描述了网络安全生命周期的业务活动，管理网络安全风险，推动网络安全文化建设和网络安全管理体系的建立。

汽车网络安全标准 ISO/SAE 21434 的整体框架如图 1-11 所示，主要包括以下内容。

- 组织级网络安全管理：包含组织级网络安全方针、文化、规则和流程的规定和管理要求，是公司内部最高层面的安全方针。

- 基于项目的网络安全管理：包含项目级的网络安全活动、责任和管理要求，聚焦具体项目中活动的责任分配、网络安全计划、安全组件的裁剪原则、网络安全案例、网络安全评估及后生产阶段的网络安全要求。

- 分布式网络安全活动：包含客户与供应商之间网络安全活动的职责确认及对供应商能力的评估要求。此阶段的活动不仅适用于 OEM 对供应商的管理，也适用于 Tier1、Tier2 等供应链上各环节的企业和组织的管理。

- 持续的网络安全活动：包括在项目生命周期中需持续进行的风险分析和电子电气系统漏洞管理活动的要求。在此阶段，需要明确的是，网络安全并不会随着产品的量产而终止，而是要持续收集和监控与项目相关的网络安全信息，建立漏洞监控和管理机制，持续保证产品的网络安全。

- 生命周期的网络安全活动：涵盖从概念设计到产品开发、验证、生产，以及后期运维和报废的全过程中的网络安全活动和相关要求。

- 威胁分析和风险评估：包含一套标准的网络安全威胁分析、风险评估及处置的方法论。从定量的角度，综合考虑攻击可行性、威胁影响等因素，识别出整车或系统可能存在的风险，最终确定风险等级。

## 1.4.2　政策法规和标准体系

汽车网络安全事件频发，使得汽车行业的安全态势愈发紧张。网络安全隐患轻则影响企业产品发布及产品口碑，重则导致大范围的汽车召回，给企业造成巨大损失。欧盟、中国和联合国相继出台相关政策和标准，对汽车的网络安全、隐私安全和安全准入提出了监管要求，形成了较为完善的汽车安全监管体系。这些政策和标准体系明确指出，汽车网络安全不仅包括技术要求，还应包括管理手段。

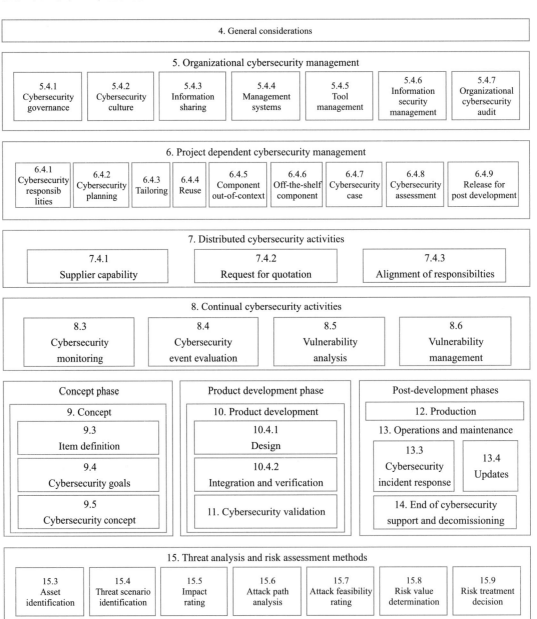

| 4. General considerations |

**5. Organizational cybersecurity management**

| 5.4.1 Cybersecurity governance | 5.4.2 Cybersecurity culture | 5.4.3 Information sharing | 5.4.4 Management systems | 5.4.5 Tool management | 5.4.6 Information security management | 5.4.7 Organizational cybersecurity audit |

**6. Project dependent cybersecurity management**

| 6.4.1 Cybersecurity responsiblities | 6.4.2 Cybersecurity planning | 6.4.3 Tailoring | 6.4.4 Reuse | 6.4.5 Component out-of-context | 6.4.6 Off-the-shelf component | 6.4.7 Cybersecurity case | 6.4.8 Cybersecurity assessment | 6.4.9 Release for post development |

**7. Distributed cybersecurity activities**

| 7.4.1 Supplier capability | 7.4.2 Request for quotation | 7.4.3 Alignment of responsibilties |

**8. Continual cybersecurity activities**

| 8.3 Cybersecurity monitoring | 8.4 Cybersecurity event evaluation | 8.5 Vulnerability analysis | 8.6 Vulnerability management |

**Concept phase**

9. Concept
- 9.3 Item definition
- 9.4 Cybersecurity goals
- 9.5 Cybersecurity concept

**Product development phase**

10. Product development
- 10.4.1 Design
- 10.4.2 Integration and verification
- 11. Cybersecurity validation

**Post-development phases**

12. Production

13. Operations and maintenance
- 13.3 Cybersecurity incident response
- 13.4 Updates

14. End of cybersecurity support and decommissioning

**15. Threat analysis and risk assessment methods**

| 15.3 Asset identification | 15.4 Threat scenario identification | 15.5 Impact rating | 15.6 Attack path analysis | 15.7 Attack feasibility rating | 15.8 Risk value determination | 15.9 Risk treatment decision |

图 1-11　ISO/SAE 21434 标准的整体框架

### 1. 国外政策法规和标准

#### （1）政策发展现状

2018 年 9 月，UNECE（联合国欧洲经济委员会）WP.29 TFCS 工作组发布了 UN_ECE-WP.29_recommendations on Cyber Security 等三份指导性文件，成为后续网络安全、数据保护和软件升级标准研制的重要参考依据。其中，网络安全指导文件中的附录 A "Draft new Regulation on uniform provisions concerning the approval of cyber security" 在 2020 年作为 CSMS 认证与车型审批的正式法规颁布，并于 2021 年 1 月正式生效，成为 1958 年协定缔约国（包括德国、法国等欧盟国家，以及英国、澳大利亚、日本、韩国等国家）之间通行互认的网络安全认证。对于 OEM 而言，自 2022 年 7 月起，UNECE 成员国内所有现有架构的新车型都必须通过认证；自 2024 年 7 月起，UNECE 成员国内现有架构的所有车型都必须通过认证。

UNECE WP.29 R155 法规主要涉及网络安全管理体系（Cyber Security Management System，CSMS）及车辆网络安全型式认证（Vehicle Type Approval，VTA）两部分。前者主要审查 OEM 是否在汽车完整生命周期内制定了汽车网络安全管理流程，以确保在整个生命周期内有对应的流程和措施以控制相关风险。后者主要针对 OEM 产品网络安全开发具体工作执行情况进行审查，目标是确保车辆的网络安全防护技术能覆盖全生命周期的安全需求，并保证实施的网络安全防护能够有效防控特定车型面临的网络安全风险。图 1-12 展示了 R155 法规框架。

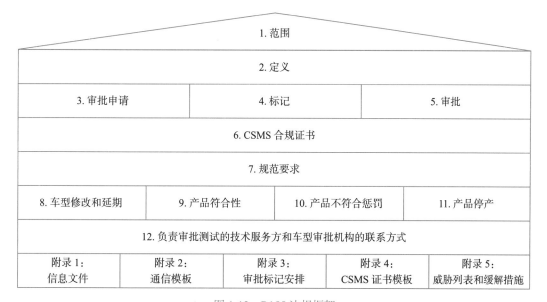

图 1-12　R155 法规框架

UNECE WP.29 R156 全称为 Technical Requirement Specification for Remote Software Upgrade of Intelligent and Connected Vehicles。该法规对汽车生产企业的软件升级管理体系以及车型的软件升级功能提出了对应的要求，主要涉及 SUMS（Software Update Management System）、VTA 及 RXSWIN 三部分。其中，SUMS 部分主要是针对组织的安全管理要求，VTA 部分是针对车辆的技术和流程要求，聚焦 OTA 升级流程的安全；RXSWIN 部分是针对车辆软件版本，聚焦在 VTA 相关的软件版本合规管理。该法规适用于 M、N、O、R、S、T 类车辆。和 R155 要求一样，自 2022 年 7 月起，若 OEM 有计划对新车型或已获准上市新车进行影响型式认证的软件更新，则必须获得 R156 认证；自 2024 年 7 月起，对所有车型强制要求。

R156 主要是针对 SUMS 的要求，包括企业流程体系和技术要求。SUMS 的体系认证会影响 VTA。用户提供 SUMS 认证之后，才能获取 R156 车型产品的 VTA 认证。结合 R155 和 R156，OTA 方式的软件升级功能的开发融入整车开发的各个阶段，同样需要满足网络安全要求的规定，即 CSMS 认证的要求。这里面涉及 OTA 相关的所有环节（待升级 ECU、CAN 总线、网关、云平台等），而 SUMS 更多的是保证其一致性和安全性。

在网络安全方面，美国走在最前列。通过加强立法工作，美国的网络安全保障能力得到了进一步提高。2015 年发布的《网络安全信息共享法案》（Cybersecurity Information Sharing Act of 2015）是其中最重要的法案之一，也是美国第一部综合性的网络安全法案。

在自动驾驶网络安全方面，2016 年公布的《自动驾驶汽车政策》（Preliminary Statement of Policy Concerning Automated Vehicles）将高度自动驾驶汽车的安全部署任务分为四大部分：自动驾驶汽车性能指南；州政策模式；现行监管方式；监管新工具与权力。

2017 年 8 月，美国交通部道路交通安全管理局（NHTSA）发布新版《联邦自动驾驶系统指南：安全愿景 2.0》，要求汽车厂商采取措施应对网络威胁和网络漏洞，并对车辆辅助系统进行网络安全评估。2017 年 9 月，美国众议院批准《自动驾驶法案（提案）》，赋予 NHTSA 专职负责自动驾驶网络安全的权力，并要求其在法律出台的 180 天内制定自动驾驶网络安全细则。

2018 年 10 月，美国交通部发布了《自动驾驶汽车 3.0：为未来交通做准备》，旨在推动自动驾驶技术与地面交通系统多种运输模式的安全融合，并明确了自动驾驶的六大原则，其中主要强调了自动驾驶领域中的安全优先问题。

2020 年 1 月，美国交通运输部和总统新政办公室科技政策办公室联合发布《自动驾驶系统 4.0：确保美国自动驾驶领先地位》。一是积极投资自动驾驶相关领域，其中包括安全和网络安全，促进创新成果转化。二是政府积极开展各种监管、非监管活动，促进自动驾驶技术安全且充分应用于交通运输系统。

2021 年 1 月，NHTSA 发布《现代车辆安全性的网络安全最佳实践》（简称《最佳实践》）（Cybersecurity Best Practices for the Safety of Modern Vehicles）2020 版草案，征求公众意见。2022 年 9 月，NHTSA 更新了《最佳实践》。新版本充分考虑了新的行业标准和研究内容，以及整个汽车行业网络安全实践的标准化，如 UNECE WP.29 R155 和 ISO/SAE 21434，并纳入了过去六年通过研究行业真实事件获得的知识和专家对 2016 年和 2021 年草案的意见。新版《最佳实践》概括起来可以分为两部分：通用网络安全最佳实践，网络安全技术最佳实践。

英国运输部及国家基础设施保护中心于 2017 年 8 月 6 日公布《联网与自动驾驶汽车网络安全主要原则》，要求汽车制造商承担起包括抵御网络攻击、对抗黑客在内的一系列网络安全责任。该文件提出了八个大的关键原则，共 29 个细则，实质上将网络安全责任拓展到供应链上的每一个参与主体，包括第三方承包商。此外，该文件还要求将网络安全议题考虑在汽车全生命周期内，即便遭到网络攻击，也要保证车辆安全运行的基本功能。

（2）标准

1）SAE J3061

2016 年，SAE 发布 J3061 Cybersecurity Guidebook for Cyber-Physical Vehicle Systems 指导文件，结合威胁分析和风险评估的方法，对汽车网络系统的全生命周期安全保障提出了建议，并定义了安全测试方法的框架，列出了市场上主流的安全相关工具及其制造商。

2016 年，道路车辆技术委员会（ISO/TC22）与 SAE 联合成立了 SC32/WG11 Cybersecurity 网络安全工作组，基于 J3061，参考 V 模型开发流程，制定了汽车网络安全标准 ISO/SAE 21434。该标准从风险评估管理、产品开发、运行 / 维护、流程审核四个方面提出了保障汽车网络安全的措施。至此，ISO/SAE 21434 的地位初步奠定。然而，J3061 作为第一个关于汽车电子系统网络安全的指导性文件，对汽车电子系统生命周期的网络安全具有重要的应用意义，为开发具有网络安全要求的汽车电子系统提供了重要的过程依据。

2）ISO/SAE 21434 和 ISO/PAS 5112

ISO/SAE 21434 是 SAE 和 ISO 共同制定的第一个汽车行业的网络安全标准。它的重点内容包括建立合理的安全保障管理制度，针对车辆全生命周期（研发、量产、运行和维护阶段）

建立流程管理体系，如需求管理、追溯管理、变更管理、配置管理、网络安全管理监控、网络安全事件管理，以及相关的应急响应机制，保障产品免受网络攻击。ISO/SAE 21434 被网络安全方面的监管和认证机构作为重要参考文件。

2022 年 3 月 31 日，ISO 正式发布了 ISO/PAS 5112 "Road vehicles — Guidelines for auditing cybersecurity engineering"（《道路车辆　网络安全工程审核指南》）。该文件主要规定了汽车网络安全管理体系（CSMS）审核计划、组织实施、审核员能力要求及提供审核依据等内容。ISO/PAS 5112 作为国际标准 ISO/SAE 21434 配套的审核实施指导性文件，将在 R155 法规相关的汽车网络安全供应链管理及 CSMS 审核中发挥重要作用。图 1-13 展示了 ISO/PAS 5112 标准框架。

图 1-13　ISO/PAS 5112 标准框架

图 1-14 展示了 ISO/PAS 5112 与 ISO/SAE 21434、R155、ISO 19011 之间的关系。

3）ISO/SAE PWI 8475 和 ISO/PWI 8477

ISO/SAE PWI 8475 标准名称为 "Road vehicles — Cybersecurity Assurance Levels（CAL）and Target Attack Feasibility（TAF）"。ISO/SAE 21434 的附录 E 和附录 G 中分别提到了网络安

全保障等级（CAL）及攻击可行性等级的评估方法。虽然 ISO/SAE 21434 给出了基于攻击可能性、CVSS 和攻击向量这三种不同的评估方法，但不同的评估方法可能导致对于同一攻击的评级完全不同。同时，在攻击可行性评估中，对评估者的水平有着较高的要求，不同评估者对攻击可行性的评估存在主观影响。同样，对于 CAL 评估也尚未达成共识。虽然不同的 CAL 有不同的要求，但这些要求并不具体。在行业中，无法通过 OEM 和供应商间传递 CAL 来提供有用指标，以确保行业上下游理解一致，同时满足网络安全要求。因此，ISO/SAE PWI 8475 标准在此背景下制定，旨在解决这些问题。目前，该标准正在制定过程中。

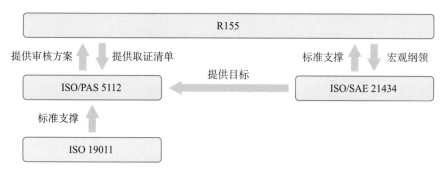

图 1-14　ISO/PAS 5112 与 ISO/SAE 21434、R155、ISO 19011 之间的关系

ISO/SAE PAS 8477 标准名称为 "Road vehicles — Cybersecurity verification and validation"，它的主要目的是为汽车行业提供一种方法，以验证车辆的网络安全性。它适用于车辆的所有部件和系统，包括传感器、电子控制单元、通信设备、无线网络和外部设备等。

目前，ISO/SAE PAS 8477 仍处于开发阶段。预计该标准将在未来几年内正式发布为 ISO 国际标准。

### 2. 国内政策法规和标准

由于网络安全属于国家安全战略，而智能网联汽车又在 2015 年被列为我国国家战略发展的重要内容，因此我国也在政策法规和标准体系建设层面开展了各项工作，以保障智能网联汽车网络安全。

（1）政策法规

2016 年 11 月 7 日，第十二届全国人民代表大会常务委员会第二十四次会议通过《中华人民共和国网络安全法》，该规定自 2017 年 6 月 1 日起施行。这是我国首次在法律层面构建了个人信息保护法律，形成较为完整的法律制度闭环。2021 年，《中华人民共和国数据安全法》和《中华人民共和国个人信息保护法》先后通过第十三届全国人民代表大会常务委员会第二十九次会议和第三十次会议表决。这标志着我国在网络安全领域初步形成了法律体系框架。虽然我国尚未颁布直接针对智能网联汽车网络安全的相关法律法规，但基于三部上位法及多部法律法规的初步规定，总体实现了对汽车终端安全、云平台安全、网络安全、信息数据安全等方面的覆盖。

2018 年 12 月，工信部发布《车联网（智能网联汽车）产业发展行动计划》，提到了智能网联汽车网络安全的四个方面，分别为健全安全管理体系；提升安全防护能力；促进相关公司加强数据安全防护和网络安全防护；推动安全技术手段的建设。2019 年 9 月，国务院发布《交通强国建设纲要》，主要指出我国需要加强智能网联汽车（智能汽车、自动驾驶、车路协同）研发，形成自主可控、完整的产业链。此外，工信部、发改委等 11 部委于 2020 年 2 月印发《智能汽车创新发展战略》，提出智能汽车产业未来的发展方向，明确说明相关企业和个人需要严格遵守国家网络安全法律法规和落实等级保护制度，加强智能网联汽车网络安全管理。

2021 年 7 月 5 日，国家互联网信息办公室在 2021 年第 10 次室务会议上审议通过并正式发布《汽车数据安全管理若干规定（试行）》。该规定于 2021 年 10 月 1 日起施行。该规定首次对汽车产业链中的各企业提出了较高的合规要求，这些合规要求不仅需要在法律文件层面（例如隐私政策、用户协议、内部管理制度）落实，还需要在数据管理体系和技术实现方式层面（例如车内显示屏展示告知内容、匿名化或脱敏处理敏感信息、向车主提供结构化的数据查询结果）进行落实。该规定较为完整地阐述了与汽车相关的数据保护的监管思路和具体要求。

2021 年 7 月 30 日，工信部发布了《关于加强智能网联汽车生产企业及产品准入管理的意见》。新的准入办法中明确提到了《中华人民共和国网络安全法》《中华人民共和国数据安全法》等法规要求，体现出智能网联汽车产品准入管理的特点，强调了对网络安全和数据安全的重视，加强数据和网络安全管理，规范软件在线升级、加强产品管理，加快智能网联汽车产品的推广应用，推动汽车产业创新发展。

2021 年 9 月 15 日，工信部发布了《关于加强车联网网络安全和数据安全工作的通知》。该通知明确指出，在智能网联汽车产业快速发展的同时，车联网安全风险日益凸显，车联网安全保障体系亟须健全完善；同时，提出了网络安全和数据安全基本要求，进一步强调加强智能网联汽车安全、网络安全、车联网服务平台安全和数据安全防护，并加快车联网安全标准建设，健全安全标准体系。

2022 年 11 月 2 日，工信部会同公安部组织起草《关于开展智能网联汽车准入和上路通行试点工作的通知（征求意见稿）》。该文件提出，通过开展试点工作，引导智能网联汽车生产企业和车辆使用主体加强能力建设，在保障产品功能安全、预期功能安全、网络安全和数据安全的前提下，促进智能网联汽车产品的功能和性能提升及产业生态的迭代优化。

（2）标准

我国为贯彻落实《中华人民共和国网络安全法》《中华人民共和国数据安全法》《中华人民共和国个人信息保护法》等法律要求，加强智能网联汽车网络安全标准化工作的顶层设计，积极开展大量的标准化建设工作，目前已取得初步成果。

2021 年 6 月，工信部组织编制了《车联网（智能网联汽车）网络安全标准体系建设指南》（征求意见稿）。该征求意见稿针对车载联网设备、基础设施、网络通信、数据信息、平台应用、车联网服务等关键环节，提出覆盖终端与设施安全、网联通信安全、数据安全、应用服务安全、安全保障与支撑等方面的技术架构。2022 年 2 月，工信部完善并发布了《车联网网络安全和数据安全标准体系建设指南》，进一步指导相关标准的研制工作。到 2023 年底，我国初步构建起车联网网络安全和数据安全标准体系，重点研究基础共性、终端与设施网络安全、网联通信安全、数据安全、应用服务安全、安全保障与支撑等标准，完成 50 项以上急需标准的研制。到 2025 年底，我国将形成较为完善的车联网网络安全和数据安全标准体系，完成 100 项以上标准的研制，提升标准对细分领域的覆盖程度，加强标准服务能力，提升标准应用水平，支持车联网产业安全健康发展。具体的《车联网网络安全和数据安全标准体系建设指南》框架如图 1-15 所示。

围绕上述标准体系建设指南，我国主要由全国汽车标准化技术委员会智能网联汽车分技术委员会（SAC/TC114/SC34）和全国信息安全标准化技术委员会（SAC/TC260）共同推进相关标准的研制工作。

全国汽车标准化技术委员会（TC114）简称"汽标委"，是国家标准化管理委员会第一批确认的全国汽车行业标准化方面唯一技术性机构。自 2016 年起，该委员会先后开展了国内汽车网络安全标准的调研工作，并成立了汽车信息安全标准工作组，参与联合国、ISO 等国际层面的汽车网络安全标准法规的制定与协调工作。截至目前，该委员会已分 4 批次累计开展了

15 项标准制定及研究项目。其中，《车载信息交互系统信息安全技术要求及试验方法》《汽车网关信息安全技术要求及试验方法》《电动汽车远程服务与管理系统信息安全技术要求及试验方法》《电动汽车充电系统信息安全技术要求及试验方法》四项推荐性国家标准已正式发布；强制性国家标准《汽车软件升级通用技术要求》《汽车整车信息安全技术要求》《智能网联汽车自动驾驶数据记录系统》预计 2026 年开始实施。

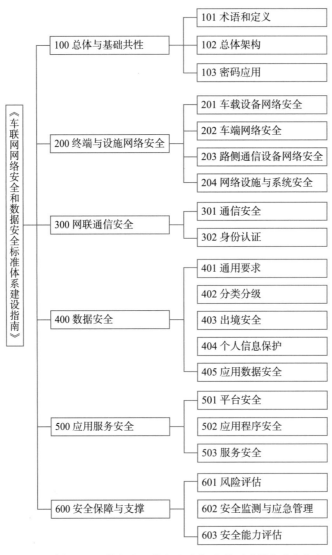

图 1-15 《车联网网络安全和数据安全标准体系建设指南》框架

全国信息安全标准化技术委员会（TC260）简称"信安标委"，成立于 2002 年，隶属于国家标准化管理委员会。信安标委负责全国信息安全技术、安全服务、安全机制、安全评估、安全管理等领域的标准化工作。2017 年 7 月，信安标委启动了首个关于汽车电子系统网络安全的国家标准制定项目《信息安全技术　汽车电子系统网络安全指南》。汽车电子系统作为集电控技术、信息技术、网络技术和汽车技术于一体的复杂系统，其网络安全在根本上取决于汽车电子系统的网络安全防护能力。为此，信安标委将汽车电子纳入重要的标准子体系。2020 年，信安标委发布了新版《信息安全技术　个人信息安全规范》，替代了 2017 年发布的《信息安全技术　个人信息安全规范》，全面适应了新技术的发展。2021 年，信安标委发布了国家标准《信息安全技术　汽车采集数据的安全要求》（征求意见稿），并在同年发布了我国首个汽车数据安全技术文件《汽车采集数据处理安全指南》。2022 年，国家市场监督管理总局、国家标准化管理委员会正式发布了《信息安全技术　汽车数据处理安全要求》，从通用安全要求、车外数据安全要求、座舱数据安全和管理安全要求的角度，进一步明确了智能网联汽车数据的安全要求。

中国通信标准化协会（China Communications Standards Association，CCSA）下辖的网络与信息安全技术工作委员会（TC8）的研究领域包括面向公众服务的互联网的网络与信息安全标准、电信网与互联网结合中的网络与信息安全标准，特殊通信领域中的网络与信息安全标准。TC8 下设四个工作组：有线网络安全工作组（WG1）、无线网络安全工作组（WG2）、安全管理工作组（WG3）、安全基础工作组（WG4）。目前，在智能网联汽车领域，已经发布了《基于 LTE 的车联网通信安全技术要求》《车联网信息服务　数据安全技术要求》《车联网信息服务　用户个人信息保护要求》等多项行业标准及团体标准，它们在国家标准基础上进一步规范了车联网通信安全、数据安全基本要求，为智能网联汽车领域提供了可落地、可实施的技术规范。

## 1.4.3　行业现状、挑战及实践

### 1. 现状

智能网联汽车网络安全是一个新兴的领域，目前尚处于快速发展阶段。随着 UNECE R155 的强制实施以及国内强制标准的发布，智能网联汽车网络安全将以安全合规为主，安全技术为辅的路线发展。

（1）安全合规现状

从 OEM 的视角来看，各国政府和监管机构纷纷出台智能网联汽车网络安全相关法律法规，对于网络安全来说，不再是添砖加瓦，更重要的是要遵守各国相关的法律法规、标准和规范。其中，UNECE R155 法规的发布，对 OEM 提出了更加严格的网络安全要求。如果 OEM 需要将产品出口欧盟等国家，则必须要满足 R155 中规定的 CSMS 和 VTA 的双重要求，并取得认证证书。在我国，随着《智能网联汽车生产企业及产品准入管理指南（试行）》《关于开展智能网联汽车准入和上路通行试点工作的通知》以及一些强制性标准的征求意见发布，对 OEM 来说，网络安全的合规是第一优先级，并要做到兼顾国内和国际市场。

从供应商的视角来看，智能网联汽车网络安全的合规面临一些挑战。作为提供汽车电子控制单元（ECU）等零部件的厂商，一方面，OEM 的网络安全合规需求会逐层传递到供应商，供应商需要根据需求进行网络安全设计、开发、测试和生产，同时需要建立漏洞管理和应急响应机制，及时修复产品漏洞。此外，供应商还需要与 OEM 合作，共同制定网络安全标准和规范，以确保整个汽车供应链的网络安全。另一方面，供应商自身也开始布局并组建网络安全团队，负责 ECU 的网络安全设计。而且，供应商需要遵守各种法规标准。在产品合规认证方面，目前国内供应商普遍通过 ISO/SAE 21434 认证来进入 OEM 市场，以证明自身产品具备网络安全能力，确保提供的零部件和服务符合安全标准，并在使用中不会给整车系统带来任何风险。

总体而言，智能网联汽车的网络安全合规具有复杂性和挑战性，需要各方共同合作，建立完善的网络安全管理制度和标准，加强网络安全技术的研究与投入，共同推进网络安全合规建设。

（2）安全技术现状

目前，智能网联汽车网络安全技术的现状是，整车安全防护技术正从边界防御向主动安全纵深防护体系跃升，实现威胁提前感知、动态实时响应，使汽车在受到攻击后能迅速恢复正常。

智能网联汽车主动防护技术主要是在外网接入处增加网络安全模块，保护汽车不受外界攻击。一般来说，这些安全模块主要部署在 T-Box、GW 和 IVI 等关键零部件上，通过设置防火墙和安全传输套件等措施，保障车云通信和车端网联系统的安全。例如，在 T-Box 上部署防火墙组件，通过对正常整车上网形式的白名单配置，主动阻断和隔离非法 IP 和网络流量，以确保车内网络和车外网络的隔离，实现高效、安全的整车防护。

智能网联汽车纵深防护技术主要是在原有的网联防御基础上，形成了网联防御、内网防御、ECU 防御等多层防御体系。目前，智能网联汽车纵深防护技术从外到内主要分为四个层级。

- ❑ 第一层级：车云通信安全。基于 PKI 体系建立身份认证系统，使用双向 TLS 进行数据加密传输，保证车端大数据上传、OTA 和远程控制等业务的安全。
- ❑ 第二层级：安全网关。基于 VLAN 隔离、防火墙等技术实现内外网的隔离，一方面防止外网流量直接进入内部网络，另一方面防止不同域间的流量互相干扰。
- ❑ 第三层级：车载网络通信安全。基于 SecOC、IPsec 等安全技术，保证数据在车内通过 CAN 总线、以太网通信安全，确保数据的机密性、完整性及真实性。
- ❑ 第四层级：ECU 安全。包括车内核心零部件，如 BMS、VCU 等，通过实施硬件安全、安全启动、安全存储和操作系统安全等技术方案，保证车内重要 ECU 的安全。

目前，国内大部分 OEM，如一汽、长安、东风、广汽、蔚来等，都已经积极构建主动安全纵深防御体系，形成了基于车型正向开发的网络安全保护能力。

### 2. 挑战

#### （1）政策法规和标准仍需完善

智能网联汽车网络安全的重要性越来越受到监管部门的关注。政府和行业组织正在制定严格的安全标准，以确保智能网联汽车的网络安全，但仍存在一些问题，具体如下。

1）缺乏可执行的标准，导致各种车辆制造商的实施方式和安全级别不同，存在互操作性和兼容性问题。

2）各国和地区的智能网联汽车安全标准不统一，这可能导致汽车制造商和供应商需要满足不同的标准要求。

3）智能网联汽车的安全测试和评估标准还不够完善，缺乏共识。这可能导致一些汽车系统和组件的安全性无法得到充分的验证和保证。

因此，建立符合行业发展的一系列标准及配套政策，形成一个科学统一的有机体，这对于产业的健康有序发展至关重要。

#### （2）核心技术需加强自主可控

目前，完整的系统级智能网联汽车网络安全解决方案在建设与应用方面存在一定难度，安全技术仍有缺口。企业在漏洞发现与挖掘、漏洞修复机制方面的能力有待进一步提高，针对新业务场景的网络安全风险评估技术仍需加强；在汽车各零部件安全技术、代码可信校验机制、硬件可信根、车内外网络传输中的加密技术以及密码学算法方面需要推进国产自主可控；车联网安全检测技术尚未形成覆盖全场景的安全保障体系。同时，功能安全、预期功能安全、网络安全融合技术和方法仍在进一步研究中。

（3）安全技术无法有效落地

目前，车企在跨部门和跨组织的协同方面仍存在障碍，无法明确定义和规划产品的网络安全职责；普遍尚未建立完善的生产过程网络安全风险防范制度；欠缺在产品整个生命周期内处置和应对网络安全风险的能力。同时，智能网联汽车的安全性和便利性相互矛盾。一些安全措施可能会对车辆的性能和功能产生负面影响，而一些便利功能可能会增加安全风险，因此在实际应用过程中需要充分平衡安全与便利的关系。另外，车企对新兴安全技术和解决方案的应用普遍较为保守，这也在一定程度上阻碍了安全技术的落地。

（4）软件供应链风险加剧

随着软件定义汽车的发展，智能网联汽车上的软件呈指数级增长。同时，由于智能网联汽车的复杂性，软件在供应链中显著降低了攻击难度，攻击类型多样化，攻击影响明显扩大。目前，软件供应链的安全风险重重，主要体现在以下几方面。

1）软件供应链安全风险可以发生在供应链的任何环节，包括开发、生成、交付、使用等，这也表明攻击可能存在于任何一个薄弱环节。

2）开源软件的广泛使用增加了软件供应链的安全风险。一方面，开源软件涉及开源许可证的合规性问题；另一方面，开源软件的漏洞普遍存在且影响重大。同时，由于汽车的特殊性和复杂性，汽车软件的更新和漏洞修补可能比其他行业更为困难。

3）软件的复杂性、逻辑性和编码难度不断提高，软件安全状况非常严峻。以 Linux 为例，内核代码超过 2700 万行，涉及的已公开内核安全漏洞超过 6000 个。

因此，一方面，政府和相关组织需要加强引导和协调，制定相关政策法规和标准，加强对软件供应链的安全监督和管控；另一方面，汽车制造商需要建立完备的供应链安全管理制度，提高软件供应链的自主可控程度，构建安全合规的软件库，定期进行软件成分分析，形成可靠的软件供应链。

（5）数据安全个人隐私安全问题

随着智能网联汽车的普及，车辆收集和处理的大量数据可能包含车辆的行驶轨迹、用户的个人信息等敏感数据，可能导致智能网联汽车的数据安全和隐私安全问题出现，主要包括以下几方面。

- ❏ 数据泄露：智能网联汽车采集的数据可能被黑客攻击窃取，或未经授权的第三方获取，导致车辆和驾驶者的个人信息泄露。
- ❏ 数据篡改：黑客攻击或恶意软件可能篡改智能网联汽车的数据，导致车辆行驶出现异常或违法行为，甚至威胁驾驶者的安全。
- ❏ 数据传输：智能网联汽车在通信过程中可能存在数据传输被监听、中间人攻击等风险，导致数据被泄露或篡改。

因此，我们需要采取有效的保护措施，围绕车型开发周期进行数据分类分级，并面向汽车数据采集、传输、存储、处理、交换和销毁等全生命周期制定相应的防护要求。

（6）人工智能对抗攻击风险

随着汽车智能化的发展，AI 算法扮演着至关重要的角色。它可以帮助车辆感知周围环境、做出决策和行驶路径规划等。然而，这也为智能网联汽车带来了新的安全风险，包括 AI 算法的对抗样本攻击、恶意数据注入攻击和对抗训练攻击等。以对抗样本攻击为例，攻击者可以通过改变车辆感知系统（如摄像头、雷达和激光雷达等）的输入数据来欺骗 AI 算法。这些修改通常只是微小的扰动，但足以使 AI 算法产生错误的输出结果，导致车辆做出错误的决策，最终影响智能网联汽车的驾驶安全。

目前，行业对 AI 算法的攻击防御仍以研究为主，尚未形成可商业化落地的解决方案。但是，无论汽车制造商还是自动驾驶合作方，仍需要关注人工智能带来的网络安全风险，并采取相应措施来规避，从而提高整车的综合安全防御能力。

综上所述，智能网联汽车网络安全在汽车开发应用落地过程中面临多方面的问题和挑战，需要各方共同努力，加强合作和研发，提高安全性能和标准化程度，为智能网联汽车的发展提供更加稳健和可靠的保障。

3.实践

目前，行业内各 OEM 及供应商基本上都建立了网络安全防护体系，以提升整车级产品的安全性，防止受到外界的攻击。以域控制器为例，基于域控制器芯片的硬件安全模块

（Hardware Security Module，HSM）已经成为构建智能网联汽车网络安全防御体系的基石和信任锚点。

通常，我们将 HSM 解释为一种可用于对密钥进行安全管理和存储，并提供密码计算操作的硬件设备。该模块一般通过扩展或外部设备连接到主设备。HSM 是一种防篡改和防入侵的硬件，用于保护存储的密钥，同时允许授权用户使用。使用 HSM 后，系统可以将加解密等运算交给 HSM，主 CPU 则可以处理其他工作，并在一段时间后查询结果，或等待 HSM 计算完成后通过中断等方式通知主 CPU 计算结果。

在 EVITA（E-safety Vehicle Intrusion Protected Applications，安全车辆入侵保护应用）的概念和定义中，HSM 被划分为三个等级，分别为 Full HSM、Medium HSM 和 Light HSM。Full HSM 性能最强，包括强大的 CPU 性能及更多的算法支持；Medium HSM 不支持基于硬件加速的非对称密码和哈希算法，同时也没有包括 ECC-256 和 WHIRLPOOL 的密码模块；Light HSM 仅支持基于 AES-128 的对称加解密模块。三个不同等级 HSM 的结构示意图如图 1-16 所示。

借助 HSM 提供的能力，我们可以实现不同的安全策略，以提升控制器的安全性。HSM 主要可以实现的功能如下。

1）安全启动：可验证主 CPU 的软件和数据完整性，确保其仅执行受信任的固件指令。HSM 验证主机处理器上运行的代码库的真实性和完整性。根据验证结果，主机系统可以决定是否继续启动过程。除了完整性和真实性，安全启动服务还可通过可选的固件解密功能实现机密性保障。

2）安全验证：确保与目标设备通信的一个或多个上游和 / 或下游设备的可信性至关重要。为了确保这种信任，需要双方认可的身份验证方案。HSM 可以确保各种身份验证协议的完整性以及设备之间共享密钥的机密性。

3）安全调试：允许使用安全协议通过外部主机进行身份验证，以在设备上启用本地调试。仅允许受信任且经过身份验证的开发人员访问系统进行调试。

4）安全存储：为设备的应用数据提供保护。启用后，HSM 提供安全路径，以加密和解密存储在不受信任位置的应用程序数据，从而防止攻击者进行读取或修改。

5）密钥管理：将密钥材料保留在硬件信任根中。通过应用程序层的权限和策略，管理密钥的使用。此外，密钥的生成、导入和导出由 HSM 可信应用程序控制，无需通过系统中的应用程序或其他不太可信的处理器访问密钥。

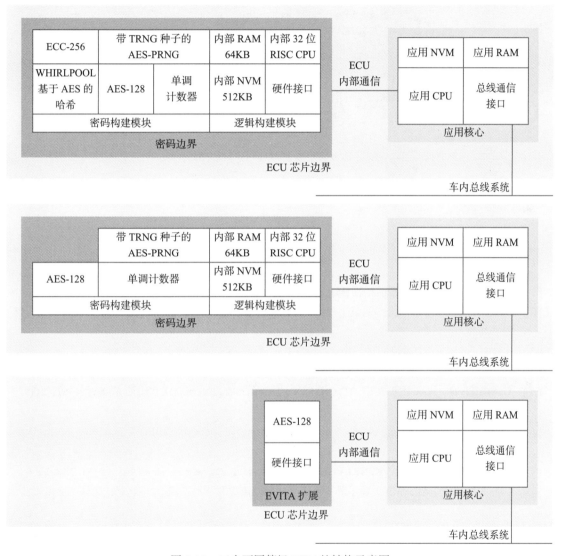

图 1-16　三个不同等级 HSM 的结构示意图

　　根据车内 ECU 的不同功能和安全需求，我们可以在不同控制器中使用不同等级的 HSM，以实现成本和效益的最大化。一般而言，Full HSM 可以提供最大限度的功能性和安全性保障，以保障外部 V2X 通信，适用于与外部网络互通的 ECU，通常应用于 T-Box。Medium HSM 主要用于 ECU 之间通信的场景，如核心的域控制器；Light HSM 则用于传感器和执行器，例如

GPS 传感器。图 1-17 展示了整车上不同 ECU 的 HSM 需求。

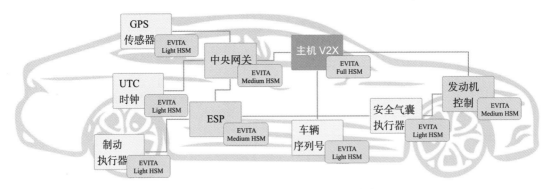

图 1-17　整车上不同 ECU 的 HSM 需求

# 1.5　参考文献

[ 1 ]　钱学森 . 论系统工程：新世纪版 [M]. 上海：上海交通大学出版社，2007.

[ 2 ]　郭宝柱，王国新，郑新华 . 系统工程：基于国际标准过程的研究与实践 [M]. 北京：机械工业出版社，2020.

[ 3 ]　郭宝柱 . 大型复杂工程项目的系统管理研究 [D]. 北京：北京航空航天大学，2006.

[ 4 ]　郑新华，曲晓东 . 钱学森系统工程思想发展历程 [J]. 科技导报，2018，36(20)：6-9.

[ 5 ]　GOODE H H，MACHOL R E，TEICHMANN T. System engineering[J]. Physics Today，1957，10(9)：34.

[ 6 ]　HALL A D. Systems engineering from an engineering viewpoint[J]. IEEE Transactions on Systems Science and Cybernetics，1965，1(1)：4-8.

[ 7 ]　HASKINS C, FORSBERG K, KRUEGER M, et al. Systems engineering handbook[M]. INCOSE, 2006.

[ 8 ]　国际系统工程学会 . 系统工程手册：系统生命周期流程和活动指南 [M]. 北京：机械工业出版社，2017.

[ 9 ]　张玉新 . 自动驾驶安全系统工程方法及应用 [R]. 长春：吉林大学，2019.

[10]　张玉新，何文钦，陈虹，等 . 自动驾驶汽车安全技术专利分析综述 [J]. 中国科学：信息科学，2020，50(11)：1732-1755.

[11]　National Highway Traffic Safety Administration. Automated driving systems 2.0: a vision for safety[J]. Washington: US Department of Transportation, DOT HS, 2017, 812442.

# 安全文化、团队与管理

安全文化是企业能够落地安全工作的关键。毫不夸张地说，如果一个企业拥有良好的安全文化，它的安全开发工作已经成功了一大半。那么，安全文化的定义是什么呢？本章将讲解优秀的安全文化对于开展安全活动的重要性，并探讨如何在不同企业或组织中实际推广安全文化，从而较好地融入现行管理活动中。

## 2.1 安全文化

在国际航空业中，国际民航组织将安全文化定义为"当没有人监督时，人们在有关安全和风险方面如何作为"。欧洲航空安全局认为安全文化是组织对安全的认识、价值观及优先次序的体现，它反映了组织中所有人员对安全的真正承诺。安全文化的本质在于人们对安全重要性的信仰，包括同事、主管及领导人对安全优先理念的看法。安全管理国际合作组织将安全文化定义为关于安全的持久价值观、行为和态度的集合，由组织各级的每个成员践行。

在汽车行业，安全文化可以定义为：在汽车产品的设计、研发、生产、销售、使用及售后服务等全生命周期内，始终将安全置于首位，致力于确保人员、车辆和环境的安全。通过制定并执行严格的安全标准和规范，培养全员的安全意识和行为习惯，并促进跨领域合作与交流，共同推动汽车行业安全发展的一种文化理念。这种安全文化不仅关注车辆本身的安全性能，还关注车辆在生产、运输、销售和使用过程中的安全管理，以及车辆与道路基础设施、其他车辆、行人之间的信息交互和协同控制的安全性。汽车行业的安全文化强调预防胜于治疗的原则，注重在设计和研发阶段就充分考虑各种潜在的安全风险，并采取相应的措施进行防范和应对。

这些定义都强调了安全文化的重要性和影响力。它不仅仅是一种表面的宣传口号，更是一种深入人心的理念和行为准则。通过培养和弘扬安全文化，企业能够建立起全员参与、持续改进的安全管理体系，从而有效预防事故和降低风险。

## 2.1.1　安全文化的重要性

安全文化的作用在当前仍然被很多人和企业所忽视。然而，随着智能汽车的发展，安全话题已经变得不可回避。许多汽车企业开始意识到这一点，包括国内的 OEM、Tier1 等都已经行动起来，开始对三大安全展开资源投入。它们愿意耗费大量资金进行流程认证、产品认证，并招聘功能安全工程师等。

令人遗憾的是，企业在安全文化建设方面却鲜有重视。安全文化建设是所有与汽车相关的企业和组织都应该重视并投入精力去做的事情。安全文化的建设不是一朝一夕之功，其作用和价值也不会在短期内显现。然而，安全文化可以让企业中的所有人形成一致的安全行为准则和心智模式。这将为企业的安全落地提供巨大的推动力和落实保障。

相比于显性的流程认证、能力建设，甚至是产品安全，安全文化的建设更加重要。因为安全文化是一种内在的价值观和行为习惯的塑造，它能够从根本上改变人们对待安全问题的态度和行为方式。只有当每个人都将安全视为一种重要的价值观，并将其融入日常工作中，才能真正实现企业的长期安全发展。

因此，对于汽车企业和相关组织来说，重视并投入精力建设安全文化是非常必要的。通过培养员工的安全意识、加强安全管理、建立安全培训体系等方式，可以逐步形成良好的安全文化氛围。只有这样，企业才能在面对日益复杂的安全问题时保持高度警惕，并采取有效措施预防事故发生。

## 2.1.2　优秀的安全文化

安全文化绝不仅仅是一个简单的口号。一个企业拥有优秀的安全文化方针、政策和文档，并不代表它就具有优秀的安全文化。就像一个人一样，你所做的远比你所说的更重要。优秀的安全文化没有统一的标准，但它有一些共性的特征。良好的安全文化通常具有以下特质。

第一，安全的优先性高。

几乎所有人都会在潜意识里认同安全比其他事宜更重要。然而，在实际的企业开发项目中，这一点经常受到挑战。当一个更安全的方案面临开发周期长，无法赶上项目开发日程时，你会如何选择？当一个更安全的方案面临成本高于预期时，你又会如何选择？

安全、成本和进度是所有项目开发中需要面对的三个相互矛盾的课题。安全与成本的平衡、安全与进度的平衡的底层逻辑决定了一个企业对待安全的态度。在实际操作中，选择和倾向于更安全的方案是确保安全能够落地的根本保障。因此，安全优先性高于其他是优秀安全文化的一个必要特征。

这就要求在做安全与成本、安全与进度的平衡时，始终以对消费者的生命安全负责、敬畏技术和生命的视角来考虑。同时，企业内需要有足够高权限的专职功能安全负责人专注于安全，并且他们的专业意见应该得到项目和所有人的重视，尤其是项目决策人。

第二，安全决策责任可追溯。

将安全纳入绩效考核是优秀安全文化建设的必要条件。安全决策的责任可追溯性能够促使决策者更加重视与安全相关的风险。在相关风险没有被澄清的情况下，追责机制要求决策者必须在风险被澄清并充分覆盖的前提下做出判断。这有助于使安全论证更加充分，确保安全风险得到全面覆盖。

相反地，如果安全决策责任不清晰，遇到问题时相互推诿和甩锅，那么功能安全的落地将无从谈起。

第三，保持安全检查验证和确认的独立性有助于安全问题的充分暴露和解决。

高等级的安全风险和目标需要更高的独立性来进行安全检查和确认。有些企业和组织将功能安全经理角色放在项目开发团队中，其绩效由项目经理负责。这样会导致在功能安全经理和项目经理意见不一致时，功能安全经理的意见受到限制，很难独立地表达不同的意见。这属于负面的安全文化示例。

第四，安全问题需要特殊的上报机制。

为安全问题开辟一条特殊的汇报线路是非常必要的。非安全问题由项目经理决策，而安全问题需要额外的决策机制。例如，安全问题需要项目经理和安全经理（或安全专家委员会）

一同决策。当项目经理和安全经理（或安全专家委员会）意见不一致时，企业高层需分别听取项目经理和安全经理（或安全专家委员会）的意见后综合决策。这是优秀的安全文化示例。

第五，对安全有足够的资源投入是必要的。

这一点看起来不难也理所应当，但实际上，三大安全涉及研发、生产、供应商、制造、售后维修、报废等全生命周期的事项，包括各种人力、工具、开发工作等巨大的投入。进行安全开发本身就意味着资源的额外投入，包括提出和设计优化安全目标、设计安全可接受准则、设计和优化安全方案、安全验证和确认等都需要人力投入。如果没有这些资源的投入，一切好的安全方案都将被束之高阁。

### 2.1.3 如何建立好的安全文化

#### 1. 企业高层决策者的态度对安全文化的建立至关重要

在企业中，高层决策者的态度对于安全文化的建立起着关键作用。"安全第一"和"安全优先"不仅仅是简单的口号，而是要根植于企业组织中每一个相关人员的内心，体现在他们的行为中，最终反映在提供的产品或服务中。

企业所有项目的开发过程中，都会面临许多关于安全问题的决策。在这些决策中，项目决策者和高层的态度，通过实际行动体现了对安全优先的维护。只有项目决策者和企业高层真正做到安全优先，才能带动企业全体成员在对待安全问题上形成统一的安全优先行动准则，从而使良好的安全文化在企业中生根发芽、开花结果。尽管这一条看似简单，但实际上非常难以做到。例如，有些企业一方面在对外和对内宣传中强调安全优先和安全第一，但在项目开发落地过程中，面对真正的考验时，如安全风险需要投入资源解决，以及项目安全与进度发生冲突时，仍然倾向于优先考虑项目收益和保证项目进度的决策。这将对企业全体员工产生非常大的安全文化负面影响，给安全文化建设造成毁灭性的打击。

#### 2. 企业全员对三大安全的理解是安全文化的基础

在企业中，只有几个安全工程师是远远不够的。如果一个企业中只有几个安全工程师负责安全开发落地，而其他开发人员不具备对三大安全的深入理解，这将使安全开发落地面临巨大的挑战。在这种情况下，即使安全工程师的能力和经验再丰富，也会无能为力。开发人员对三大安全的深入理解是"安全"生长的"土壤"。因此，让开发人员充分理解三大安全是安全文化建设中必不可少的一环。定期进行三大安全的培训、学习，以及相互交流和讨论，是建立优秀安全文化的有效手段。

### 3. 企业的安全监管与考核

企业的安全监管与考核是确保产品和系统在各种情况下都能安全运行的关键环节。以下是一些建议和措施，可以帮助企业实现有效的安全监管与考核。

- 制定安全管理体系：企业应建立一套完整的安全管理体系，包括政策、程序、指南和工具。该体系应涵盖三大安全的各个方面，如风险评估、安全要求定义、安全验证和确认等。此外，企业还应确保员工对安全管理体系有充分的了解和认识。

- 设立专门的安全团队：企业应设立专门的安全团队，负责制定、实施和维护三大安全管理体系。这个团队应具备跨学科的专业知识，能够从不同角度对产品和系统的安全性进行全面评估。

- 定期安全培训：企业应定期为员工提供安全培训，以提高他们的安全意识和技能。培训内容应包括三大安全的基本概念、方法和工具，以及企业在安全方面的具体要求和实践。

- 实施安全审计：企业应定期对安全管理体系进行审计，以确保其有效性和合规性。审计过程应包括对政策、程序、指南和工具的评估，以及对员工遵守功能安全规定的检查。审计结果应作为改进安全管理体系的依据。

- 建立安全考核机制：企业应建立一套安全考核机制，以评估员工在安全方面的表现。考核指标可以包括员工对安全规定的遵守程度、参与安全活动的积极性，以及发现和解决安全问题的能力等。考核结果应作为员工晋升、奖励和惩罚的依据。

- 与其他企业和组织合作：企业应积极与其他企业和组织合作，共享在三大安全领域的经验和资源。这可以帮助企业更好地了解行业最佳实践，提高自身的安全水平。

- 不断改进安全管理体系：企业应根据审计和考核结果，不断改进安全管理体系。这包括修订政策、程序、指南和工具，以及调整培训和考核方法。通过持续改进，企业可以确保其产品和系统始终处于安全可靠的状态。

### 4. 明确的安全分工和流程

明确的分工、清晰的责任划分和充分可执行的流程是安全文化落地的前提。试想一下，在项目开发过程中，如果没有明确的分工、清晰的责任划分和充分可执行的流程，那么在出现安全相关问题时，所有人都会推脱自己的责任。这会对那些在开发中遵循安全理念、做到细致风险识别和规避的人起到负面作用。久而久之，安全将变为受累不讨好的苦差事，从而对安全文化的建设产生摧毁性的打击。

### 5. 安全经验教训的定期复盘

失败是最好的老师，从他人的失败中学习经验远比从成功中学到更多。因此，对于安全相关的问题，是否有充分的经验教训总结，是否有足够强的举一反三和横向平行展开的能力，是否有丰富的知识库，是衡量一个企业安全文化质量的重要指标。

### 6. 核心的专业安全团队

俗话说，三个臭皮匠顶个诸葛亮，但这句话在安全领域是不适用的。安全是一个特别依赖经验的专业方向。一个企业要想建立优秀的安全文化，需要有对安全标准、开发方法论有充分理解的安全专家。只有拥有足够专业的安全团队，才能带领开发团队开发出符合甚至超出安全标准的产品。另外，他们也能够为企业全员提供培训和答疑，以更好地理解安全开发。

评估功能安全文化示例如表 2-1 所示。

表 2-1　评估功能安全文化示例

| 缺乏安全文化的例子 | 优秀安全文化的例子 |
| --- | --- |
| 安全决策责任不具备可追溯性 | 流程确保了与功能安全相关的决策责任是可追溯的 |
| 与安全和质量相比，奖励制度更有利于成本降低和进度推动 | 奖励制度支持并激励有效地实现功能安全<br>奖励制度惩罚那些走捷径而危及安全和质量的人 |
| 评估安全、质量以及管理流程的人员过度地受到负责执行流程人员的影响 | 流程实现了足够的相互制衡，例如：集成过程中适当的独立程度（安全、质量验证、确认以及配置管理） |
| 对于安全持消极态度，例如：<br>❑ 严重依赖于产品开发周期后期的测试<br>❑ 管理仅当现场出现问题时才有应对 | 对于安全持积极态度，例如：<br>❑ 安全和质量问题在产品生命周期的最初阶段发现并得到解决 |
| 所要求的资源没有以一种及时的方式进行计划或分配 | ❑ 所要求的资源被及时分配<br>❑ 技术资源具有与所分配的活动相匹配的能力 |
| ❑ 群体思维<br>❑ 形成审查小组时"暗中布局"<br>❑ 反对意见对绩效考核有负面影响<br>❑ 异议者被认为是"麻烦制造者""不是团队成员"或"告密者"<br>❑ 有质疑的员工害怕后果 | ❑ 在所有的流程中探寻、评价和考虑多样性<br>❑ 不鼓励并惩罚反对采用多样性的行为<br>❑ 存在支持交流和决策的渠道，并鼓励自我披露、鼓励其他任何人进行披露、鼓励持续发现和解决问题 |
| 没有系统的持续改进流程、学习循环或其他形式的经验总结 | 持续改进集成到所有的流程中 |

（续）

| 缺乏安全文化的例子 | 优秀安全文化的例子 |
| --- | --- |
| 流程是临时的或不明确的 | 在所有层面执行一个明确的、可追踪的和受控的流程，包括<br>❑ 管理<br>❑ 工程<br>❑ 开发接口<br>❑ 验证<br>❑ 确认<br>❑ 功能安全审核<br>❑ 功能安全评估 |

## 2.2　安全团队

如何确保汽车的各项功能能够正常、安全地工作，从而保护驾驶员和乘客的生命安全？为了实现这一目标，需要有专门的安全团队来负责汽车安全的相关工作。当然，安全的组织与团队在不同国家、不同类型的企业背景下，存在着不同的形态。由于预期功能安全和网络安全团队建立还没有成形的经验，主要参考功能安全团队建立，因此，下面以功能安全团队建立为主进行介绍。

### 2.2.1　不同组织对安全团队的要求

#### 1. OEM 对安全团队的要求

按照传统的分布式委外开发模式，一般由 OEM 负责概念阶段的开发，主要包括相关项定义、危害分析与风险评估、功能安全概念定义和功能安全需求分配；供应商负责系统和零件层级的开发。在这种开发模式下，功能安全更多由供应商负责，OEM 作为系统集成方，最多承担安全审核和安全确认的责任。因此，OEM 对安全团队的要求不高。

然而，近些年来，汽车的 E/E 架构逐渐发生了颠覆式的变化。各大 OEM 都开始探索由分布式架构向域控架构/区控架构，甚至中央集成式架构过渡。汽车电子电气控制的复杂度爆炸式增加，软件定义汽车、辅助驾驶甚至自动驾驶等功能逐渐上车并成为主流趋势。许多 OEM 逐渐开始自研，传统的分布式委外开发模式受到了巨大的挑战。OEM 普遍开始意识到功能安全的重要性，并在功能安全人才方面积极招兵买马，组建功能安全团队。

根据 OEM 的特点，OEM 对功能安全团队的要求分为以下几个维度。

（1）开发维度

参与安全相关电子电气系统开发的所有工程师，都是功能安全开发过程中不可或缺且非常关键的。在这一维度上，安全团队可以不设专职岗位，比如由系统工程师、软件工程师和硬件工程师兼任，但所有工程师都需要具备功能安全的落地能力。

（2）审核维度

OEM 需要构建一个内部安全审核团队。这个团队的能力要求最高，除了对安全方案和功能安全实施进行审核和确认，还负责对内部开发人员进行安全理念、安全方法论和安全知识的推广和传播。该团队需包含各安全专业方向的资深专家及具有丰富项目实践经验的人员，如整车 E/E 安全架构、系统、软件、硬件等领域的专家及技术评审人员。

（3）项目管理维度

为每个项目配备专职的项目安全经理，是功能安全开发顺利推进的有效手段。项目安全经理需要对项目的功能安全负责，并受到功能安全质量考核。项目安全经理需要能够调动和协调公司内各个专业方向的安全专家，为项目开发过程中遇到的课题和安全方案进行审核确认。

2. Tier1 和 Tier2 对安全团队的要求

在功能安全团队要求方面，Tier1 和 Tier2 供应商有一定的差异化要求，主要体现在以下几个方面。

（1）与 OEM 的合作关系

Tier1 供应商通常直接与 OEM 合作，因此在功能安全方面的要求通常更为严格。根据 OEM 的要求，Tier1 供应商需要遵循特定的功能安全标准，如 ISO 26262，确保产品符合相应的安全性能要求。相比之下，Tier2 供应商通常通过 Tier1 供应商为 OEM 提供零部件或原材料，因此在功能安全方面的要求可能相对较低。

（2）专业知识

由于 Tier1 供应商承担更多的功能安全责任，它们通常需要建立专门的安全团队，拥有专业的功能安全工程师和专家。这些团队需要掌握与功能安全相关的标准、方法和工具，如故障树分析（FTA）、危害与可操作性分析（HAZOP）等。相比之下，Tier2 供应商可能没有专门的安全团队，但仍需要了解并遵循与其产品相关的安全标准和要求。

（3）安全生命周期管理

Tier1 供应商需要在整个产品开发过程中贯彻功能安全管理，包括概念开发、系统设计、硬件和软件开发、集成和测试、生产以及产品维护和支持阶段。因此，它们需要建立完整的安全生命周期管理体系，确保在每个阶段都能达到预期的安全目标。相比之下，Tier2 供应商的安全生命周期管理相对简单，主要关注其提供的零部件或原材料的质量和安全性。

（4）安全培训和安全文化

由于 Tier1 供应商在功能安全方面负有较大责任，它们需要对员工进行相应的安全培训，确保员工了解并掌握功能安全知识。此外，建立安全文化对于 Tier1 供应商来说也至关重要，以确保安全始终是公司关注的重点。相比之下，Tier2 供应商可能在安全培训和安全文化方面的投入较少，但仍需关注安全性能的持续改进。

总之，Tier1 供应商需要承担更多的安全责任，包括与 OEM 的直接合作、建立专门的安全团队、实施完整的安全生命周期管理，以及进行安全培训和安全文化建设。相比之下，Tier2 供应商对功能安全的要求相对较低，但仍需关注提供的零部件或原材料的质量和安全性，并确保符合相关的安全标准和要求。根据各自的角色和责任，Tier1 和 Tier2 供应商应在产品设计和生产过程中注重功能安全，并与上下游企业保持良好的沟通与合作，共同确保汽车行业的安全性和可靠性。

### 3. OEM 与 Tier1 和 Tier2 的安全团队要求差异

每个公司所需的安全团队能力矩阵和团队能量各不相同，不同的配置需要能够服务于各个公司的核心业务。不论是哪家公司，安全团队的基础布局与策略大多需符合结构 Kernel/Layer 1/Layer 2。

首先，我们介绍一下安全经理这个角色在不同开发链条上的异同。安全经理在早期国内安全开发意识还不够强的时候，被定位成接近"超人"的角色：要能管理开发项目的所有安全环节，还要能写安全需求并提出安全相关的技术方案。但如今，大部分企业对安全经理的职务已经逐渐清晰：基本上就是对安全相关任务中的活动进行管理，以及负责技术谈判与内部协商。

对于 OEM 的安全经理，必须熟悉整车开发的安全活动管理，包含概念阶段的工作；跨多个开发部门的功能安全管理活动（无论是中心安全小组的安全经理，还是各分系统开发部门的安全经理，都需要大量的横向沟通来推动安全工作）；与供应商签订开发接口协议（Development Interface Agreement，DIA）、CIA（Confidentiality，机密性；Integrity，完整性；Availability，可用性）及后续不同开发阶段的评审，这些都是需要多方、多人协同完成的工作，涉及大量有关"人 – 事 – 地 – 物 – 时"的管理。其次，OEM 的安全经理主要的技术工作在于对内敦促开发人员（或自行工作）提出合理正确的高阶安全需求，对外与供应商或协同开发单位正确传递这些需求的内涵，并可能需要为公司定义的需求进行大量的说明。

对于 Tier1 的安全经理，通常基于执行中的项目（一个或数个）实施安全管理工作。他们最核心的能力是调动相关的软硬件工程师，按照安全标准进行开发。通常在软硬件开发层级中，没有专职的安全工程师，因此安全开发工作必须由原本的功能开发工程师兼职完成。如何让非安全专业的开发工程师保质保量地完成安全开发工作及相关文档开发，这就体现了安全经理的智慧与责任。除此之外，依照笔者观察，Tier1 的安全经理通常具备最强的成本节约意识，会不断与客户沟通，协调安全需求的合理性与可执行性。这或许是 Tier1 的安全经理的最大价值：让公司尽可能地少花钱就能达成安全目标。

对于 Tier2（包含 IC 芯片厂）的安全经理，通常需要负担的管理事务较少，因此在技术知识上的储备相对较深，但仅限于自身负责的产品。这个职位上的安全经理潜在需要处理更多与认证相关的工作（Tier1 的安全经理则需应对更多基于 OEM 要求的评审工作，被动认证需求会比较少），因为汽车系统的底层组件多半需要认证证书作为市场的敲门砖。在技术管理工作上，由于公司开发的产品规格较小，安全对成本与工作量的影响不如 OEM 与 Tier1 那样大，再加上底层组件的开发多为独立于环境的安全要素（Safety Element out of Context，SEooC）的方式，因此 Tier2 的安全经理没有太多对外的技术协商或谈判工作。

## 2.2.2 安全团队的定位

一个组织建立与产品开发活动一样，在公司不同发展阶段扮演不同的角色，具体如下。

（1）初创阶段

这有可能发生在公司刚成立或刚开始导入安全相关产品时。在这个阶段，公司与安全团队除了需要先招募或增设一些核心岗位人员外，也需要密切且大量地与外部单位、咨询或第三方机构合作。安全团队的任务在于理解公司产品、生态文化与开发能力，同时借鉴外部单位的知识、经验与能力，妥善建立公司级流程、文件体系、技术实现案例、产品方案框架等。潜在地，公司可能还需要适度通过安全相关认证或评审，为相关产业的安全能力背书。

（2）运营优化阶段

当公司拥有相对完整的安全流程体系及工程实践能力后，下一步便是针对不同的项目甚至不同产品的开发不断优化，以降本增效。即使公司导入新产品，安全团队也必须适时地与外部单位合作，在现有公司能力的基础上扩充新产品的安全概念和安全技术实现等细节。毕竟，不同产品的安全技术细节可能存在或大或小的差异。至于公司安全相关项目的降本增效目标的实现，依赖于安全团队持续投入并关注以下议题。

1）工程开发团队对于安全流程与技术实施后的反馈。大多数反馈可能是开发团队对安全任务工作量增加的抱怨，但有时候开发团队基于一线实施工作内容的立场，会提出一些务实且聪明的想法，这些想法可能减少团队编写安全文件的工作量。例如，可以通过会议纪要的方式记录设计变更的影响分析，或者记录安全概念实施后发现的优缺点，并探讨这些优缺点如何发扬和抑制。安全标准的描述中将这类工作称为"持续改进"。安全团队实施持续改进措施是非常重要的。

2）市场中最新的解决方案，以及这些方案能为已有产品的安全解决什么问题。硬件产品的解决方案的每次更新无非是提高性能、降低成本或提供更高的兼容性；软件产品的解决方案也会随着架构的更新同步调整，甚至有些算法模块似乎永远没有稳定的一天。安全团队必须时刻接触并了解这些解决方案，并解析它们对安全架构的冲击和影响，以实现公司降本增效的目标。

（3）成熟维护阶段

当公司的产品线已经成熟，未来的产品迭代主要是小修小改，同时公司的安全流程与安全组织也已经在所有产品线中验证过，此时安全团队就进入了最低阻力的成熟维护期。这时候，安全团队的主要任务如下。

❑ 确认开发团队始终具备足够的安全技术、认知与能力。依照笔者的经验，虽然公司已经拥有稳定的安全体系，但项目组成员来来去去、时常变化，安全经验与能力需要长期培养，因此安全团队必须经常在开发团队中培育"安全种子"。

❑ 定期执行安全合规工作。安全合规工作包含安全评审、安全审查、例行性的 CR（Code Review）或关键项目上与第三方合作评审认证等。通常，公司发展到这个阶段，安全团队已经有成熟的表单、检查单与案例可供参考使用，对团队成员的综合能力要求不会太高，只需要他们通盘了解这个安全体系在公司内如何运作。

❑ 导入新标准或新技术。当标准改版或有新的关联标准问世时，安全团队负责消化这些标准与要求，并将其拆解为公司层面必须补充完整的内容。

安全团队在公司不同阶段扮演的角色有所不同，不同的角色需要不同的能力矩阵。大致而言，越在公司早期阶段，对安全团队的综合能力要求越高，公司也需要聘用更高阶的人才。但随着公司趋于成熟维护期，安全团队的定位会更接近于技术含量稍高的质量人员。如果公司没有再开发新类型产品、新的应用或导入新的技术，此时安全工作的需求和安全团队的运作成本相对较低。

## 2.3　安全管理

### 2.3.1　智能汽车安全管理内容

智能汽车安全管理内容从宏观层面可分为功能安全开发、预期功能安全开发和网络安全开发（统筹考虑数据安全）。各类安全开发在技术实现上具有一定的独立性，但在安全管理层面则需要融合实施。

智能汽车安全管理是整车开发管理的重要组成部分。基于智能汽车从研发生产到运行报废的全生命周期流程活动，我们在微观层面可将智能汽车安全管理内容分为：整体安全管理，项目安全管理，生产、运行、服务、报废的安全管理。

图 2-1 展示了智能汽车安全管理相关活动示例。

#### 1. 整体安全管理

整体安全管理包括企业为开展各类安全开发工作而进行的安全义化培养、安全团队建设，以及安全规章和流程建设等工作。整体安全管理是安全开发全部工作的基石。

企业应在长期管理活动和生产实践中，自上而下地积累并形成全员性的安全价值观和安全理念，并将这些安全理念和承诺传递给相关合作方。

企业应拥有独立的安全团队，对产品生命周期过程中的安全活动实施和完成情况进行监督和评估，保障产品安全目标的达成。

企业应具备安全规章和流程，做到规范化、制度化，并贯穿到各个层面，组织实施产品安全相关活动，确保产品安全目标达成。

#### 2. 项目安全管理

项目安全管理中，企业需要定义与分配安全活动相关的角色，并赋予相关安全角色相应的责任和职权，同时为其配备开展安全活动所需的各类资源。

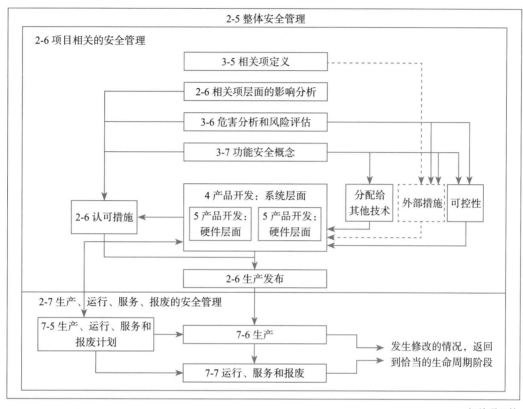

图 2-1　智能汽车安全管理相关活动示例

　　企业需要在相关项层面执行影响分析，以识别相关项是全新的，还是对现有相关项进行修改，或是对现有相关项的使用环境进行修改；并在有一项或多项相关项修改时，分析所识别出的修改对安全的影响。

　　在现有要素复用的情况下，企业需要在要素层面进行影响分析，评估复用的要素是否可以满足分配给它的安全要求，并考虑该要素复用的运行环境。

　　企业需计划安全活动，对应全生命周期流程制订安全计划，按照安全计划协调并追踪安全活动的进度。在整个安全生命周期内，企业应确保安全活动的正确进程。在规划分布式开发中，OEM 和供应商需要分工合作完成相关项安全开发中的所有安全活动，并需根据所分配的责任各自创建安全计划。

　　企业需定义所剪裁的安全活动，提供相应的剪裁理由。安全活动剪裁适用于特定项目，剪裁依据应包含在安全计划中。安全活动剪裁依据包括 ASIL 等级、相关项层面影响分析、要素层面影响分析、开发接口协议等，并在安全计划的认可评审和安全评估活动中对剪裁依据进行评审。

企业需创建可理解的安全档案、认可评审报告、安全审核报告和安全评估报告，以提供实现安全的证据，判断相关项是否实现了安全开发。在开发结束时，基于支持有信心实现安全的证据，决定相关项或要素是否能够生产发布。

### 3. 生产、运行、服务、报废的安全管理

企业需对相关项及要素的生产过程实施相关活动，以确保在生产阶段（产品发布后）不会产生影响安全的因素。

企业需对车辆生命周期的运行、服务（维护和维修）实施相关活动，例如实施现场监控流程，以便获得现场数据来支持安全事件解决。企业需制订相关项和要素的运行计划、服务指导说明和报废指导说明来，例如纯电智能汽车报废时废旧电池的无风险化处理流程等。

## 2.3.2　智能汽车安全管理流程建设

### 1. 行业现状

智能网联汽车与自动驾驶的蓬勃发展，使汽车安全这个细分领域越来越受到重视。功能安全及其对应的 ISO 26262 标准，作为汽车安全的传统代表，是首个在汽车行业被广泛关注的安全话题。与此同时，预期功能安全、网络安全和数据安全也逐渐引起汽车行业的重视。

在行业趋势背景下，汽车行业内的 OEM、Tier1 和芯片供应商都在积极布局安全产品，建设安全开发流程，并取得了不错的成效。国内主流 OEM 基于自身原有的开发流程，建立了包括功能安全开发、预期功能安全开发、网络安全开发和数据安全开发在内的管理流程，并获得了第三方机构的安全管理流程认证证书。

当前，汽车行业在快速发展的同时，安全管理流程的建设也存在一定问题，主要体现在以下几方面。

1）企业具备安全管理流程，但不一定完善。例如，开发流程的结构层次不清晰、不够细化，缺乏模板及表单。安全管理流程需要层次明确、结构清晰、接口清晰，能够给予执行者详细的指导。部分企业缺乏深厚的安全文化，产品开发执行人员不习惯严格执行安全开发管理流程。这一现象与企业人员的传统意识有关。

2）企业具备安全管理流程，但受限于资源、能力、工具等因素，未能充分有效实施。例如，管理流程中评审不充分，业务决策评审缺失，技术评审有效性不足。产品安全开发过程中，离不开有效的评审活动，以发现问题并控制风险。然而，安全管理流程需要花费大量人力和物力去支持，因此在评审专家资格及选择、评审程序、评审规则、评审角色及职责、评审检查表、评审指引等方面均缺乏具体的规定，影响了评审的有效性，使技术评审流于形式。例如，缺乏安全流程建设及维护的组织保障，缺乏流程监控和优化机制。大多数企业在安全活动开发流程的设计及维护方面一般没有专门的部门负责，即使有部门（例如安全开发部门）负责，人员配置也不足（通常为兼职）。在安全开发流程执行过程中，没有设立组织来负责流程的引导和审计，流程的执行状况没有纳入项目组和部门的考核中。对于安全开发流程的持续优化，缺乏评价方法、分析方法、行动方案、高层支持和组织保障。

### 2. 法规要求

2021 年 4 月，工信部发布了《智能网联汽车生产企业及产品准入管理指南（试行）》。该指南明确提出，智能网联汽车生产企业应满足企业安全保障能力要求，针对车辆的网络安全、数据安全等建立管理制度和保障机制，建立健全企业监测服务平台，保证产品质量和生产一致性。

智能网联汽车产品应满足功能安全、预期功能安全和网络安全等过程保障要求。企业应具备专职的功能安全、预期功能安全和网络安全团队，负责产品全生命周期的安全保障工作。企业安全保障能力要求包括功能安全及预期功能安全保障要求、网络安全保障要求和软件升级管理要求。

2022 年 11 月，工信部公开征求对《关于开展智能网联汽车准入和上路通行试点工作的通知（征求意见稿）》的意见，明确提出企业应建立功能安全保障、预期功能安全保障、网络安全保障、数据安全保障等能力。

（1）功能安全保障能力建设要求

企业应建立汽车安全生命周期相关阶段的功能安全管理流程，针对汽车安全完整性等级明确相应流程要求，避免不合理的风险。

企业应建立功能安全管理制度，涵盖整体功能安全管理、产品开发安全管理、安全发布管理等内容。

企业应明确生产、运行阶段的功能安全要求。

企业应明确功能安全支持过程要求，包括分布式开发接口管理、安全要求的定义与管理、配置管理、变更管理、验证、文档管理、软硬件组件鉴定等内容。

（2）预期功能安全保障能力建设要求

企业应建立预期功能安全开发流程，具备设计定义、危害识别和评估、功能不足识别和评估、功能改进、验证及确认策略定义、已知危害场景评估、未知危害场景评估、预期功能安全实现效果评估、运行阶段的监测等能力，以保障车辆不存在因自动驾驶系统预期功能不足所导致的不合理风险。

企业应建立预期功能安全管理制度，明确预期功能安全管理职责、角色定义及供应商计划管理等要求。

（3）网络安全保障能力

企业应建立智能网联汽车产品网络安全管理制度，明确网络安全责任部门和负责人，保障智能网联汽车产品开发流程遵循网络安全管理制度要求，落实网络安全责任。

企业应建立智能网联汽车产品的网络安全风险管控机制，具备网络安全风险识别、分析、评估、处置、测试验证和跟踪等风险管控能力，及时消除重大网络安全隐患的能力。

企业应建立智能网联汽车产品的网络安全监测预警机制，具备监测、记录、分析网络运行状态和网络安全事件的技术措施，并能按照规定留存相关网络日志不少于 6 个月。

企业应建立智能网联汽车产品网络安全漏洞管理和应急响应机制，制定网络安全事件应急预案，具备及时处置安全漏洞、网络攻击等安全风险的能力，具备支持车辆用户和车内安全员采取相应措施的能力。

企业应建立智能网联汽车产品与供应商相关的风险识别和管理能力，明确供方产品和服务的网络安全评价标准、验证规范等，具备管理企业与合同供应商、服务提供商、企业内部组织之间安全依赖关系的能力。

企业应建立智能网联汽车产品网络安全管理制度的持续改进机制，并在关键流程变更或网络安全事件发生后，及时更新和完善相关制度及机制。

企业应建立车联网卡实名登记制度，严格落实车联网卡实名登记有关要求。

（4）数据安全保障能力

企业应当建立健全智能网联汽车产品数据安全管理制度，依法履行数据安全保护义务，明确责任部门和负责人。

企业应建立智能网联汽车产品数据资产管理台账，实施数据分类分级管理，加强个人信息与重要数据保护。

企业应采取智能网联汽车产品的数据安全保护技术措施，确保数据持续处于有效保护和合法利用的状态，依法依规落实数据安全风险评估、数据安全事件报告等要求。

在中华人民共和国境内运营中收集和产生的个人信息和重要数据应当按照有关法律法规规定在境内存储。需要向境外提供数据的，应当通过数据出境安全评估。

### 3. 智能汽车整体安全管理流程建设

智能汽车整体安全管理流程建设应从以下方面努力，确保企业能够有效实施安全生命周期内的各项安全活动。

（1）建立健全企业安全文化

企业的高层决策者应支持安全管理流程的建设，提供安全活动所需的资源，以支持和鼓励安全活动的有效实现。企业应建立并维护功能安全、预期功能安全、网络安全之间的有效沟通渠道，以及与实现各类安全相关的其他领域的有效沟通渠道。企业应努力全面提高在职人员的安全能力和安全意识，并确保给予负责实现、维护或支持安全活动的人员足够的权限，以履行他们的职责。

（2）建立安全团队，并同时建立及健全安全执行人能力管理体系

企业应确保执行安全生命周期活动的人员具备与其职责相匹配的技能、能力和资质。例如，企业可以制定涵盖技能、能力和资质的标准或要求，并通过考察安全团队人员以往的专业活动经验和相关专业领域知识来确定安全活动执行人的专业能力。

（3）建立健全安全规章制度和流程，实现安全全生命周期活动的管理

安全流程应包含制订安全计划、概念阶段安全开发、产品开发阶段（系统、软件、硬件阶段）安全开发，以及生产、运行、服务和报废阶段的安全活动。

（4）建立健全的安全异常管理流程，实现安全异常的管理

企业应建立、执行并维护安全异常管理流程，以确保将识别出的安全异常明确传达给负责在安全生命周期内实现或维护安全活动的人员。企业还应建立、执行和维护安全异常解决流程，以确保及时有效地分析、评估、解决和管理已识别的安全异常，直至关闭。关闭安全异常的依据应进行记录，并进行评审。未完成关闭的安全异常应上报给总体安全负责人，并开展安全评估活动，明确风险。

（5）建立健全质量管理体系，支持智能汽车安全实现

企业和组织应具备支持实现功能安全、预期功能安全、网络安全，并满足质量管理标准如 IATF 16949、ASPICE 或等同标准的质量管理体系要求。企业应结合现有的质量管理体系，支持安全开发工作的实施，进行安全开发中的需求管理、变更管理、文档管理和配置管理等。

### 4. 智能汽车项目安全管理流程建设

智能汽车项目安全管理流程建设应从以下方面做出努力，确保在项目开发的各个阶段都能有效实施安全生命周期内的各项安全活动。

（1）项目计划阶段的安全管理流程要求

企业在明确智能汽车产品目标销售地后，应组织安全开发人员开展安全法律法规要求分析，以识别目标销售地对智能汽车产品的特殊安全要求，例如，欧标法规标准 UN R157 对带有 ALKS 自动车道保持功能车型的安全要求。

企业应定义并分配与安全活动相关的角色和责任。在智能汽车产品开发启动阶段，企业应指定安全经理（可由项目经理兼任）。安全经理（项目经理）应在项目计划阶段预估并确认企业提供了符合要求的安全活动所需资源，包括组建概念阶段安全开发、系统和软硬件阶段安全开发的安全工程师团队所需的人力资源，以及开发工具、数据库等其他资源。企业应确保负责实现、维护或支持安全活动的人员拥有足够的权限履行他们的职责。

根据智能汽车项目是否为全新开发，确定是否需要开展智能汽车相关项目层面的安全影响分析。开展影响分析的主要原因包括对现有相关项目设计的修改、对相关项目实现方式的修改、对现有相关项目使用环境的修改。企业需要识别这些修改对安全活动的影响，并基于修改的影响识别需开展的安全活动。

复用现有要素时，企业应执行要素层面的影响分析。企业需要考虑该复用要素的使用环境的修改，以及无论复用要素是否进行了修改，都需要评估此要素能否符合被分配的安全要求。

企业应根据具体项目属性，定义必要的安全活动及工作产出。同时，定义安全活动的裁剪，提供相应的裁剪理由，并对所提供的理由进行评审。

企业应基于项目计划制订安全活动计划；按照安全计划协调并追踪安全活动的进度；在整个安全生命周期内，确保安全活动的正常进行。

若开发方式为分布式开发，企业应规划分布式开发相关活动。

企业应开展供应商能力评估活动，即在供应商准入或定点前，考察供应商在开发和生产阶段执行相关安全活动的能力；通过供应商以往项目中的安全开发、治理、质量管理和安全管理的证据，评估供应商的安全开发能力。

在询价阶段，企业应明确提出安全相关需求，包括要求供应商按照相关标准进行产品开发，履行接口协议中约定的职责及其他安全技术需求。

企业应识别各项安全活动的责任主体，通过签署安全接口协议确定双方职责。在后续的分布式开发活动中，双方根据安全接口协议完成各自的安全活动。

（2）项目发布前的安全管理流程要求

智能汽车发布前，企业应执行严格的安全管理流程，具体包括实施安全认可评审、安全审核、安全评估，以及编写安全档案、安全发布。各类认可措施关键信息如表 2-2 所示。

表 2-2　各类认可措施关键信息

| 要点 | 安全认可评审 | 安全审核 | 安全评估 |
|---|---|---|---|
| 时间节点 | 相关安全活动完成后，生产发布前 | 流程实施期间 | 开发过程中或单一时间里逐步开展，生产发布前 |
| 评估内容 | 对工作成果标准符合性的评估 | 对流程的评估 | 对相关项/要素的评估 |
| 工作成果 | 认可评审报告 | 功能安全评审报告 | 功能安全评估报告 |

1）实施安全认可评审。企业应在产品发布前完成认可评审。为增加实现评审目标的置信度，评审员应对照功能安全、预期功能安全和网络安全的相应标准要求，检查工作成果的正确性、完整性、一致性和充分性。认可评审完成后输出认可评审报告。报告内容应涵盖各安全活动的成果对安全开发的贡献。

企业可指定一名或多名助理支持认可评审的执行。助理应由非工作成果编写人员担任，以确保与开发人员的独立性。评审人员应评价助理给出的输入，以确保意见公正。

2）实施安全审核。企业应遵循安全计划开展安全审核活动，在产品开发过程中逐步执行，并在生产发布前完成安全审核。

企业应指定负责安全审核的人员，审核标准应基于是否达成流程相关的目标。负责执行安全审核的人员应提供包含对安全所要求流程实施情况判断的评估报告，包括但不限于以下内容。

❑ 评估安全计划中定义或参考的活动过程实施情况；

❑ 基于专有的流程评估安全计划成果；

❑ 评估所提供论证实现了安全流程相关目标的证据是否充分；

❑ 评估安全计划要求的工作成果是否可用、是否符合编写规范要求，以及各工作成果间的一致性。

特别说明，应在项目早期阶段执行安全审核，以尽早识别流程中的不足。

3）实施安全评估。企业应遵循安全计划，最迟应在系统级产品开发之初进行安全评估规划，在产品开发过程中逐步执行，并在生产发布前完成。

企业应委派专人开展安全评估活动，被委派人应被赋予一定的权力，负责评估安全工作内容的广度和深度，包括评估已执行安全措施的恰当性和有效性，以及安全异常关闭的理由等。评估完成后，安全评估人应提供包含安全实现程度的评估报告，以评估功能安全、预期功能安全和网络安全是否达到要求。一般来说，评估结果有三种类型。

❑ 对已实现的安全接受。

❑ 对已实现的安全有条件接受。

❑ 对已实现的安全拒绝。

4）编写安全档案及安全发布。企业在生产发布之前，应提供安全档案。项目安全开发过程中，企业需收集和管理各安全活动的产出，并按照安全计划创建完整的安全档案，以提供功能安全、预期功能安全和网络安全开发的证据。在分布式开发情况下，相关项的安全档案应是客户和供应商的安全档案的结合。安全档案应逐步收录安全生命周期内的工作成果，逐步发布，以支持安全论证。

企业在生产发布之前，应提供认可措施报告，包括安全认可评审报告、安全审核报告和安全评估报告。相关项或相关项中各要素的发布责任人，应基于安全开发的证据，判断相关项或要素是否已做好批量生产和运行的准备，从而实施安全发布。

企业在进行安全发布时，应提供嵌入式软件的基线（包括标定数据）和硬件的基线，并进行相应的记录。

### 5. 智能汽车生产、运行、服务、报废的安全管理流程建设

企业应建立、执行并维护流程，以实现和保持相关项在生产、运行、服务、报废阶段的安全活动，包括实施与相关项或要素相关的潜在安全事件的现场监控流程，以提供用于分析、识别安全问题的现场数据。

企业应指定具有相关责任和权限的人员，以实现并维护相关项或要素在生产、运行、服

务、报废阶段的安全活动。

在生产、运行、服务、报废期间，如果相关项或要素有变更，企业应按照生产发布流程对生产发布进行相应变更。相关项或要素的变更，以及运行（包括现场监控）、服务、报废流程的变更，应按照安全变更管理要求进行管理。

企业应按照生产计划执行控制措施并维护生产过程；对生产过程中的安全相关特殊特性的偏差进行分析；对安全测试设备应按照所采用的质量管理体系进行控制；对安全生产相关控制应按照生产控制计划执行，相关的控制报告内容应包含控制时间、受控对象的识别和控制结果。只有在生产发布报告中定义并已被批准的配置才能进行生产，如有任何偏差应得到负责人的授权。

企业应根据服务计划、服务指导说明和报废指导说明，针对相关项或要素的运行、服务、报废进行实施和结果文档化。在产品运行过程中，企业应建立安全事件响应机制。例如，对于网络安全，当漏洞分析管理流程触发网络安全事件响应机制时，企业应根据事件响应计划来应对网络安全事件。事件响应计划包括漏洞的补救措施、组织内外部的信息沟通措施、相关职责的分配、网络安全事件相关信息记录措施、网络安全事件处理进展的跟踪，以及结束网络安全事件响应的标准等。

### 6. 功能安全管理案例

功能安全管理流程符合 V 模型开发流程。对于已建立 V 模型开发流程的企业，它的主要工作是在各环节嵌入安全相关活动的要求，确保各项安全活动可追溯，以达到安全管理的目的。下面以某 OEM 功能安全管理流程的局部内容为例，展示安全管理流程建设的重点工作。

（1）建立功能安全管理制度

制定《企业功能安全管理手册》文件，明确功能安全管理的目标、任务及适用范围，明确功能安全管理的组织架构、角色定义、职能分工与责任划分。成立整车 E/E 架构安全设计团队，负责企业层面的功能安全工作，主要包括功能安全经理及功能安全工程师。

在项目启动阶段指定若干功能安全经理，功能安全经理由功能安全主任及以上人员担任。功能安全经理负责协调本单位其他人员及供应商支持与功能安全相关的系统开发，组织安全计划的制订和安全活动的裁剪及安全档案管理，定义开发阶段的概念和功能安全要求，规划和调整功能安全活动，推进功能安全流程，编写和管理功能安全档案，执行确认措施，按照安全计划实施安全活动，并维护安全计划，根据安全计划监控安全活动的进展情况。

功能安全工程师负责执行实现功能安全所需的安全活动，确保满足功能安全标准的要求；制定功能安全开发过程要求，明确产品开发安全管理内容（涵盖安全活动裁剪原则、安全计划、供应商能力评估标准、开发接口协议、安全开发活动内容监控、功能安全认可和功能安全档案等）；制定功能安全审核、评估计划，明确安全发布内容。

企业应在功能安全活动的各个阶段严格遵守功能安全规范，包括定义和设计开发、验证确认和测试评估、发布和运行监控等整套流程标准，确保发布的产品因电子电气系统出现功能异常表现的系统性和随机性故障带来的风险是可接受的，达到可接受的道路车辆安全水平，实现功能安全。某 OEM 功能安全工作准则主要内容如表 2-3 所示。

表 2-3 某 OEM 功能安全工作准则主要内容

| 序号 | 功能安全工作准则主要内容 |
| --- | --- |
| 1 | 安全是最高优先级 |
| 2 | 确保与功能安全相关过程都有记录 |
| 3 | 人力资源具有与所分配的活动相匹配的能力 |
| 4 | 在整车集成过程中，功能安全与质量保证、验证等相关人员保持适当独立 |
| 5 | …… |

通过在企业内部推进功能安全工作，形成安全文化，可支持和鼓励有效地实现整车产品的功能安全。开展功能安全工作，是企业对自身和社会发展所做出的安全承诺。

（2）建立功能安全管理流程

制定《企业功能安全管理流程》文件，基于现有产品开发流程，结合功能安全行业标准要求，建立符合企业发展现状的功能安全开发流程体系。文件定义了功能安全生命周期，包含概念阶段，产品开发阶段，生产、运行、服务、报废阶段的主要安全活动。

概念阶段包含三个子阶段：相关项定义、危害分析和风险评估、功能安全概念。在相关项定义中，需要描述相关项的功能、接口、环境条件、法规要求以及已知危害，确定相关项的边界及接口，并阐明与其他相关项、要素、系统和组件相关的假设。危害分析和风险评估则需评估相关项的危害事件在特定工况下的暴露概率、可控性和严重度。随后，针对这些危害事件制定安全目标，并基于相关项定义，将功能安全目标分配给架构要素，以形成完整的功能安全概念。在概念阶段，企业需应用功能安全分析方法（例如 FMEA、FTA）进行功能安全需求分析。安全需求应继承相应安全目标的 ASIL 等级。功能安全概念包括相关技术或依赖于外部措施的内容。

产品开发阶段涉及系统层面、硬件层面和软件层面三个子阶段。若采取分布式开发模式，相关零部件供应商负责功能安全产品开发阶段的开发。企业要求供应商严格按照功能安全流程进行功能安全开发，包括但不限于：在系统层面基于 V 模型进行开发，V 模型左侧包含技术安全要求的定义、系统架构、系统设计和实现；V 模型右侧包含集成、验证和安全确认。基于系统设计规范，开发功能安全软硬件。功能安全软硬件开发也基于 V 模型，V 模型左侧包含软硬件安全要求的定义、软硬件设计和实现，V 模型右侧包含软硬件集成和验证。

在生产、运行、服务、报废阶段，生产计划、运行计划以及相关要求的定义在系统层面产品开发过程中启动。该阶段涉及与相关车型相关项的功能安全目标相关的生产过程管理，即与安全相关的特殊特性管理，以及对相关项的维护、维修、报废的指导说明的开发和管理，以确保相关项在生产发布后的功能安全。

（3）建立功能安全支持过程要求

制定《变更管理计划》《变更需求分析及评估》《配置管理计划》《文件管理程序》《能力管理证据》《质量管理体系证据》等管理流程文件，满足支持过程要求，以符合开发管理、配置管理、变更管理、验证和确认、文档管理等方面的规定。

制定《配置管理要求》，以确保工作成果、相关项、要素及其生产的原理和一般条件在任何时间以可控的方式被唯一识别和重生成，并确保当前版本和较早版本的关系及区别是可追溯的；制定《变更管理要求》，以分析和控制安全相关工作成果、相关项和要素的变更。

说明：以上内容仅为该 OEM 功能安全管理流程的一部分，并非全貌。实际开展安全管理流程建设时，应结合本企业文化、开发流程、组织架构等因素进行适应性调整。

## 2.3.3 功能安全、预期功能安全、网络安全的管理融合

依据《智能网联汽车生产企业及产品准入管理指南（试行）》要求，智能网联汽车产品应满足功能安全、预期功能安全、网络安全的企业安全保障要求、过程保障要求和测试要求。随着前瞻行业对安全的重视程度不断提高以及安全监管要求趋严，以高质量安全智能汽车产品满足日益升级的市场需求，功能安全、预期功能安全、网络安全融合同步开发成为必然趋势。

功能安全解决了导致电子电气系统出现功能异常表现的系统性和随机性故障；预期功能安全解决了预期功能或其实现不充分而引发的危害及不合理风险；网络安全则解决了电子电

气系统外部恶意意图导致的问题。

为实现功能安全和预期功能安全，从网络安全中获取可能对功能安全和预期功能安全产生负面影响或支持实现功能安全和预期功能安全的相关信息是有利的。为实现网络安全，从功能安全和预期功能安全中获取与网络安全相关的影响评级信息是有利的。功能安全、预期功能安全和网络安全之间的交互行为是关键的。企业可基于 V 模型，将功能安全、预期功能安全、网络安全生命周期各阶段活动，在开发流程与设计技术两个层面进行融合。图 2-2 为功能安全、预期功能安全、网络安全管理融合模型。

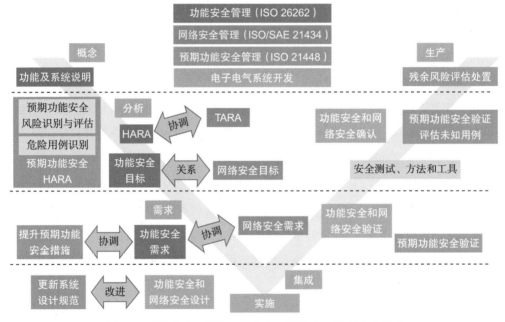

图 2-2　功能安全、预期功能安全、网络安全管理融合模型

### 1. 智能汽车安全管理融合技术路线

结合图 2-2 功能安全、预期功能安全、网络安全管理融合模型，我们可得出智能汽车安全管理融合实现的关键技术路线。

（1）概念阶段安全管理融合

在安全计划层面，对智能汽车产品安全开发活动的交互进行审查，保证安全活动计划的实施一致性；在相关项定义层面，统筹考虑功能安全、预期功能安全、网络安全的开发，以及整车关键信息；在危害分析与风险评估层面，执行功能安全和预期功能安全的 HARA 分析以及网络安全的 TARA 分析，考虑交互行为中危害、损害场景和相互的安全目标之间的影响和冲突，并进行影响度评价；在安全需求设计层面，综合考虑各类安全需求之间的影响和冲突，并进行影响度评价。组建包含功能安全、预期功能安全、网络安全开发人员及专家在内的联合评审小组并开展验证评审活动，验证评审中发现的问题，分别在功能安全、预期功能安全和网络安全概念开发阶段对工作产物实施进一步的更新。

融合关键点：通过整车架构，定义功能安全、预期功能安全和网络安全共用的内外部模块和接口；网络安全相关部件的界定需要考虑功能安全的安全完整性等级；功能安全与预期功能安全定义的每个故障事件的严重度，需要反映在网络安全威胁分析与风险评估的影响性参数中，等等。

（2）开发阶段安全管理融合

开发阶段的安全管理通过在功能安全、预期功能安全和网络安全的系统设计、软硬件设计过程中充分整合来实现。共享网络安全的设计和实施策略或措施相关的技术信息，确定其对功能安全概念和预期功能安全系统设计的潜在影响；共享网络安全的软硬件设计考虑事项，确定其对实现软硬件的功能安全、预期功能安全需求以及独立性等设计约束条件的潜在影响；共享功能安全的安全机制设计和预期功能安全需求实现措施实施的相关信息，传递功能安全的约束条件给网络安全设计；将功能安全、预期功能安全和网络安全的安全分析活动融合，发现不同安全间的潜在影响；共享已识别的系统性故障的网络安全应对措施，确定其对功能安全的潜在影响分析等。

融合关键点：通过系统架构，定义功能安全、预期功能安全和网络安全共用模块；检查功能安全机制和网络安全措施是否对共用模块具有同类的设计检测机制；检查网络安全权限限制措施是否会屏蔽功能安全机制，检查网络安全措施的实施，是否影响功能安全定义的故障容错时间间隔（FTTI）；检查功能安全需求与网络安全需求的整合结果，是否在预期功能安全措施中得到更新体现等。

（3）验证和确认阶段安全管理融合

产品开发阶段的功能安全、预期功能安全、网络安全的测试规范为输入，结合融合流程，实施产品安全验证。各阶段安全验证通过后，进入整车安全确认阶段。整车安全确认基于在项目初期定义的安全目标和预期功能安全接受准则，以及对应的整车安全确认规范执行。如果验证和确认阶段发现不满足项，则需要再次回到开发阶段设计。

融合关键点：针对功能安全、预期功能安全、网络安全的各自需求进行独立测试。测试方法包括仿真测试、场景测试和实车测试。针对融合管理的需求，基于各自的测试方法和测试类型进行融合测试。测试中功能安全、预期功能安全、网络安全使用的资源和环境应统一分配及管理。

（4）生产、运行、服务、报废阶段安全管理融合

在生产、运行、服务、报废阶段，通过生产要求和现场监控流程之间的交互，确定功能安全、预期功能安全、网络安全的生产、运行要求和现场流程管控之间的影响和冲突，并制定此阶段安全活动的流程和指南，根据检查清单进行评估并管理结果。

融合关键点：针对生产和运行流程中的共用步骤要求，定义生产、运行阶段融合需求。

### 2. 智能汽车安全管理融合优势及困难点

当前，构建智能汽车的功能安全、预期功能安全和网络安全融合管理流程，虽然能凸显安全融合管理的优势，但同时也存在实现困难的挑战。

（1）优势

智能汽车安全开发过程中，流程管理能够解决大量重复管理工作的难题。通过融合安全管理流程，优化并规范新的开发流程，调整和生成新的组织架构，统一部署资源，可提高管理效率，建立高效的管理体系。

安全管理融合催生了新的开发方案，防止相互干扰，从设计顶层确保安全运行。

（2）困难点

- ☐ 复合型安全人才短缺：融合技术需要由兼具功能安全、预期功能安全和网络安全开发能力的专家主导推动，但目前行业内复合型安全人才较为稀缺。
- ☐ 标准化要求缺失，行业经验不足：ISO标准提出了融合管理流程的必要性，但没有建立标准化方案或相关标准流程，目前仅能依靠各自领域的开发经验来辅助创新融合开发。

# 安全概念阶段

　　在汽车控制系统设计中，功能安全、预期功能安全和网络安全的开发是产品安全设计的一部分。功能安全旨在避免电子电气系统发生故障后给驾乘人员和周边交通参与者带来人身伤害；预期功能安全旨在避免系统性能不足或设计局限性对驾乘人员和周边交通参与者造成伤害；网络安全则要防止网络威胁给控制系统的零部件、车辆带来伤害和给车辆用户的资产带来损失。这三大安全的不同定义需要结合具体产品来理解，这样才有实际意义。功能是控制系统设计目标的体现，因此在产品开发前首先要明确产品要实现的功能，并整理成可用于开发的规范，称为"功能设计规范"。在功能安全和网络安全中，这也被称为"相关项定义"。上述工作在产品的安全概念阶段完成。

　　本章将重点介绍汽车安全在相关汽车产品安全概念阶段的具体活动及其要求，内容涵盖产品在整车层面的功能行为（包括运行模式或运行状态），系统的初始架构，系统的边界与接口，系统相关的质量、性能和可用性等要求，系统的约束，执行器的能力，系统行为不足的潜在后果（包括已知失效模式和危害），产品威胁路径和危害，产品相关的法规要求，国家标准和国际标准。

# 3.1 功能设计规范与案例

## 3.1.1 系统功能定义

系统功能定义是用简洁、明确、科学的词语描述产品能够满足的某种需求。按照用户是否可以直接感知和操作，系统功能定义可分为功能性需求定义和非功能性需求定义。

### 1. 功能性需求

功能性需求通常指的是可以被驾驶员直接感知和使用的一些功能相关需求。常见的系统功能规范中会定义产品针对整车级的功能以及产品内部的一些子功能。对于功能安全，企业需要优先整理出产品在整车级的功能定义，即驾驶员可以感知或操作的功能；然后再梳理产品内部级子功能。有的控制器在整车级的功能需要多个控制器配合实现，梳理功能定义时要注意分层次。

目前，汽车自动化和智能化水平越来越高。表 3-1 至表 3-3 介绍了智能网联汽车的一些典型控制系统及其功能定义。

表 3-1 制动系统功能定义示例

| 功能编号 | 功能 | 功能定义描述 | 子功能 | 子功能描述 |
|---|---|---|---|---|
| Brake_F01 | 减速制动辅助 | 当驾驶员踩制动踏板时，控制器提供助力，放大驾驶员的制动力到制动盘 | 制动请求意图识别 | 制动控制系统接收到驾驶员制动意图输入或其他系统发送的制动请求时，对输入请求信号进行合理性检查后发送给制动力控制模块 |
| | | | 制动力计算模块请求计算 | 制动系统控制器制动力计算模块将收到的减速度请求转换成制动力 |
| | | | 制动力控制模块请求执行控制 | 制动系统控制器制动力控制模块驱动马达，在各车轮上建立对应请求的制动压力 |

表 3-2 前大灯控制系统功能定义示例

| 功能编号 | 功能 | 功能定义描述 | 子功能 | 子功能描述 |
|---|---|---|---|---|
| FLM_F01 | 近光灯开关控制 | 驾驶员旋转车灯开关到近光灯挡位或者 AUTO 挡位，车辆近光灯打开；到 OFF 挡位，车辆近光灯关闭 | 车灯开关挡位识别 | 前大灯控制器监控车灯开关位置，识别到挡位在 ON 挡位，发送打开请求给控制模块；识别到挡位在 AUTO 挡位，结合环境光强度信号，发送打开请求给控制模块；识别到挡位在 OFF 挡位，发送关闭请求给控制模块 |
| | | | 近光灯开启控制 | 前大灯控制器控制模块接收到打开请求，驱动电路，点亮近光灯 |
| | | | 近光灯关闭控制 | 前大灯控制器控制模块接收到关闭请求，驱动电路，关闭近光灯 |

表 3-3　驾驶辅助控制系统功能定义示例

| 功能编号 | 功能 | 功能定义描述 | 子功能 | 子功能描述 |
|---|---|---|---|---|
| ADAS_F01 | 自动紧急制动辅助 | AEB 系统通过前向传感器，探测前方目标车辆以及横穿马路行人的距离和速度，当障碍物目标小于安全距离时，对驾驶员进行声音或者视觉报警提醒。若驾驶员没有及时踩制动踏板或制动力度不足，AEB 系统向车辆的制动系统发送减速请求，以自动紧急部分制动或全力制动的方式来实现碰撞避免或者缓解碰撞 | 前向障碍物识别 | AEB 系统检测前方的障碍物，并且将有碰撞风险的障碍物目标属性发送给制动规划控制 |
| | | | 制动规划控制 | AEB 系统在驾驶员没有及时踩制动踏板时，向车辆制动系统发送减速度请求，制动系统代替驾驶员完成制动 |
| | | | 仪表显示 | AEB 系统将工作状态和报警信息显示在仪表上 |
| | | | 声音报警 | AEB 系统根据紧急程度，通过报警音的方式提示驾驶员制动 |

　　对于比较复杂的控制系统（例如驾驶辅助控制系统），在定义主要功能时，通常需要配合使用案例来说明功能的工作方式。使用案例主要通过图示方式，结合典型的使用场景和功能工作的过程进行描述。在后续的危害分析和风险评估中，这些使用案例可以作为分析的输入。例如，自动紧急制动辅助的典型使用案例是：在城市道路中，前方车辆以 20km/h 的速度移动，自车以 60km/h 的速度接近前车，自车驾驶员由于分神未能及时制动。此时，自动紧急制动辅助功能识别到自车有追尾前车的风险，便会请求车辆的制动系统减速，以避免或缓解碰撞。城市道路前后跟车场景示意图如图 3-1 所示。

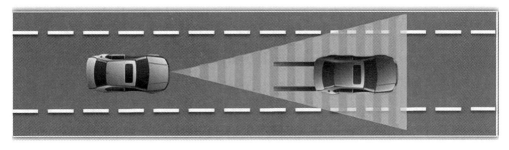

图 3-1　城市道路前后跟车场景示意图

## 2. 非功能性需求

　　除了驾驶员可以感受到的功能性需求外，适用条件、安全性、可靠性等不被驾驶员感知但又十分重要的特性也需要在产品功能规范中描述出来。对于车用控制器来说，工作温度、工作电压、寿命、功耗、计算能力、适用车型等都需要在功能规范中给出明确的要求。

### 3.1.2 系统初始架构与边界

#### 1. 初始架构

初始架构是将系统当作黑盒子，描述系统与整车其他相关部件的接口和作用关系。通常，初始架构用图的形式，按照输入 – 处理 – 输出的结构从左到右展示接口和关联关系。图 3-2 和图 3-3 分别是前面功能定义中前大灯控制系统和驾驶辅助控制系统的初始架构。在图 3-2 中，我们以输入 – 处理 – 输出的结构来描述产品的初始架构。图中灯光的控制开关是系统的主要输入端，通过数字开关信号连接到前大灯主控 ECU。额外的输入还有 KL30 供电信号——通过硬线输入到前大灯主控 ECU；KL15 点火线圈信号——通过 CAN 接口输入到前大灯主控 ECU，前大灯主控 ECU 是产品的主体控制器，识别到开关的信号输入后，通过对功能设定条件的判断，驱动日间行车灯、左前大灯和右前大灯点亮和关闭。

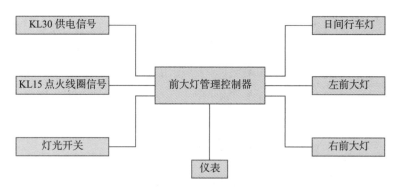

图 3-2　前大灯控制系统的初始架构

相比于前大灯控制系统，驾驶辅助控制系统的初始架构要复杂得多，但仍然可以按照输入 - 处理 - 输出的结构来描述。输入部分通常由感知传感器组成，例如图 3-3 中，毫米波雷达感知前方障碍物信息并通过 CAN 接口输入到驾驶辅助控制器，摄像头传感器将图像信息通过 CAN 接口输入到驾驶辅助控制器。处理部分是驾驶辅助控制器，它接收毫米波雷达的障碍物信息和摄像头的图像信息，并根据驾驶员需要的功能融合计算出相应的控制请求。输出部分由动力系统、制动系统和转向系统组成。驾驶辅助控制器将计算出的驱动控制请求通过 CAN 接口发送给动力系统以完成车辆加速，将制动请求发送给制动系统以完成车辆减速，将转向请求发送给转向系统以完成车辆转向。驾驶辅助控制器还通过 CAN 接口与整车仪表通信，将驾驶辅助控制系统功能的工作状态通过仪表反馈给驾驶员。

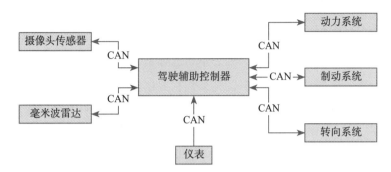

图 3-3　驾驶辅助控制系统的初始架构

2. 边界

边界即定义的设计分析范围。针对已整理好的产品初始架构，参考项目的研发范围，将研发范围内的零部件定义为系统内部要素，将研发范围外的零部件定义为外部要素，并在初始架构中标注出来，形成系统边界图。每个项目的研发范围是不一样的，因此即使是同样的产品，在不同企业或不同项目中的边界定义也是不一样的。边界的不同对安全设计与分析的输出物有较大影响，在功能设计规范中需予以明确。

以上文介绍的驾驶辅助控制系统为例，可以定义驾驶辅助控制器为系统的内部要素，输入部分的毫米波雷达、摄像头传感器，以及输出部分的动力系统、制动系统、转向系统、仪表均为外部要素。

定义好初始架构和边界以后，需要梳理系统内部的工作模式，明确每个状态下系统的主要活动。系统的工作模式可以由上电初始化、待机、运行、延迟运行、安全、睡眠和断电等主要模式组成，也包括调试、刷写、下线检测等辅助模式。在梳理模式时，我们需要明确每两个模式之间的跳转条件。

### 3.1.3　法律法规和标准

编写产品功能定义时，我们通常会考虑当时行业中已有的法律法规和相关行业标准。在功能定义中，应明确产品需要满足的法律法规和行业标准，包括产品功能、性能、安全等各方面涉及的法规和标准。例如，对于功能安全，有基础标准 GB/T 34590《道路车辆　功能安全》；对于制动系统的基本功能性能，有 GB 21670《乘用车制动系统技术要求及试验方法》。

## 3.2 三大安全危害分析和风险评估

三大安全体系都是从危害分析开始的，本质上都是为了避免危害和威胁造成的风险。在功能安全中，危害分析和风险评估的目的是识别相关项目中故障引起的危害并进行归类，从而制定防止危害事件发生或减轻危害程度的安全目标，以避免不合理的风险；在预期功能安全中，危害分析和风险评估要避免的是功能和性能不足而导致的危害；在网络安全中，威胁分析和风险评估要避免的是外部攻击导致的人员和财产损失。因此，三者在风险的起源点上有本质的不同，但目的是让整个系统更加安全可靠。在不同的安全分析及安全策略中，我们可以采用不同的分析方法去识别所关注的安全。

### 3.2.1 功能安全方面

危害分析和风险评估（HARA）是功能安全开发过程中极为重要的一步。GB/T 34590 在术语中首先对其做出了定义，即为了避免不合理的风险，对相关项的危害事件进行识别和归类的方法，以及防止和减轻相关危害的安全目标和 ASIL 等级的方法。从定义中可以看到，危害分析和风险评估应基于相关项定义进行。在此过程中，应对不含内部安全机制的相关项进行评估，即在危害分析和风险评估过程中不应考虑将要实施或已经在相关项中实施的安全机制。

安全机制是技术层面的事情，HARA 只是概念阶段的问题，针对的是功能。而且我们做 HARA 分析的目的就是找到合适的安全措施，如果提前加入对于安全措施的考量，很容易降低实际 ASIL 的等级，最终甚至会导致安全措施的不合理配置。

危害事件通常是由运行场景和危害的相关组合来确定的。

❑ 场景分析：所有的失效分析都是针对特定场景进行的。分析场景的目的是找到功能失效时导致最危险事件的原因，并对该危险事件发生时的运行场景及运行模式进行描述。既要考虑车辆的正确使用情况，也要考虑可预见的车辆不当操作，例如：在高速驾驶情况下，副驾乘员误触电子驻车开关。

❑ 危害识别：可以通过不同的技术手段系统地确定危害，如利用头脑风暴、检查列表、历史质量记录、FMEA 和现场研究等方法提取相关项层面的危害，应以能在整车层面观察到的条件或行为来定义危害。通常，每一个危害有多种与相关项的功能实现相关的潜在原因，但在危害分析和风险评估中对危害的条件或行为进行定义时，不需要考虑这些原因，这些原因是从相关项的功能行为得出的。

　　对于危害事件导致的后果，我们可以通过以下三个参数进行评级：潜在伤害的严重度（S）、每个运行场景的暴露概率（E），以及基于某个确定理由预估的驾驶员或其他潜在的处于风险中的人员对于该危害的可控性（C）。根据这三个参数，我们可以确定 ASIL 等级，如表 3-4 所示。如果对于分级存在疑问，应给出较高的 ASIL 等级，而不是较低的。

表 3-4　ASIL 等级的确定

| 潜在伤害的严重度等级 | 每个运行场景的暴露概率等级 | 可控性等级 | | |
|---|---|---|---|---|
| | | C1 | C2 | C3 |
| S1 | E1 | QM | QM | QM |
| | E2 | QM | QM | QM |
| | E3 | QM | QM | A |
| | E4 | QM | A | B |
| S2 | E1 | QM | QM | QM |
| | E2 | QM | QM | A |
| | E3 | QM | A | B |
| | E4 | A | B | C |
| S3 | E1 | QM | QM | A |
| | E2 | QM | A | B |
| | E3 | A | B | C |
| | E4 | B | C | D |

　　危害事件的风险评估中潜在伤害的严重度（S）关注的是潜在的处于风险中的每个人受到的伤害情况，包括引起危害事件的车辆的驾驶员或乘客，以及其他潜在的处于风险中的人员，如骑自行车的人员、行人或其他车辆上的人员。基于功能安全标准 GB/T 34590，我们可以将危害事件的潜在伤害的严重度分为 S0、S1、S2、S3 四个等级，对照的可以参考简明损伤定级（AIS）的描述。其中，S0 等级代表只有物品材料损害，而没有人员伤害，所以不需要 ASIL 的分配。对于可控性的评估，一种是通过头脑风暴，另一种是通过大数据。随着 ADAS 功能的发展以及人工智能的广泛应用，基于大数据的开发越来越普及，理论上来说，伤害的分析也完全可以基于大数据进行。通常，各个国家和地区都有每年交通事故的统计数据，包括事故发生的时间、地点、原因及结果。基于这些交通事故数据的统计结果，配合对功能所做的场景分析，功能故障所导致危害事件的伤害严重程度的评级结果变得更加可靠。

　　GB/T 34590 中的功能安全定义是：不存在电子电气系统的功能异常表现引起的危害而导致不合理的风险。通常，风险可以理解为包含两个部分：一部分是伤害的严重等级，另一部分是发生这种伤害的概率或频次。伤害的严重等级已经可以被上面提到的 S 所覆盖，而概率或频次则涉及另外两个参数 E（每个运行场景的暴露概率）和 C（可控性等级）。

功能安全涉及的伤害是功能异常表现所引起的伤害，但并非每一个异常表现都会引起伤害。例如，当车辆停靠在停车场内的平地上时，如果驻车系统发生故障，由于车辆在平地上，并不会发生移动，因此不会带来任何伤害。但是，如果车辆停靠在斜坡上，此时驻车系统发生故障，车辆会溜坡并可能撞到周边行人，从而造成伤害。这种情况下，停靠在斜坡上就是一个会带来伤害的场景，而它在整个行车过程中的曝光概率就是风险评估需要的 E 值。GB/T 34590 定义了 E0、E1、E2、E3、E4 五个等级，并对一些通用场景的 E 值基于行业共识进行了归类，以作为日常分析的参考。其中，E0 等级的场景通常认为是不可思议的，没有进一步探讨的必要，记录相应的理由后，可以不进行 ASIL 的分配。除此之外，德国的 VDA 牵头德国的 OEM 和供应商订立了 VDA-702 标准，目的也是希望对不同场景的划分达成更多共识，为日常开发提供参考。

由于每个功能的使用场景有所不同，很难罗列出所有的场景，因此，很多时候我们可以通过一些基础场景的组合来达成共识。另外，E 的评价本身有两种标准：一种是基于场景发生的频次，另一种是基于场景发生的时长，以适配不同的场景进行分析。如果功能只能基于一种维度做评价，不太容易带来异议，但是某些功能在两种评价维度都可以使用的时候，不同企业之间沟通会变得复杂，因为不同评价维度会导致评价结果出现本质差别。在 VDA-702 中也可以发现，对于某些场景，基于不同的标准，得到的评价结果会差一个量级。例如：对于超车场景，在 GB/T 34590—2022 的附录 B 中，表 B.2 将基于运行场景持续时间的暴露概率划分在 E2 等级，而表 B.3 又将基于运行场景频率的暴露概率划分在 E3 等级。

现实分析中如何选择 E 的评价标准呢？SAE J2980 和 ISO 26262 中都提到了，如果故障行为伴随着车辆运行情况直接导致危害事件的发生，那么可以根据车辆的运行场景的持续时间来选择暴露概率。例如，车辆在高速公路上行驶中，转向系统发出了错误转向指令使得车辆开出车道线导致危害事件的发生，那么行驶在高速公路上这个场景的暴露概率就基于时长选择为 E4。如果已经存在的系统故障在相关运行场景发生后非常短的时间内导致危害事件的发生，那么可以根据该场景发生的频次来选择暴露概率。例如，车辆的倒车灯坏了，当车辆进入倒车状态的时候，后面的人没有及时察觉车辆要倒车而导致危害事件的发生。因为灯坏掉已经是预先存在的故障，所以这种倒车场景的暴露概率可以基于频次选择为 E4。

除曝光概率 E 的表征外，车辆的可控性 C 对于危害发生的概率也有一定表征。GB/T 34590 将可控性分为 C0、C1、C2、C3 四个等级，并做了简单的分类和给出了一些示例。其中，C0 等级通常代表事故可通过驾驶员常规操作来避免，且不影响车辆的安全运行，不必进行 ASIL 的分配。但对于大多数功能和场景来说，无法直接使用这些信息，而且这部分的主观评价也很容易产生争议。这时，可控性测试是一个选择。GB/T 34590 标准中有此描述：对于 C2，一个符合 RESPONSE3 的合理测试场景是足够的。实际的测试经验表明，每个场景中 20 个有效的数据包能提供基本的有效性说明。如果这 20 个数据包中的每一个都符合测试的通过标准，能够证明 85% 的可控性水平（达到通常人工测试能被接受的 95% 的置信度）。这为 C2 预估的合理性提供了适当的证据。这是基于统计学的评价方式，即如果在某一个预设的场景下，有 20 个测试人员进行测试，且测试结果都有效，我们就能将这个场景评估为 C2。这里有几点要注意。

- 20 个测试人员通过测试，且测试结果需要有效。这里并不是说从 100 个测试人员中选 20 个通过测试，而是尽可能 20 个测试人员都通过测试。考虑到实验中测试人员可能会出现一些不确定因素，对于没有通过测试的人员也需要给出强有力的合理解释，作为例外排除在外。
- 为保证测试的有效性，测试人员应该在不知情的情况下测试，也就是盲测。
- 测试结果只能证明 C2，而不能证明 C1。如果要证明 C1，可能需要一个非常庞大的测试数据，这在目前不太现实。因此，一般情况下，从 C2 到 C1 只能通过一些理论模型或专家评定来达成。

总的来说，HARA 是一种较为主观的分析方法。不同的群体可能会根据他们对严重度、暴露概率和可控性的看法来定义不同的值。这可能是地理或文化因素造成的，因此在项目中需要花费较多时间和精力来达成一致意见。

我们以自动紧急刹车（AEB）为例来阐述 HARA 分析的过程，如表 3-5 所示。

表 3-5  AEB 功能的功能安全 HARA 分析示例

| 场景 | 可预见的危害事件 | S | E | C | ASIL | 安全目标 | 安全状态 | FTTI | FuSa/SOTIF 相关性 |
|---|---|---|---|---|---|---|---|---|---|
| 在高速公路上直线行驶 | 不期望的制动扭矩 | S3 | E3 | C3 | ASIL C | 避免在行驶过程中的功能误触发 | N.A. | N.A. | FuSa 和 SOTIF |
| 在高速公路上直线行驶 | 没有制动扭矩响应 | S3 | E3 | C0 | QM | N.A. | N.A. | N.A. | FuSa 和 SOTIF |

在上面的示例中，不期望的制动扭矩会导致后车无法及时刹车，从而发生追尾；而在需要紧急制动的时候却没有进行制动，则会导致本车与前车发生追尾。考虑到高速公路上行驶

的速度很快，因此 S 的评价都是 S3。对于 E 的评估，一般来说，在高速公路上行驶时我们考虑的是 E4，但是如果车辆之间保持合理的车距，理论上可以认为应该能够避免任何碰撞。现实中有不少情况是车距并没有达到规定的要求，导致来不及刹车，所以这里可以把 E 降到 E3。当然，这里可以基于数据进行不同的评级。

对于不期望的制动，驾驶员无法阻止这一行为，因此可控性自然是 C3。而对于没有制动扭矩响应的情况，因为 AEB 是一个辅助功能，假设驾驶员有责任和义务识别前车突然刹车并对车辆进行干预，所以评定为 C0。基于 S、E、C 的评价，自然得出了两个不同的 ASIL 等级，不期望的制动扭矩对应 ASIL C 等级，而没有制动扭矩响应则对应 QM 等级。此外，基于 ASIL C 对应的危害，可以导出一个安全目标：避免在行驶过程中 AEB 的误触发。

### 3.2.2 预期功能安全方面

和功能安全不同，预期功能安全关注的不是电子电气系统的功能异常表现引起的危害导致的不合理风险，而是关注由于预期功能或其实现的不足引起的危害导致的不合理风险。因此，从分析方法的角度来说，对于预期功能安全的危害风险和风险评估可以通过 GB/T 34590 中功能安全所采用的方法（例如 HARA 分析法）进行，并在一定程度上参考其结果。当然，对于功能约束范围内的危害，我们还需要进行额外的 SOTIF 分析。图 3-4 展示了利用 HARA 分析法开展预期功能安全分析的流程。

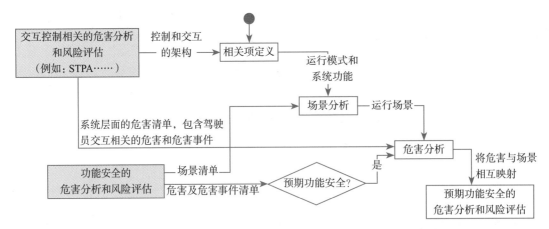

图 3-4　利用 HARA 分析法开展预期功能安全分析的流程示意图

在整个 HARA 分析过程中，功能安全和预期功能安全分析的主要差别如下。

- 功能安全专注于电子电气的失效，而预期功能安全则专注于导致功能异常的触发条件。触发条件的发生率和危害导致伤害所处场景的暴露概率有重要区别。因此，我们不能继续使用功能安全中的暴露概率 E，这也直接导致在预期功能安全中不会有 ASIL 等级这样的分级。
- 对伤害的严重度 S 和危害事件的可控性 C 的评估可以参考 GB/T 34590 中的功能安全分析方法。预期功能安全主要针对自动驾驶及辅助驾驶功能。与功能安全不同，预期功能安全中的危害事件无法被系统识别，因为没有类似功能安全的报警机制，更多的是功能信息的一些交互。因此，预期功能安全的可控性评估应包括相关人员对危害控制的无反应或延迟反应。这些反应可能是由合理可预见的间接误用，或者驾驶员对交互信息的误解引发的。

功能安全 HARA 分析中的一部分危害事件可能与预期功能安全无关，例如：转向执行器失效。这类危害事件可以在后续的预期功能安全分析中移除，以减少我们后续分析的工作量。

除功能安全分析中的危害事件外，预期功能安全也有自己特有的危害事件。例如：车辆功能在限定范围外自动触发，可能是驾驶员或用户与系统的交互（包括合理可预见的误用）导致的问题。这些问题可以作为原有 HARA 的扩展，也可以作为预期功能安全特有的危害事件进行分析。

为了减少工作量，预期功能安全的 HARA 分析可以和功能安全的 HARA 分析合并在一起进行。不过，在分析过程中，最好标注出是功能安全相关还是预期功能安全相关，以便后续的开发工作。

我们仍然以 AEB 功能为例，表 3-6 展示了 AEB 功能的 HARA 分析示例。

表 3-6　AEB 功能的预期功能安全 HARA 分析示例

| 场景 | 可预见的危害事件 | S | E | C | ASIL | 安全目标 | 安全状态 | FTTI | FuSa/SOTIF 相关性 |
|---|---|---|---|---|---|---|---|---|---|
| 在高速公路上直线行驶 | 不期望的制动扭矩 | S3 | E3 | C3 | ASIL C | 避免在行驶过程中的功能误触发 | N.A. | N.A. | FuSa 和 SOTIF |
| 在高速公路上直线行驶 | 没有制动扭矩响应 | S3 | E3 | C0 | QM | N.A. | N.A. | N.A. | FuSa 和 SOTIF |

在上面的示例中，不期望的制动扭矩可以是制动器失效引起的，这属于功能安全相关的话题。但这种危害也可能是 ADAS 的感知和控制系统对前方目标识别不清导致的误触发，这属于预期功能安全的话题。因此，同样的安全目标会同时分配给功能安全和预期功能安全，

并且需要在两者的安全概念和安全设计中考虑对应的措施。然而，危害分析和风险评估是可以相互借鉴的。

### 3.2.3 网络安全方面

网络安全的风险一般通过两个维度来衡量：遭受攻击的可能性以及遭受攻击后产生的影响。威胁分析与风险评估（Threat Analysis and Risk Assessment，TARA）的目的是通过系统性的方法量化这两个因素，从而确定针对特定攻击的风险大小。

TARA 方法基于风险评级及对应的威胁场景，最终得出网络安全目标，作为后续网络安全概念设计的输入。

TARA 方法源自传统的 IT 领域，不同的领域或组织也建立过不同的评估方法。标准 GB/T 20984—2007《信息安全技术　信息安全风险评估规范》中确定了我国推荐的评估方法。

ISO/SAE 21434 作为第一个汽车网络安全的国际标准，被汽车行业广泛采用或参考，也定义了自己的 TARA 方法。本书后续介绍将主要依据 ISO/SAE 21434 标准介绍的方法，以指导读者在汽车行业中的实践。

#### 1. TARA 分析过程

基于 ISO/SAE 21434 的 TARA 方法分析过程如图 3-5 所示。

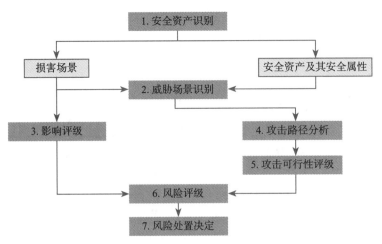

图 3-5　基于 ISO/SAE 21434 的 TARA 方法分析过程

（1）安全资产识别

和许多风险分析方法一样，汽车领域的 TARA 分析也从资产识别开始。资产是指具有价值或对价值有贡献的事物，例如集成在 ECU 中的固件或存储在车内的个人信息等。资产通常具有一个或多个网络安全属性，对这些属性的侵害会导致不同程度的破坏。因此，在开始资产识别之前，我们需要了解什么是资产的网络安全属性。

对于网络安全属性，我们会考虑在传统信息安全行业中频繁出现的 CIA 三元组，即机密性（Confidentiality）、完整性（Integrity）、可用性（Availability）。这三个属性一般被认为是网络安全的基本属性。

- 机密性：信息对未授权的个人、实体或过程不可用或不泄露的特性。该特性的目标是确保除预期接收方外的任何角色都不会接收或读取信息，例如存储在 ECU 中的个人敏感信息。
- 完整性：完备的特性，通常需要确保数据准确、未被替换，且仅由授权的主体按照预期方式进行修改。例如，需要刷写进车辆中的软件通常会要求考虑该特性。
- 可用性：根据授权实体的要求可访问和可使用的特性。该特性的目标是为主体提供重置的带宽或实时处理的能力，比如车内的实时通信。

当然，有些组织也会在此基础上进行扩展。例如，微软的 STRIDE 威胁建模方法论针对了六种基础威胁，包括欺诈（Spoofing）、篡改（Tampering）、抵赖（Repudiation）、信息泄露（Information Disclosure）、拒绝服务（Denial of Service）、权限提升（Elevation of Privilege）。除了 CIA 三个基础安全属性外，该方法论还拓展了认证（Authenticity）、不可抵赖性（Non-repudiability）和授权（Authorization）三个属性。在具体评估中，网络安全采用哪种方式没有统一的规定，取决于公司自身的策略。

在了解了以上关于资产及其网络安全属性的概念后，我们便可以开始资产识别了。这通常包括三个步骤。首先，要找出需要保护的资产；其次，对于这些资产，确认需要保护的网络安全属性；最后，确认对这些资产及其网络安全属性的破坏会导致的损害场景。例如，驾驶员的个人信息作为资产，具有保密性的安全属性。如果保密性被破坏，那么所导致的损害场景就是个人信息的泄露。如果完整性被破坏，可能导致的损害场景是对车辆安全的影响或者对汽车某些功能的限制。

（2）威胁场景识别

识别了资产及其网络安全属性，并确定了相应的损害场景后，我们下一步需要挖掘这些导致损害场景出现的原因。实际上，这一步就是对威胁场景的识别。例如，破坏驾驶员个人信息的保密性会导致个人数据泄露。再如，篡改车内通信信号可能会导致车辆的安全功能失效。

（3）影响评级

在第一步中，我们已经识别出多种损害场景，影响评级则是针对这些损害场景的严重程度进行打分。

ISO/SAE 21434 标准中要求严重程度的评级至少从安全（Safety）、经济（Financial）、操控（Operational）和隐私（Privacy）四个方面综合考虑。除此之外，我们还可以增加其他方面的考虑，例如公司违反法律法规造成的声誉影响等。

首先需要对以上各个方面的影响进行单独评级，一般分为四级：十分严重、严重、中等、可忽略。然后综合各个方面的评级结果，得出最终评级。每个影响等级的划分如表 3-7 所示。ISO/SAE 21434 中没有定义各方面评级对于最终评级结果的影响权重。这可以由各组织自行定义，一般可直接取各项最高评级，或者采取打分制，最终评级以各项得分之和为准。

表 3-7　网络安全的影响等级划分

| 影响等级 | 安全影响（S） | 经济影响（F） | 操控影响（O） | 隐私影响（P） |
|---|---|---|---|---|
| 十分严重（Severe） | S3，致命伤害 | 灾难性后果，受影响的利益相关者可能无法承受 | 车辆无法工作，从非预期运行到车辆无法操作 | □ 对道路使用者造成显著或不可逆的影响<br>□ 关于道路使用者的信息极其敏感且易于关联到 PII⊖ 主体 |
| 严重（Major） | S2，严重伤害 | 重大后果，受影响的利益相关者可能可以承受 | 车辆功能丢失 | □ 对道路使用者造成重大影响<br>□ 关于道路使用者的信息高度敏感且难以关联到 PII 主体或敏感且易于关联到 PII 主体 |
| 中等（Moderate） | S1，轻度或者中度伤害 | 不便后果，受影响的利益相关者可以用有限的资源消除后果影响 | 车辆功能或部分功能下降 | □ 对道路使用者造成不便影响<br>□ 关于道路使用者的信息敏感且难以关联到 PII 主体 或不敏感但易于关联到 PII 主体 |
| 可忽略（Negligible） | S0，无害 | 无影响，可忽略的后果，或与利益相关者无关 | 不会对车辆功能或性能产生影响或明显的影响 | □ 对道路使用者不会造成影响，或者可能会造成可忽略的不便，或者和道路使用者无关<br>□ 关于道路使用者的信息并不敏感且很难关联到 PII 主体 |

其中，安全影响的 S3 ～ S0 评分标准参考了功能安全标准 ISO 26262-3：2018 中对严重度 S 的评分标准，分别对应致命伤害、严重伤害、轻度或者中度伤害、无害。操控影响和安全影响

---

⊖ 隐私影响评级中使用了隐私框架管理体系标准 ISO/IEC 29100 中关于 PII（Personally Identifiable Information）的定义。所谓 PII，就是个人可识别信息。

可能会有联系，但是有操控影响未必会有安全影响。

（4）攻击路径分析

接下来需要针对各个威胁场景找出可行的攻击路径。攻击路径应该关联到其可以实现的威胁场景。

攻击路径的分析可以基于下面的方法。

1）自上而下的方法。分析能够实现威胁场景的不同方法（攻击树、攻击图等），以此来推导出攻击路径。

在实际操作中，通常可以用画图的方式进行攻击路径分析。举一个常见的威胁场景："篡改制动系统的控制 CAN 信号，导致威胁 CAN 信号的完整性，从而对制动功能造成安全影响。"下面以攻击树的图示（图 3-6）为例，分析如何实现篡改制动系统的控制 CAN 信号。可以通过图 3-6 所示的 1.1、1.2、1.3 三种方式，其中为了实现 1.2 的攻击路径，又可以延展到 1.2.1、1.2.2 两种方式。当然，实现 1.3 的攻击路径也可以近似地继续向下分解可能的攻击方式，颗粒度按实际需要来把握。这种自上而下的分析方法与功能安全中使用的故障树分析（FTA）非常相似。

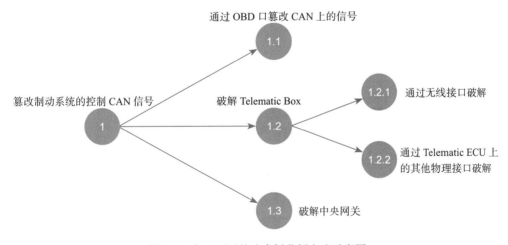

图 3-6　自上而下的攻击树分析方法示意图

2）自下而上的方法。这种方法常见于已知或者发现某个漏洞或脆弱点。通过这种方法构建攻击路径，可以判别是否与威胁场景相关。当然，在某些情况下，通过不断地向上推演，可能发现并不会出现企业所关心的威胁场景，那么这条路径的分析就可以中止。

（5）攻击可行性评级

找到了攻击路径以后，需要确定通过各个攻击路径实施攻击的可行性。攻击可行性的评级有很多不同的方法。ISO/SAE 21434 中推荐了三种可用的方法，包括基于攻击潜力的方法、CVSS 方法以及基于攻击向量的方法。

下面对基于攻击潜力的分析方法进行举例说明。

基于攻击潜力的分析方法需要通过五个维度来评估，具体如下。

❑ Elapsed Time：实施攻击需要花费的时间。

❑ Specialist Expertise：攻击者的技能水平。

❑ Knowledge of the Item or Component：对攻击项或组件所需要了解的知识程度。

❑ Window of Opportunity：可以攻击的机会窗口。

❑ Equipment：攻击所需设备的难易程度。

每个维度根据需求分为不同的级别，比如攻击时间可以分为小于或等于一天、小于或等于一周、小于或等于一个月、小于或等于六个月和大于六个月。专家级别可以分为外行、精通、专家和多个专家四个级别，企业可以参照 ISO/SAE 21434 的附录 G 的推荐进行具体的级别定义。

对于每个找到的攻击路径，我们可以按照以上五个维度评级，并根据评级确定对应的评分。ISO/SAE 21434 也对各评级的分数有推荐定义，详见表 3-8。

表 3-8 攻击可行性评级维度

| 攻击时间 | | 专家经验 | | 对项目或组件的了解 | | 机会 | | 设备 | |
|---|---|---|---|---|---|---|---|---|---|
| 级别 | 价值 | 级别 | 价值 | 级别 | 价值 | 级别 | 价值 | 级别 | 价值 |
| ≤ 1 天 | 0 | 外行 | 0 | 公共 | 0 | 无限 | 0 | 标准 | 0 |
| ≤ 1 周 | 1 | 精通 | 3 | 受限 | 3 | 容易 | 1 | 专业 | 4 |
| ≤ 1 月 | 4 | 专家 | 6 | 保密 | 7 | 适度 | 4 | 定制 | 7 |
| ≤ 6 月 | 17 | 多个专家 | 8 | 严格保密 | 11 | 困难 / 无 | 10 | 多个定制 | 9 |
| > 6 月 | 19 | | | | | | | | |

最终，攻击潜力的评分是这五个维度的单项评分之和。

确定了攻击潜力，攻击可行性评级就可以确定下来了，如表 3-9 所示。

表 3-9 攻击可行性评级

| 攻击可行性评级 | 攻击潜力值 | 攻击可行性评级 | 攻击潜力值 |
|---|---|---|---|
| 高 | 0～9 | 低 | 14～19 |
| 中 | 10～13 | 很低 | ≥ 25 |

从表 3-9 可以看出，攻击潜力值越小，攻击可行性评级越高，攻击越容易实施；攻击潜力值越大，攻击可行性评级越低，攻击越难以实施。

结合攻击潜力分析的五个要素，这个评级也很容易定性地去理解。攻击所花的时间越短，对攻击人员的技能要求越低，需要对被攻击项的了解程度越低，机会窗口越没有限制，设备越标准，说明实施攻击的难度越低（攻击潜力值越小），那么攻击可行性就越高了。

（6）风险评级

网络安全的风险一般来自两个维度：一个是攻击的难易程度，即攻击的可行性；另一个是遭受攻击后所产生的影响。如果一个事物很容易被攻击，并且遭受攻击后影响非常严重，那么它的网络安全风险就非常高。反之，如果实施攻击很困难，且产生的影响也不严重，那么它的网络安全风险就很低。

这两个维度在前文都有讨论，各自的评级方法也在前文有所描述。评级结果在这里进行一下总结。

❑ 影响评级：十分严重、严重、中等、可忽略。

❑ 攻击可行性评级：高、中、低、很低。

从影响评级以及攻击可行性评级来导出风险评级，并没有统一的规定。常见的方法是通过矩阵表格或者公式计算得出风险评级。各组织可以自行决定具体的风险评级定义。

表 3-10 是 ISO/SAE 21434 给出的风险评级例子，企业也可以据此定义自己的风险评级策略。

表 3-10 风险评级策略示例

| 影响等级 | 攻击可行性评级 | | | |
|---|---|---|---|---|
| | 很低 | 低 | 中 | 高 |
| 十分严重 | 2 | 3 | 4 | 5 |
| 严重 | 1 | 2 | 3 | 4 |
| 中等 | 1 | 2 | 2 | 3 |
| 可忽略 | 1 | 1 | 1 | 1 |

（7）风险处置决定

对于每个威胁场景，确定了风险以及风险评级后，我们就需要决定如何处置风险。

风险处置有下面四种方式。

1）规避风险。例如把导致风险的源头掐掉。

2）降低风险。通常需要采取一些安全措施来降低风险。在这里需要注意的是，安全措施一般是通过降低攻击的可行性来降低风险的，攻击产生的影响一般不会改变。

3）分担风险。不是所有的风险都必须在本组织内采取安全措施来降低或规避，可通过和供应链的上下游分担，或者通过保险的形式分担。例如，通过使用专门的安全供应商的产品，将风险传递给供应商，由供应商来处置相应的风险。

4）保持风险。保持风险是指对风险不采取措施。一般来说，保持风险的决定需要有充足、合理的理由。保持风险多数情况下是对较低风险的处置方式。

这里需要特别注意，保持风险和对风险置之不理是两种完全不同的状态。风险处置决定中的保持风险是指对已有的风险已经关注并思考过，然后基于某些充足、合理的理由，决定不采取措施，这包含了合理的决策过程。而对风险置之不理则没有包含合理的决策过程，更多是一种忽略的态度。在项目开发过程中，我们需要理解两种状态的区别，避免出现后者的情况。

**2. 案例**

下面以一个 AEB 系统的示例来介绍如何进行风险评估。

为简明起见，我们把感知和决策模块放在一起。那么，整个 AEB 系统由三个部分组成。

❑ 感知和决策系统：判断前方是否有紧急情况，以及车辆应该如何响应。

❑ 车内通信系统：负责将感知和决策系统的指令发送给刹车系统，同时接收刹车系统的状态反馈。

❑ 刹车系统：根据感知和决策系统发过来的指令，执行相应的车辆紧急制动。

图 3-7 展示了它们之间的功能关系，同时表明了风险评估的范围。

图 3-7　AEB 系统相关组件的功能关系

（1）安全资产识别

在对 AEB 系统进行资产识别的过程中，我们需要识别安全相关资产及其安全属性。安全属性主要包括机密性、完整性和可用性三项，如表 3-11 所示。

表 3-11　AEB 系统安全资产及其安全属性示例

| 资产 | 安全属性 | | |
|---|---|---|---|
| 感知和决策系统 | ☐ 机密性 | ☑ 完整性 | ☑ 可用性 |
| 车内通信系统 | ☐ 机密性 | ☑ 完整性 | ☑ 可用性 |
| 刹车系统 | ☐ 机密性 | ☑ 完整性 | ☐ 可用性 |

（2）威胁场景识别

威胁场景的识别主要是根据系统中识别到的安全相关资产进行针对性分析。表 3-12 展示了 AEB 系统的威胁场景识别示例。

表 3-12　AEB 系统的威胁场景识别示例

| 序号 | 威胁 | 序号 | 威胁 |
|---|---|---|---|
| 1 | 感知和决策系统的软件被非法篡改 | 3 | 刹车系统被非法篡改 |
| 2 | 车内通信系统被非法篡改或者伪造 | 4 | 车内网络的拒绝服务攻击 |

（3）影响评级

通过识别系统中的安全相关资产和分析威胁场景，我们可以根据识别结果进行威胁的影响分析和影响评级，如表 3-13 所示。

表 3-13　AEB 系统威胁的影响分析及影响评级

| 威胁 | 影响的资产及其属性 | 损害 | 损害严重程度 |
|---|---|---|---|
| 感知和决策系统的软件被非法篡改 | 感知和决策系统的完整性和可用性 | 伪造的感知或者决策，导致系统错误制动，后车追尾 | 严重（对于错误的制动请求，刹车系统有门限值的限制和监控，所以严重度在一定程度上有所缓解） |
| | | 伪造的感知或者决策，导致系统该制动时未制动，出现碰撞事故 | 十分严重 |
| 车内通信系统被非法篡改或者伪造 | 车内通信系统的完整性和可用性 | 刹车系统接收到虚假的制动请求，导致系统错误制动，后车追尾 | 严重（对于错误的制动请求，刹车系统有门限值的限制和监控，所以严重度在一定程度上有所缓解） |
| | | 刹车系统未接到制动请求，导致系统该制动时未制动，出现碰撞事故 | 十分严重 |
| 刹车系统被非法篡改 | 刹车系统的完整性 | 刹车系统的完整性被破坏，导致系统错误制动，后车追尾 | 十分严重（对于错误的制动请求，刹车系统设置的门限值的限制和监控也可能被破坏） |
| | | 刹车系统的完整性被破坏，导致系统该触发时未触发，出现碰撞事故 | 十分严重 |
| 车内网络的拒绝服务攻击 | 各系统的可用性 | AEB 系统无法被激活，不可用 | 中等 |

（4）攻击路径分析及攻击可行性评级

此处可行性的取值基于假设，并非实际系统分析得出。下面提供两个典型威胁场景的攻击路径分析和攻击可行性评级。

1）系统软件被非法篡改。攻击可行性高（4，3，0，0，0），分析过程如图 3-8 所示。

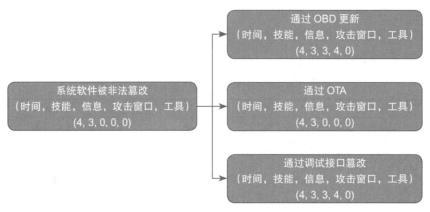

图 3-8　系统软件被非法篡改的攻击路径及可行性评级

2）车内通信系统被非法篡改或者伪造。攻击可行性高（4，6，3，0，0），分析过程如图 3-9 所示。

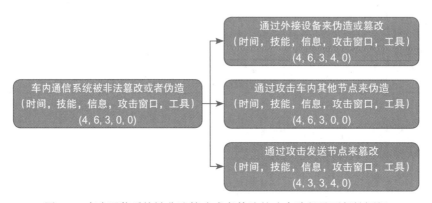

图 3-9　车内通信系统被非法篡改或者伪造的攻击路径及可行性评级

（5）风险评级

在完成上述分析后，我们可以基于分析结果得出系统中所有已知威胁场景的风险值，从而确定其风险评级结果，如表 3-14 所示。

表 3-14　AEB 系统的风险评级

| 威胁 | 损害 | 损害严重程度 | 攻击可行性 | 风险值 |
|---|---|---|---|---|
| 感知和决策系统的软件被非法篡改 | 伪造的感知或者决策，导致系统错误制动，后车追尾 | 严重（对于错误的制动请求，刹车系统有门限值的限制和监控，所以严重度在一定程度上有所缓解） | 高 | 4 |
| | 伪造的感知或者决策，导致系统该制动时未制动，出现碰撞事故 | 十分严重 | 高 | 5 |
| 车内通信系统被非法篡改或者伪造 | 刹车系统接收到虚假的制动请求，导致系统错误制动，后车追尾 | 严重（对于错误的制动请求，刹车系统有门限值的限制和监控，所以严重度在一定程度上有所缓解） | 高 | 4 |
| | 刹车系统未接到制动请求，导致系统该制动时未制动，出现碰撞事故 | 十分严重 | 高 | 5 |
| 刹车系统被非法篡改 | 刹车系统的完整性被破坏，导致系统错误制动，后车追尾 | 十分严重（对于错误的制动请求，刹车系统设置的门限值的限制和监控也可能被破坏） | 高 | 5 |
| | 刹车系统的完整性被破坏，导致系统该触发时未触发，出现碰撞事故 | 十分严重 | 高 | 5 |
| 车内网络的拒绝服务攻击 | AEB 系统无法被激活，不可用 | 中等 | 高 | 3 |

## 3.3　安全概念开发

　　安全概念开发的主要工作是将识别到的风险根据产品功能定义系统架构中的接口，以及各要素的相互作用关系，分配到各个要素，同时根据风险的起因制定宏观的安全策略，并依据策略找出对应的安全措施，落实到具体要素。下面分别讲解功能安全、预期功能安全和网络安全的概念开发。

### 3.3.1　功能安全概念开发

　　本书前文介绍了危害分析与风险评估和安全目标。功能安全概念开发的主要任务是基于安全目标找出功能链路中对安全目标有威胁的电子电气失效问题，定义相关项自身、驾驶员或者外部措施，以帮助相关项在容错时间内达到安全状态，并将以上措施写为功能安全要求，分配给系统架构中的内外部要素。本节将以前大灯控制系统和驾驶辅助控制系统中的安全目标为例来具体介绍功能安全概念开发的常规步骤和常用方法。

1. 安全目标整理

通常，经过危害分析与风险评估会得出多个危害事件。启动功能安全概念设计时，我们需要先将有功能安全等级要求的危害事件整理为安全目标。

安全目标的要素通常包含主体内容描述、安全度量、故障容忍时间间隔、安全状态和安全等级。

❑ 主体内容描述是在危害行为上加入"避免"及"防止"引导词。

❑ 安全度量是给安全目标内容描述中的危害行为定义出明确的物理边界。

❑ 故障容忍时间间隔是指故障发生后，如果没有采取措施，在一定时间后将导致事故形成。从故障发生到危害事件发生之间的时间被定义为故障容忍时间间隔。

❑ 安全状态是指系统在发生故障后进入一个特定的工作状态，该工作状态不会引发危害事件。

❑ 安全等级是危害分析和风险评估中综合 S、E、C 得出的危害事件的安全等级。

危害分析与风险评估中存在较多的危害事件，这些危害事件在物理边界、故障容忍时间间隔、安全等级等方面有所不同，但主体内容描述和安全状态相同。我们可以将这些危害事件整理到一个安全目标中，取最高的安全等级和最短的故障容忍时间间隔来形成安全目标。对于安全度量，则需要详细定义每个安全等级的物理边界。

例如，针对 3.2.1 节中 AEB 功能由于不期望的制动引发的追尾碰撞危害事件整理出的一个功能安全目标如表 3-15 所示。

表 3-15 驾驶辅助控制系统安全目标 AEB-SG-01

| 编号 | AEB-SG-01 |
| --- | --- |
| 安全目标描述 | AEB 要避免太大的制动力 |
| 安全度量（如果适用） | ASIL C 对应的度量：不期望的制动减速度小于 $7m/s^2$，但未造成车辆稳定性丢失 |
| 故障容忍时间间隔 | 500ms |
| 安全状态 | AEB 无制动干预 |
| ASIL | C |

2. 针对安全目标梳理功能链路

梳理好安全目标后，针对每个安全目标逐一进行功能安全概念的设计。而想要完成一个安全目标的安全概念设计，就需要先梳理功能链路。完成此活动需要 3.1 节提到的功能规范和上面整理出来的安全目标，识别出与安全目标相关的链路上有哪些要素，每个要素在自己的

边界内输入是什么，输出是什么，完成了什么样的功能，进而形成一个针对安全目标的功能
链路图（见图 3-10）。

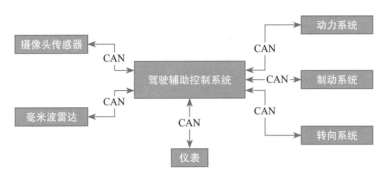

图 3-10　针对功能安全的功能链路

针对驾驶辅助控制系统，以表 3-15 中的安全目标为例，结合图 3-10，首先整理出整体的
正常功能逻辑。具体来说，摄像头传感器和毫米波雷达将前方的目标信息发送给驾驶辅助控
制器，驾驶辅助控制器结合从制动系统收到的车辆运动信息和驾驶员踩制动踏板的状态，计
算出 AEB 的请求状态及请求制动减速度，并将其发送给制动系统。由制动系统控制车辆最终
减速，同时驾驶辅助控制系统向仪表发送报警信号，提示驾驶员制动并指示功能的工作状态。

系统架构图中包含毫米波雷达、摄像头传感器、驾驶辅助控制器、制动系统、动力系统、
转向系统和仪表这几个要素。通过前期整理，转向系统是此安全目标的非相关要素，而其他
要素则是相关要素。

此时，我们还需要将每个要素的关键输入、功能、输出整理出来，通常采用表格的形式
会比较清晰。根据上面的分析结果，整理结果如表 3-16 所示。

表 3-16　AEB-SG-01 功能链路信号流转

| 链路要素 | | 输入 | 功能 | 输出 |
|---|---|---|---|---|
| 感知传感器 | 毫米波雷达 | — | 使用毫米波探测前方障碍物信息 | 目标纵向距离、目标横向距离、目标纵向相对速度、目标横向相对速度 |
| | 摄像头传感器 | — | 使用图像探测前方障碍物信息 | 自车前方的目标的纵向距离 |
| 驾驶辅助控制器 | | □ 目标信息<br>□ 车辆动态<br>□ 制动踏板踩下状态 | 感知融合、是否激活 AEB 及减速度计算（初步计算） | AEB 激活信号及自车在目前情况下所需的减速度 |

（续）

| 链路要素 | 输入 | 功能 | 输出 |
|---|---|---|---|
| 制动系统 | — | 监测驾驶员是否踩下制动踏板 | 驾驶员踩踏板状态 |
| | 轮速传感器 | 提供轮速 | 轮速 |
| | 惯性传感器 | 提供纵向加速度、横向加速度、横摆角加速度 | 纵向加速度、横向加速度、横摆角加速度 |
| | AEB激活信号及自车在目前情况下所需的减速度 | 通过物理计算公式将自车所需的减速度转化为制动扭矩输出 | 自车在当前行驶情况下所需的制动扭矩 |
| 动力系统 | 限制驱动扭矩输出 | 根据驾驶员和外部扭矩请求，调整驱动扭矩输出 | 限制后的驱动扭矩 |

### 3. 链路要素失效分析

在梳理好安全目标相关的功能链路后，需要识别链路要素故障，并整理出每个故障对安全目标的影响。此过程使用一些安全分析方法（如 FMEA 和 FTA）来完成。

继续以 AEB 为例，毫米波雷达在没有目标的情况下，提供了目标信息给驾驶辅助控制器，驾驶辅助控制器计算出非预期的 AEB 减速请求并发送给制动系统执行，这就会造成整车非预期的减速，从而违反安全目标。

在环境信息和制动踏板开度输入正确的情况下，驾驶辅助控制器自身的失效也可能导致计算出非预期的 AEB 减速请求，并发送给制动系统执行，从而造成整车非预期的减速，违反安全目标。

以上是链路中两个要素的示例。使用一些分析方法，把链路中每个要素的失效模式和对安全目标的影响都梳理完毕后，就可以定义安全措施了。

### 4. 定义安全措施

❑ 针对每个识别到的故障，采取故障避免措施。故障避免措施可以由相关项的内部要素完成，也可以由外部要素完成。我们也可考虑使用报警措施来避免故障引发的碰撞事故。

❑ 针对系统性失效，采取故障避免措施。这可以通过对架构设计提出要求，从设计的正确性和合理性上避免故障对安全目标造成影响。

❑ 针对一些硬件随机性失效，通常采取故障探测、故障响应和系统跳转至安全状态措施。

在功能安全概念开发阶段设计安全措施时，我们需要结合内外部要素本身的能力，依据措施定义的简单化、初始架构变更的最小化来达到既实现安全目标又控制成本的目的。

　　针对毫米波雷达误识别目标的失效，我们可以要求毫米波雷达自身识别存在的系统性失效和硬件随机性失效，从而直接分配功能安全需求；也可以选择制动系统中限制减速度的输出作为安全措施。具体产品开发中要选择哪种安全措施，需要根据功能链路中要素的技术水平、产品成本等因素综合考虑，而不是简单地把最高等级的功能安全要求分配给要素。

　　5. 功能安全需求导出

　　定义好安全措施后，需要将完成的措施要素转化为功能安全要求，并分配给对应要素。在导出需求时，需要遵循以下原则：准确性、唯一性、可追溯性、抽象性、可行性、合理性和可验证性。完成了所有要素的功能安全需求导出和分配，即形成一个功能安全目标的功能安全概念。针对不同的安全目标，按照上述步骤逐一完成，即可形成相关项的功能安全概念。通常，功能安全概念开发会输出功能安全概念图和功能安全需求。

## 3.3.2　预期功能安全概念开发

　　基于 ISO 21448 或者 GB/T 43267—2023《道路车辆　预期功能安全》中的描述，预期功能安全并没有像功能安全那样明确的安全概念开发。因此，在本书中，我们只是基于功能安全在概念阶段的工作，将相应的预期功能安全的部分工作划分到这里，作为预期功能安全概念的开发，方便大家进行对比，了解功能安全和预期功能安全在概念开发阶段的交互。

　　1. 预期功能安全概念开发的主要过程

　　预期功能安全概念开发主要包括以下内容。

　　❑ 基于功能定义中的使用范围，明确相应系统目标的运行条件，如天气、道路特征等，这也是后续危害分析以及安全措施定义的基础。

　　❑ 初步定义触发条件和误用对应的安全措施，并进行评估。

　　❑ 基于触发条件和误用，以及对应的安全措施，定义相应的测试规范，尤其要考虑相应的假设条件和比较案例，确保测试的完备性。

　　❑ 对于新增或者调整的安全措施，需要及时更新相应的技术规范，以保证措施和规范之间的一致性。

　　2. 预期功能安全概念开发的主要分析方法

　　（1）STPA

　　对于触发条件和对应场景的识别，目前主流的分析方法是 STPA (System Theoretic Process

Analysis，系统理论过程分析）。STPA 是由麻省理工学院的 Nancy Leveson 教授基于 STAMP（System Theoretic Accident Model and Process，系统理论的事故模型和过程）提出的一种新的危害分析方法，目前已经广泛应用于航空航天、国防、核电等领域。随着自动驾驶的快速发展，它的系统复杂度迅速提升，因此 ISO 21448 中也引入了 STPA。

STPA 分析主要分为四步。

1）定义分析的目的。首先定义损失，然后在系统边界内识别系统级的危险，并确定系统级的相关安全约束。

2）建立控制结构。控制结构通过一套反馈控制回路为系统建模，以捕捉功能关系及相互作用。控制结构通常始于较为抽象的层级，并通过迭代调整以捕捉更多系统细节。

3）识别不安全控制行为。分析控制结构中的控制行为，以验证这些行为如何导致第一步中所提到的损失。这些不安全控制行为用于生成系统的功能性要求与限制。

不安全控制行为指的是在特定情境及最坏环境下可能导致危险的控制行为。出现以下情况，代表控制行为可能存在安全隐患。

❑ 提供控制行为后导致危险。

❑ 提供可能安全的控制行为但提供节点过早、过晚或顺序错误。

❑ 控制行为持续太久或停止过早（仅针对持续性控制行为而非离散行为）。

4）识别致因场景。构建适当场景以解释以下内容：

❑ 是否存在不正确反馈、不充分要求、设计错误、组件失效以及其他因素，上述因素或因素组合会如何导致不安全控制行为并最终导致损失。

❑ 没有恰当地遵守或执行所提供的安全控制行为如何导致损失。

一旦识别了致因场景，即可用其生成其他需求、识别缓解措施、改进系统架构、提出设计建议以及新的设计决策、评估现有的设计决策、定义测试用例并生成测试计划、形成风险领先指标等。

（2）PoC

PoC（Proof of Concept，概念验证）某种程度上不能算是一种预期功能安全概念开发特有的分析方法。基于分析出来的触发条件和场景，我们需要定义相应的安全措施。那么，如何验证我们的安全措施是有效的呢？当然，最终的验证是在 V 模型右侧的集成测试环节进行的整车验证。但是，为了尽可能避免在最后时刻因为安全措施的有效性问题而使项目无法落地，我们最好在 V 模型左侧的概念开发阶段对所定义的安全措施进行一定程度的验证。这种验证一般不会覆盖所有场景，但我们可以先专注于某些最不确定的场景进行验证，以证明我们的措施至少具备一定的有效性，可以用于量产项目。

### 3.3.3　网络安全概念开发

网络安全概念开发主要以相关项定义（包括其运行环境以及交互的内容）、网络安全目标定义、网络安全声明定义为前提，导出以下工作输出项。

❑ 网络安全措施。

❑ 对操作环境的需求。

❑ 安全概念的验证报告。

网络安全概念开发工作流程如图 3-11 所示。

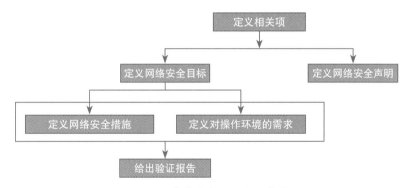

图 3-11　网络安全概念开发工作流程

首先，根据网络安全的相关项定义进行威胁分析与风险评估。根据威胁分析与风险评估的结果得出风险评级和风险处置决定，从而导出网络安全目标。网络安全目标可以看成最高层级的需求。另外，如果在风险处置决定中存在基于某些假设决定保留的风险，或者需要转移给其他方的风险，相应的信息则应该体现在网络安全声明中。然后，根据网络安全目标，定义相关的网络安全措施或需求，以及对操作环境的需求。最后，基于网络安全概念的结果，给出相关验证报告。

#### 1. 定义相关项

相关项是实现车辆的某个功能的一个或一组组件。这里需要注意的是，相关项需要实现的功能是车辆层面的。一个相关项由实现某个车辆层级功能的所有电子元件和软件组成。相关项或其包含的组件与其外部环境是有交互的。组件、相关项和功能的关系如图 3-12 所示。

图 3-12　组件、相关项和功能的关系

定义相关项主要是定义网络安全开发的范畴，明确其边界、需要实现的功能、运行的环境，以及与外界的交互接口。

有了相关项的定义，也就明确了哪些是开发范围内的任务，哪些不是。

### 2. 定义网络安全目标

网络安全的目标需要基于威胁分析和风险评估，以及风险处置决定来定义。

威胁分析和风险评估的过程和方法在前文中已有详细介绍，这里不再重复。需要特别指出的是，如果在威胁分析和风险评估过程中，有些信息无法从相关项定义的范畴内得到，而与其他相关项有关，必要时可以在分析中使用假设。

风险评估的结果需要由相应的风险处置决定。如果某些风险的处置是通过降低风险的方式来实现的，那么需要针对相关的威胁定义相应的网络安全目标。网络安全目标用于帮助保护资产、抵抗威胁。网络安全目标不限于产品生命周期的任何特定阶段。例如，即使在产品报废阶段，也需要考虑产品中存储的隐私信息如何得到保护或有效销毁。

### 3. 定义网络安全声明

网络安全声明可以用作对一些必要的信息的披露，它包含以下信息。

❑ 如果在风险处置决定中，有些风险的处置方式被定义为分担风险，那么相应的信息需要在网络安全声明中体现。

❑ 如果在威胁分析和风险评估过程中基于某些假设，而对于这些风险评估的结果，风险处置决定是保持风险，那么网络安全声明中也必须体现相关信息。

### 4. 定义网络安全措施

针对网络安全目标，需要定义网络安全措施，以使网络安全目标得到满足。网络安全目标可以是技术上的、运营上的，或者两者皆有。

网络安全目标和网络安全措施有时容易混淆，在日常沟通中也可能会被称为"需求"。然而，二者的侧重点不同。网络安全目标着眼于目的，网络安全措施则定义了如何做才能达到目的，侧重于手段。至于具体的实施方式，则是在后续系统开发阶段需要考虑的问题。

下面的例子说明了网络安全目标和网络安全措施的区别和联系。

❑ 网络安全目标：在更新中央网关软件的时候，必须保证中央网关软件的完整性。

❑ 网络安全措施：技术上，在中央网关软件更新过程中，需要使用电子签名和验签的方式检查更新软件的完整性；管理上，需要建立权限管理机制，确保只有被授权的人才能生成中央网关软件的电子签名。

### 5. 定义对操作环境的需求

有些需求并不能在相关项范畴之内处理，而是由相关项所处的环境决定的，但是相关项与其有安全依赖关系。这些需求也需要在本阶段定义。

比如，对于 ADAS 的网络安全，车内网关可能不在相关项的范畴之内，然而车内通信的安全依赖于车内网关，因此，需要对网关提出相应的网络安全需求，才能保障与 ADAS 功能相关的通信安全。

### 6. 给出验证报告

这里的验证报告与我们在传统汽车开发中的功能 V&V 验证报告目的不同，其作用是检查由安全措施及操作环境需求组成的网络安全概念是否完整、正确且一致地达成了网络安全目标，并且与网络声明不冲突。通常，企业可以通过同行评审的方式来完成该验证报告。

# 系 统 阶 段

完成概念开发后，我们将获得相应的功能安全、预期功能安全和网络安全相关的概念需求。基于这些需求可进行系统层面的开发，将系统设计细化为更为具体的解决方案。系统阶段的开发包含了 V 模型左侧的技术系统需求的细化和系统的设计，而这些活动会通过 V 模型右侧的集成和测试，以及对应的安全确认和评估进行验证，最终完成所有的开发和验证工作，并进行生产发布。系统的设计最终也会导出硬件和软件对应的需求，这些需求将成为硬件和软件层面开发的基础。我们可以把整个系统开发的 V 模型开发、软件和硬件开发的 V 模型开发串联在一起。

功能安全、预期功能安全以及网络安全本身各自具有开发的 V 模型，但从整个系统开发的角度来看，它们又相互交错在一起。从安全角度来说，功能安全和预期功能安全旨在避免对人员的伤害，而网络安全不仅涉及人员安全，还涉及财产安全和隐私数据安全，因此网络安全问题的范围更广。然而，在涉及人员伤害的安全问题上，网络安全设计必须符合功能安全的要求。也就是说，从范围上看，网络安全涵盖更广。但从优先级上看，功能安全和预期功能安全高于网络安全。因此，在系统开发过程中，开发人员需要相互沟通合作，避免设计上的冲突，以找到系统安全设计的最优解。

# 4.1　系统阶段功能安全设计

为了满足概念阶段提出的功能安全需求，系统阶段的功能安全设计需要识别系统内部的失效模式，定义安全机制，将其引入系统架构，并评估这些机制是否有效、是否引入新失效，直到产品中的硬软件元素能够满足全部的功能安全需求。本章主要介绍系统安全设计中的系统架构设计、系统安全分析和系统技术安全概念设计。系统安全分析基于初始系统架构，分析结果形成初版的系统技术安全需求。根据技术安全需求设计的安全机制体现在系统架构中，形成系统技术安全概念。这三个环节在开发中是一个循环迭代的过程（见图 4-1），因此需要做好产物的版本管理。

图 4-1　系统架构设计、系统安全分析和系统技术安全概念设计之间的关系示意图

## 4.1.1　系统架构设计

本章提到的系统架构设计主要聚焦在安全部分。通常，产品已经有初始架构，设计主要从静态和动态角度来完善安全部分。

### 1. 系统静态架构设计

系统静态架构设计是一个迭代的过程。静态架构初版的重点是启动系统安全分析，而不是一开始就设计出所有安全机制。因此，初期工作主要是整理系统的初始设计。本书概念阶段的功能设计规范中已经介绍了系统外部要素的梳理，这些内容可以直接继承。而系统内部的架构需要在系统阶段，根据硬件和软件的初始架构进行模块化整理得出。嵌入式控制器内部模块的差别较大，具体安全机制也会有所不同。控制系统中常见的通用模块有供电模块、连接器模块、视频模块、性能运算单元、调试模块等。不同控制器根据其功能特性会增加相应模块。例如，电机控制器会增加电机驱动模块，驾驶辅助或智能座舱控制器会增加性能运算单元等模块。图 4-2 为驾驶辅助控制器的系统静态架构示例。

### 2. 系统动态架构设计

在概念阶段定义的安全状态和安全状态下系统的表现，需要有具体的工作模式与安全状态对应。而车辆出现失效时顺利进入安全状态，需要安全机制来实现。同样，系统动态架构的设计也是一个迭代的过程。动态架构初版通常是整理出系统已有的工作模式和跳转条件，将已有的工作模式和安全状态完成匹配，随着安全机制的增加，不断完善动态架构中的工作模式和跳转条件，直到所有的安全状态和系统的工作模式都对应起来，且定义了明确的跳转条件。

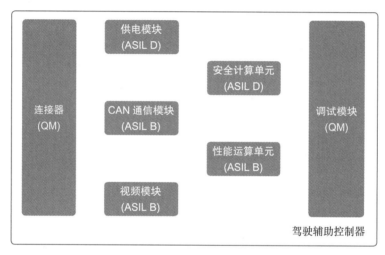

图 4-2 驾驶辅助控制器的系统静态架构示例

典型控制器一般分为下电和上电两大类工作模式。上电模式中通常至少包含初始化、全功能运行、后运行、睡眠和失效安全等子状态。上电模式中的任意状态都可以跳转到下电模式，而下电模式只能跳转到上电模式中的初始化状态。在系统动态架构设计时，我们会定义跳转条件 1 ～ 8 的具体含义。

- 条件 1 可以是当电源电压进入正常范围时，控制器从下电状态进入上电初始化状态。
- 条件 2 可以是控制器完成上电初始化自检且无故障报出，从上电初始化状态跳转到全功能运行状态。
- 条件 3 可以是控制器收到正常关闭程序命令，从全功能运行状态跳转到后运行状态。
- 条件 4 可以是当后运行状态持续一段时间后，控制器完成信息保存，切断内部供电，跳转到睡眠状态，并保留唤醒功能。
- 条件 5 可以是控制器收到唤醒源唤醒，从睡眠状态跳转到上电初始化状态。
- 条件 6 可以是上电初始化时，MCU 上电自检测报错，控制器从初始化进入失效安全状态。

□ 条件 7 可以是控制器在全功能运行时，MCU 外部看门狗喂狗超时，控制器进入失效安全状态。

□ 条件 8 可以是控制器电压范围低于最低存活电压时，控制器从上电状态中的任何一种状态进入下电状态。

系统动态架构设计中的这些跳转条件，通常会定义为故障监控降级表，表中需要包含功能安全要求的安全状态的跳转条件。需要注意的是，安全状态需要根据不同故障和安全目标来判断具体从哪一个状态跳转到哪一个状态，而不是一味地从全功能运行状态跳转到失效安全状态。例如，某安全相关的 CAN 信号输入丢失，系统部分功能降级，但运行状态仍然保留在"全功能运行"；而某些驱动电路故障，系统部分功能降级后，系统状态则跳转到"失效安全"状态。

控制器系统动态架构示例如图 4-3 所示。

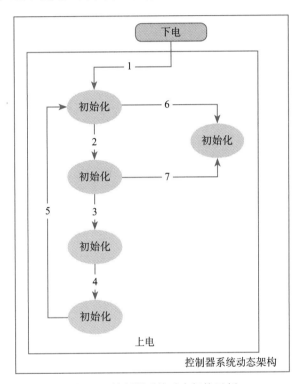

图 4-3　控制器系统动态架构示例

### 4.1.2　系统安全分析

ISO 26262 中推荐使用一些安全分析方法来识别系统内部故障。目前，汽车控制器系统架构设计中主要使用的归纳类安全分析方法是 FMEA，演绎类安全分析方法是 FTA。除了这两种分析方法，我们还会额外进行关联失效分析（Dependent Failure Analysis，DFA），以避免系统要素之间关联失效带来的安全风险。

#### 1. 安全分析之 FMEA

失效模式与影响分析起源于航空航天，自 20 世纪 80 年代开始逐渐应用于汽车设计，如今已经融入汽车质量管控体系，作为一种必要的设计分析方法广泛应用于汽车行业。FMEA 按照预防的阶段主要分为 DFMEA 和 PFMEA，DFMEA 多用于功能安全开发，而 PFMEA 多用于生产质量的管控。在功能安全系统阶段完成的 FMEA 与产品设计阶段完成的 DFMEA 相比，DFMEA 涵盖的产品范围更为全面，且在预防和探测措施上更注重解决设计过程中带来的失效问题，而 FMEA 则更关注与功能安全目标相关的系统部分，不仅关注设计过程中的失效问题，还关注系统运行时如果发生失效，是否有安全机制能够探测和避免失效产生的影响。

### 2. 安全分析之 FTA

FTA 是一种自上而下的演绎式失效分析法，用来分析不希望出现的系统状态，即将和安全目标相关联的系统顶层失效作为顶事件或初始事件进行分析。通过传统的逻辑门，可向更细致的层级寻找对顶事件发生有贡献的逻辑分支及相应的底事件。底事件在系统阶段通常是系统架构中不可拆分的子模块。当一些底事件同时发生时，顶事件必然发生，这样的底事件组合被称为"割集"。若将割集中所含底事件任意去掉一个就不再称为"割集"，我们把这样的底事件称为"最小割集"。系统阶段使用的 FTA 通常只完成定性分析。FTA 可以深入结合系统的硬件和软件细节逻辑，找出特定的最小割集。由于是确定性的逻辑关系，对于最小割集中的底事件，我们可以直接定义安全机制来应对。

### 3. 安全分析之 DFA

在设计系统安全机制时，通常会用到 ASIL 等级的分解，DFA 用于证明不同系统要素在 ASIL 等级分解时的独立性。

在给出安全机制后，系统中通常会同时存在分配了不同 ASIL 等级的要素。DFA 也需要证明这些不同 ASIL 等级的要素可以共存于系统中。

## 4.1.3 系统技术安全概念设计

系统技术安全概念是技术安全要求及其对应系统架构设计的集合，提供了系统架构设计满足功能安全要求的依据。安全机制用于探测故障并防止或减轻出现在系统输出端的违反功能安全要求的失效，是系统架构设计中实现安全要求的主要呈现形式。安全机制主要包括以下几类。

- ❑ 与系统自身故障的探测、指示和控制相关的安全机制；
- ❑ 涉及探测、指示和控制与本系统有相互影响的其他外部要素中所发生故障的安全机制；
- ❑ 使系统实现或者维持在相关项的安全状态的安全机制；
- ❑ 定义和执行报警和降级策略的安全机制；

❑ 防止故障变为潜伏故障的安全机制。

### 1. 常用安全机制

常用的安全机制可分为故障探测型安全机制和故障处理型安全机制。

系统需要探测外部要素的故障、与外部要素通信的故障、系统内部的单点故障，以及系统内部的潜伏故障等。针对典型安全要素故障的安全机制见表 4-1。

表 4-1　针对典型安全要素故障的安全机制

| 典型安全要素故障 | 典型的安全机制 |
| --- | --- |
| 通信丢失、延迟、阻塞 | 超时监控 |
| 通信重复、丢失、插入不正确的序列、阻塞 | 计数器 |
| 通信损坏，信息不对称 | CRC（循环冗余校验） |
| 外部信号指示故障 | 算法逻辑检测 |
| 关键芯片、传感器的供电故障 | 设置供电电压监控，对过压、欠压进行诊断 |
| 逻辑运算单元计算错误 | 锁步核校验 |
| 内存故障 | ECC（纠错码）、EDC（检错码） |
| CPU 指令流执行时间错误、指令流遗漏等 | 程序流监控和外部看门狗 |
| 模拟量采样故障 | 采用不同采样算法进行合理性校验 |
| 芯片潜伏故障 | 上电自检测试，如 PBIST、LBIST、MBIST |

在识别到故障后，我们还需要定义执行报警和降级安全机制。报警相关的安全机制通常分配到软件，对外部输出相应的报警信号。降级安全机制需根据降级等级做针对性设计，归纳如下。

❑ 应用层软件完成降级的安全机制一般由软件算法实现，具体为通过将软件模块的使能状态设置为关闭、将关键信号的输出限制在一定范围内，或者将请求设置为特定值等方式来实现。

❑ 底层软件完成降级的安全机制，如需要复位芯片。开发者需要根据芯片手册来定义安全机制，以完成复位安全状态的跳转。

❑ 其他芯片完成降级的安全机制，如主控芯片和电源管理芯片之间的 Error Pin。

❑ 冗余切换的安全机制，如主备份芯片握手切换机制。

### 2. 故障处理时间间隔

在系统设计时，我们需要计算故障探测时间间隔（Fault Detection Time Interval，FDTI）和故障处理时间间隔（Fault Handling Time Interval，FHTI）。故障探测时间和故障响应时间之和被称为"故障处理时间"。故障处理时间需要小于概念阶段安全目标中定义的故障容错时间间隔。定义完安全机制后，我们需要评估安全机制或安全机制组合是否可以满足故障容错时间间隔要求。

## 4.2 系统阶段预期功能安全设计

ISO 21448 或者 GB/T 43267—2023《道路车辆　预期功能安全》中其实并没有清晰地划分预期功能安全概念阶段和系统阶段的工作，因为预期功能安全开发本身是一个大量的迭代性工作。因此，系统阶段更多的是对概念阶段内容的实现和不断迭代。基于在概念阶段已定义好的功能需求规范以及对应的系统架构，再加上以此为基础分析得到的危害识别、潜在的功能不足和潜在的触发条件，我们会在系统阶段着重关注功能的修改以及架构的更新，以应对预期功能安全的相关风险。

### 4.2.1 功能设计的迭代

基于触发事件导致的功能不足，我们需要不断对系统功能设计进行迭代，以确保最终的功能能够满足功能定义的要求和基本指标。这种迭代有很多种方式，这里列举几种主要的方式。

#### 1. 对系统运行设计域（ODD）进行限制

系统运行设计域（ODD）是自动驾驶设计中的一个重要内容，不同功能配合不同传感器都有着非常苛刻的使用条件。这些使用条件如下。

❑ 天气因素，例如：雨天、雪天。

❑ 路面因素，例如：沥青路面、雪面。

❑ 道路结构，例如：高速公路、城市道路。

❑ 驾驶员因素，例如：驾驶员在环（L1/L2）、全自动驾驶（L4/L5）。

……

当自动驾驶系统无法对某些环境和驾驶工况进行正确有效的控制时，我们需要在功能定义中将这些场景从对应的功能规范中剔除，或者限制该功能只能在某些特定场合运行。例如，高速公路领航（High Way Pilot，HWP）功能规范中会明确定义该功能只能在有明确物理隔离带的道路上行驶。这样就能避免系统受到前方车辆的阻碍而无法及时有效地探测到对面来车而导致的事故。

**2. 系统算法的优化**

在 ADAS 中，传感器就像系统的眼睛，不断感知周围的环境，而算法则基于传感器收到的信息进行处理和组合，将感知到的环境信息准确传递到控制逻辑。在这个过程中，由于传感器本身的局限性或外界环境的多样性，我们无法保证系统始终能准确识别目标。这时，我们可以通过算法的迭代来提升性能。

例如，针对一些目标物体探测准确率不够、无法确认前方行驶道路是否有阻碍的情况，ADAS 可以通过使用可行使区域（Freespace）的检测逻辑来确认车辆前方可供行驶的区域，从而在一定程度上提升安全性，并降低误检和漏检的概率。再比如，在车道线不连续的情况下，ADAS 可以通过融合前车的行驶轨迹模拟一段行驶路径，以弥补中间车道线的丢失。当然，如果车道线持续丢失，系统肯定还是需要采取降级（安全机制）。

## 4.2.2　人机交互

人机交互是自动驾驶系统设计中非常重要的一环。在系统达到 L5 全自动驾驶之前，自动驾驶系统都有着和 ODD 紧密相关的一些限制。当遇到这些限制或者系统自身出现问题时，系统都需要进入相应的安全状态，并要求驾驶员接管。尤其在 L1/L2 的辅助驾驶功能中，默认驾驶员应时刻关注车辆的行驶状态，随时准备接管。然而，事实上，当系统处于辅助驾驶状态时，驾驶员往往难以判断系统是否对当前路况做出了正确的判断，并正确执行。因此，系统设计中需要全面考虑人机交互。以下是一些常见的人机交互原则。

- ❑ 易用性：自动驾驶的车辆交互界面应该简单易懂，不需要驾驶员进行非常复杂的操作。
- ❑ 易懂性：自动驾驶的车辆交互界面应让驾驶员清晰了解当前车辆所处的环境和状态，方便理解和识别。
- ❑ 准确性：系统交互界面需要及时、准确地反馈各类车辆和功能信息给驾驶员，方便驾驶员理解车辆的下一步行动。

**1. 系统降级**

人机交互中最重要的一部分是系统降级和驾驶员接管。越是高等级的自动驾驶系统越能解放驾驶员的手脚和大脑，在这种情况下，如何将驾驶员的注意力重新集中到系统上就尤为重要。通常来说，我们可以根据系统对安全的影响程度，采用分级报警的方式，通过不同的报警形式提醒驾驶员接管系统。

例如，在 L2 自动驾驶系统中，有一种触发条件是系统在出现问题时要求驾驶员接管，但此时驾驶员可能注意力不集中，不适合接管。对此，我们可以采用的安全措施是，在功能正常工作时，通过 DMS 实时监控驾驶员的注意力。当 DMS 发现驾驶员视线不在关注道路时，自动驾驶系统可以先保持功能，进行第一级报警（例如：报警灯），提醒驾驶员关注道路，履行他的责任。如果驾驶员依然没有响应，自动驾驶系统可以采用第二级报警（例如：声音报警、座椅震动）提醒驾驶员。如果驾驶员仍未恢复注意力集中，自动驾驶系统可能就要采用第三级报警，直接关闭功能并进行车道内或路边停车，以确保安全，避免出现问题时无法接管，造成危害。

### 2. 处境意识

在 L1/L2 辅助驾驶系统中，总是默认驾驶员在行驶过程中要随时关注车辆及系统的状态并随时接管。然而，现实中有很多案例证明，驾驶员通常会过度信任系统，当系统出现问题时无法及时接管，导致惨剧的发生。在这种情况下，我们需更好地设计系统的人机交互界面，让驾驶员能够在轻松有效的环境中了解系统的运行状态及系统下一步动作，有效帮助驾驶员避免安全事故的发生。

除此之外，在驾驶员首次使用比较复杂的辅助驾驶功能时，进行一定的强制性介绍和演示，也能够有效避免驾驶员误解系统而导致危害发生。这也是避免驾驶员误操作的有效措施之一。

## 4.3 系统阶段网络安全设计

在概念阶段结束后，网络安全的输出物包括安全目标和安全措施。这些输出物可作为输入来进一步对系统或者产品进行研发。我们需要对概念阶段的安全目标和措施进行进一步分解，以完成系统或者产品架构（包含软硬件）的安全设计，从而实现相关的安全措施。本节将介绍一些实用的安全设计思路，以及行业中常见的安全机制，包括其与其他系统安全性能的相互影响，以更好地了解如何设计一个系统或产品的安全架构。

### 4.3.1 网络安全设计思路

说到安全架构设计，与威胁风险分析不同，并没有一个传统意义上的统一方法论。通常来说，这需要网络安全工程师丰富的行业开发经验以及对系统或产品的深入了解。同时，整个安全设计团队与传统系统以及软硬件开发团队的合作也非常重要。这里可以为大家提供一些类似最佳实践的设计思路和原则。

（1）参考行业中常用的技术安全措施来匹配分析得出安全目标和措施

这是比较常见的一种设计思路。在零部件设计中，可以快速起草一份需求设计，然后在开发过程中不断迭代。对于常见的一些网络安全机制，我们会在 4.3.2 中详细讨论。

（2）尽可能考虑使用密码学以及硬件安全为基础的技术安全措施

密码学的目的是对信息进行特殊编码，也就是常说的加解密，以实现信息的隐蔽。它的安全性依赖于密钥的安全性，而不是算法本身的安全性，当然也要选择一个安全有效且未被破解的算法。

硬件安全实现一般会使用硬件安全模块（Hardware Security Module，HSM）。它有至少两个优点：一是 HSM 通常会提供安全存储区域来保证密钥的安全性；二是 HSM 可以加速某些加密算法的实现，比纯软件实现速度更快，更适用于对计算性能要求高的场景。

比如使用 Autosar E2E（End-to-End）端到端通信保护虽然在某种程度上可以降低车内通信（例如 CAN）信号被篡改的风险，但如果黑客采用暴力攻击，还是可以试出仅有 8 位 DataID 的值，并且时间成本也不是很高。而 Autosar SecOC（Secure Onboard Communication）可能是一种更有效的网络安全手段。SecOC 是基于 AES 加解密算法，使用消息验证码（Message Authentication Code，MAC）来校验消息真伪。考虑到通信层面的性能需求，如果 ECU 中含有 HSM，那么它除了可提供所需的 AES 密钥的安全存储区域，还可以提供 AES 对称算法的硬件加速。

（3）在软件开发过程中使用安全的编码规范

这是许多开发过程中常被忽视的环节。如今的大部分车辆运行着超过一亿行代码，利用软件中的漏洞进行攻击是黑客常用的手段。因此，为了加强软件安全、消除常见代码中的漏洞，使用安全的编码规范对于整个软件开发团队来说是必须要知晓的。比如，对于 C/C++ 编码，行业一般推荐使用 MISRA C 2012 以及 CERT C/C++ 作为编码规范。

（4）在架构设计中考虑传统网络安全中常用的纵深防御概念

所谓"纵深防御"，就是在一个信息系统中部署多层安全控制，目的是确保在某个安全控制失败或出现漏洞被黑客利用的情况下，能够提供冗余方案。从整车维度来看，除了需要考虑在具有外部网络接口、容易被近场 / 远场攻击的某些部件（比如信息娱乐系统、T 盒等）上实施安全控制外，我们还需要在整车的电子电器架构设计中考虑安全关键系统与非安全系统的网络域隔离，包括某些防火墙或入侵检测系统。除此之外，车内网络可能还需要部署一些安全通信机制，比如 TLS 或 Autosar SecOC。

（5）在系统安全设计中考虑降低网络安全风险

在某些情况下，由于产品性能限制，纯粹基于密码学的网络安全保护措施可能无法实施，或者从产品技术角度看无法支持。这时可以考虑在系统设计中降低网络安全风险。例如，针对篡改某个传感器的信号而导致执行器执行不安全操作的情况，如果系统具备数据冗余功能（比如多传感器数据融合功能），可以在某种程度上达到安全设计的目的，甚至功能安全设计中的监控逻辑也可以阻止黑客实施的单点攻击。

（6）信息安全设计的同时也要考虑与其他系统安全或者系统性能的相互影响

这部分内容我们会在 4.3.3 节做一些案例分析。

## 4.3.2 常用的网络安全机制

### 1. 安全软件更新

通常来说，车载控制器在进行软件更新时，需要采取安全措施，以确保用于更新的软件是经过 OEM 授权的，从而防止未经授权、被篡改或仿冒的软件更新。

通常，我们可基于软件包数字签名的验证机制来确保软件的真实性和完整性。

数字签名的验证机制可分为一下几个阶段。

1）阶段一：通过 PKI 服务器生成一对非对称密钥，包括一个公钥和一个私钥。生成非对称密钥时，通常业界常用的算法包括 RSA、ECC 等。其中，私钥需要严格保密，只能保存在 PKI 服务器中，不向外部提供。公钥则需要向外界提供，虽然没有保密性的要求，但需要保证完整性。

2）阶段二：将阶段一生成的公钥预置到控制器中，以便在软件更新过程中使用公钥验证软件包。公钥的预置通常在生产过程中实施。

如前文所述，公钥没有保密性的要求，但需要保证其完整性。因此，公钥通常需要保存到只读存储区域或专门的密钥存储区域中，例如 HSM。

3）阶段三：在软件发布之前，软件发布方需要为软件包生成数字签名。数字签名的生成需要使用私钥，而私钥只存在于 PKI 服务器上。因此，软件发布者需要连接到 PKI 服务器，由服务器使用私钥对软件包的特征值生成数字签名，并将数字签名返回给软件包发布者。公钥的预置及数字签名的生成如图 4-4 所示。

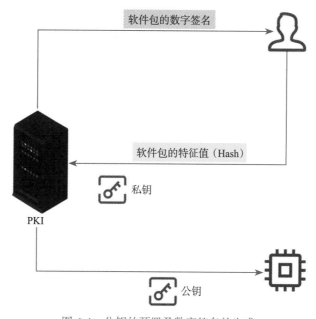

图 4-4　公钥的预置及数字签名的生成

4）阶段四：在进行软件更新时，软件发布方需要将软件包及其数字签名一起下发。通常，软件包及其数字签名会被打包成一个带数字签名的软件包。控制器接收到软件包及数字签名后，会使用预置的公钥来验证软件包的内容是否与其数字签名匹配。验证成功，则说明软件包是合法的；反之，则说明软件包可能被篡改或伪造。

需要特别说明的是，生成数字签名使用的私钥和验证数字签名所使用的公钥必须是对应的。由于私钥只存在于 PKI 服务器，攻击者无法获得私钥。而合法的数字签名中包含了私钥生成的信息，所以攻击者在篡改或伪造软件包后，无法使用私钥生成合法的数字签名，这样才会导致使用对应的公钥验证数字签名失败。

至此，基于数字签名的安全软件更新保证了只有合法软件发布方发布的软件，才能被控制器接收并更新。

此外，很多时候，公钥的使用和预置并不是直接使用公钥本身，而是使用包含了公钥的数字证书。数字证书有不同的级别，用于验证软件签名的数字证书可能需要被上一级的数字证书验证，以确保其合法性。这涉及 PKI 证书体系的设计。由于本节是介绍安全的软件更新机制，为便于理解，数字证书部分的介绍略过。但是，基本的公私钥验证数字签名的机制是一样的。

### 2. 安全启动

一旦软件更新到车辆或控制器中，安全的软件更新机制就不再起作用。此时，安全启动机制可以在系统启动时验证软件的真实性和完整性，防止软件通过非更新机制被非法篡改。

与安全更新机制明显不同的是，安全启动机制对时间的限制要求更高。这是因为车辆在启动过程中，各个控制器需要尽快就绪。车辆上电后，较长的等待时间会带给驾驶员不好的体验，所以安全启动通常要求在尽可能短的时间内完成对软件合法性的验证。而在软件更新过程中，验证时间只占较少的一部分，通常对验证时间的要求不如安全启动那么苛刻。

验证软件真实性的安全启动过程可以类似于安全更新，基于非对称密钥算法来验证数字签名，也可以基于对称密钥算法的 MAC 机制来验证软件。与非对称算法的区别在于，MAC 机制只有一个对称密钥，生成的数字签名（此处称为 MAC）使用同样的密钥来验证。对称算法通常比非对称算法运行更快，所以在安全启动中也会被经常使用。然而，对称密钥需要存储在控制器中，并且同时满足保密性和完整性的要求（这一点与非对称公钥要求不同），因此必须存储在安全的密钥存储区域。

此外，为了尽可能缩短安全启动的验证时间，系统通常将整个软件划分为不同的级别，逐级验证并逐级启动。这样，系统无须等待所有软件都验证通过后再开始启动，从而减少启动时间。图 4-5 体现了这种分级安全启动的设计思路。

最初的一级软件通常是固化在产品的一小段代码中。该代码不可更改，作为启动的信任根，最先运行。如

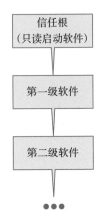

图 4-5　分级安全启动的设计思路

图 4-6 所示，信任根会验证下一级代码，验证成功后，第一级软件才能运行。第一级软件运行后会验证第二级软件，验证成功后，第二级软件才能运行，以此类推。

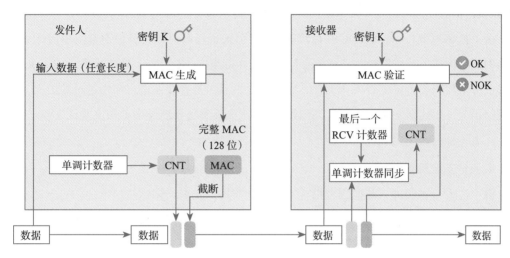

图 4-6 Autosar SecOC 机制的实现

通常，启动顺序会按照 Boot Rom 信任根到 Boot Manager、Boot Loader 再到操作系统层级，最后到应用软件。

通常，安全启动具体使用哪种算法机制及启动步骤，也依赖于芯片供应商提供的方案。一般来说，需要在硬件层级有所支持，才能实现安全启动机制。

### 3. 车内安全通信

在车内安全通信机制中，常用的有 SecOC 机制。SecOC 机制通过在消息报文中增加 MAC 来验证报文的真实性和完整性。

Autosar 并没有限定 SecOC 机制使用的车内网络类型，然而在实际应用中，由于 MAC 需要消耗额外的网络带宽，对于传统的 CAN 网络来说，由于每帧报文只有 8 个字节，SecOC 机制的实现会大幅增加网络负载率。因此，OEM 在规划 SecOC 时，建议至少考虑使用 CAN FD 网络，以确保网络负载率不会过高。

SecOC 机制和功能安全中使用的 Checksum 和 Alive Counter 有相似之处。与 Checksum 的计算相比，MAC 的计算需要用到一个密钥作为输入，这个密钥只有发送方和接收方知道。所以，即使第三方知道报文内容，也无法计算出正确的 MAC 值。接收方通过验证报文对应的 MAC 值，可以判断报文是否来自正确的发送方，并且未经篡改。

此外，有一种特殊的攻击手段叫作"重放攻击"。重放攻击是指攻击者截获发送方发送的报文，不做修改，再次发送。由于发送方发送的报文中已经包含了使用正确密钥计算出来的MAC值，重放攻击可以在不知道密钥的情况下，发送包含正确MAC值的报文。

为了抵御重放攻击，SecOC在计算MAC时引入了新鲜值。新鲜值通常由单向计数器或同步时间戳构成，后续发送的新鲜值会与前面发送的报文不同（在一定范围内）。SecOC报文的接收方会检查新鲜值是否发生变化，而重放攻击因为是直接发送之前发送过的报文，新鲜值保持不变，因此即使MAC值计算正确，也会因为新鲜值不匹配而使报文验证失败。图4-6展示了Autosar SecOC机制的实现。

**4. 其他安全机制**

除上述安全机制外，其他安全措施还包括诊断接口安全、调试接口保护、安全日志、代码及数据安全、权限控制等。基于控制器本身的特性，以及第3章概念阶段识别出的资产、风险及处置措施，在具体的设计阶段，系统可以依据这些输入来决定哪些安全措施需要优先考虑，以及需要实现的安全强度，例如，可以选择更慢但更安全的算法，或者更快但安全性稍低的算法。

需要特别注意的是，没有绝对安全的系统。安全设计不是要找到一个绝对安全的方案，而是要找到合适的方案，通过降低攻击可行性来增加攻击难度，提高攻击成本，使攻击成本远大于收益。达到这个目的，通常就能够使潜在的攻击者望而却步，我们也就认为系统处于安全状态。

## 4.3.3 对其他系统安全与性能的影响

如在本章网络安全设计思路中提到的，涉及网络安全的一些技术措施会对其他系统的安全与性能产生影响。因此，负责部署网络安全机制的工程师不应闭门造车，而应与系统工程师或功能安全工程师深入交流，同步进行安全开发。下面针对4.3.2节提到的车内安全通信和安全启动机制，列举一些实际开发中可能遇到的情况。

（1）车内安全通信

在4.3.2节中，我们已详细介绍过Autosar中针对网络安全的车内安全通信机制SecOC，主要实现对车内某些数据信息的认证加密，以保证信息的完整性和真实性。然而，它的开发也必须符合功能安全标准ISO 26262的要求。如果实现CMAC计算的安全软件模块或HSM

无法达到功能安全要求的 ASIL 等级，一旦发生安全软件或硬件的随机性失效，上层系统如何判断是遇到了黑客攻击还是只是电子电器系统的故障？因此，系统工程师需要在系统的安全降级策略中考虑这一点。同样的情况还有使用 CMAC 替代 CRC 的设计，因为 CMAC 只能判断对错，而 CRC 的纠错机制具有一定的容错率。因此，是否真的要采用 SecOC 设计，我们需结合实际安全需求来判断。

（2）安全启动

在安全启动设计时，我们可以考虑混合使用不同的启动验证机制。对于某些安全性要求特别高但代码量较小的模块，可以先验证再启动；对于启动顺序较后但验证量较大的模块，可以考虑验证和启动同时进行，以节约启动时间。

有些设计中，我们还会考虑在系统运行时进行周期性的完整性校验。这不同于启动时的校验。如果在车辆运行中检测到异常，设计系统的下一步执行就非常重要，因为这可能会影响系统安全。举个例子，如果贸然让系统进行制动或者突然退出功能，对于一辆可能开启了高阶驾驶辅助或者自动驾驶功能的车辆来说，这显然不是一个安全的设计。因此，在设计网络安全检测导致的系统降级策略时，我们需要充分考虑对系统其他方面安全性的影响，充分做到权衡利弊，尽量兼顾。

# 硬件开发阶段

硬件开发是一项系统工程，涉及根据用户需求构建硬件系统或系统中的硬件部分。它包括硬件需求分析、架构设计、详细开发，以及集成测试等关键步骤。

本章将深入探讨硬件开发的背景和重要性，对比传统硬件开发流程，突出功能安全和网络安全的特殊要求，讨论硬件失效的基本原理及应对这些失效的常见安全机制。此外，本章还将详细介绍在硬件功能安全开发过程中，芯片级别的硬件开发流程和信息安全的关键要求，以确保硬件产品在面对各种潜在风险时的可靠性和安全性。

## 5.1 硬件层面产品开发

传统硬件产品开发过程中，往往偏重功能和性能优化，而忽视了安全性考量。随着智能汽车和车联网的发展，硬件功能安全和网络安全变得尤为重要。硬件产品应确保正常运行、无故障和无风险，同时保护用户隐私和数据安全。传统开发过程中需要引入硬件安全需求。硬件功能安全要确保所有安全相关功能可靠执行，避免意外故障或风险。在信息安全方面，应考虑传输和存储的安全，防止黑客攻击、数据泄露和篡改。硬件产品开发安全机制包括加密和认证技术。传统硬件开发需引入硬件功能安全和网络安全需求。只有全面考虑安全，才能满足用户需求，提供优质产品体验。随着科技进步，硬件开发需要不断创新和完善，引入更全面的安全考量。

　　本节主要从硬件开发流程、硬件失效分析、安全机制、硬件测试和验证、芯片功能安全开发几个方面，介绍产品在硬件层面功能安全开发的内容，以帮助企业或研究人员了解 ISO 26262 标准对于汽车硬件开发的要求和指导。此外，本节还将介绍网络安全在芯片设计中的应用，包括常见的网络攻击手段以及相应的防护策略和设计方法。

### 5.1.1　传统的硬件开发简介

本节将从传统硬件（控制器级别）开发和芯片硬件开发两个层面介绍硬件开发活动。

#### 1. 传统硬件开发生命周期

传统硬件开发生命周期如图 5-1 所示。

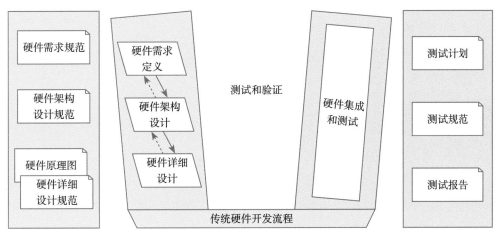

图 5-1　传统硬件开发生命周期

（1）硬件需求定义

❑ 输入：系统需求、系统架构。

❑ 活动：依据系统分配到硬件的需求进行分析和细化，定义硬件开发的需求。硬件需求可以分别从硬件电路功能、电特性指标、性能指标、工作环境等几个方向定义，确保可以覆盖所有分配到硬件的系统需求。同时，在硬件架构设计和详细设计的过程中，充分考虑可能产生的新硬件需求的更改。

❑ 输出：硬件需求规范。

❑ 准出条件：硬件需求规范准出需要执行验证活动。对于硬件需求规范的验证，通常推荐使用 Inspection 的 Review 方式。

（2）硬件架构设计

❑ 输入：硬件需求规范。

❑ 活动：依据硬件需求规范，定义并分配各硬件需求，确定硬件设计的功能组件，并进行各硬件组件的选型，定义各硬件组件之间的接口。这里的硬件组件颗粒度为专用集成电路（Application Specific Integrated Circuit，ASIC）芯片、硬件功能电路等。对于 ASIC 芯片，我们需要进行 PIN 功能和 I/O 的定义，确保当前的架构设计可以满足所有的硬件需求。在硬件架构设计过程中，如果发现硬件需求定义不明确或者定义错误的情况，需要发起硬件需求的变更。同时，硬件架构设计会受到下游硬件详细设计的影响。如果在硬件详细设计实现过程中发现问题，需要对硬件架构设计进行变更。

❑ 输出：硬件架构设计规范。

❑ 准出条件：硬件架构设计规范准出需要执行验证活动。对于硬件架构设计规范的验证，通常推荐使用 Inspection 的 Review 方式。

（3）硬件详细设计

❑ 输入：硬件架构设计规范。

❑ 活动：依据硬件架构设计规范，进行各硬件功能电路的详细设计，定义所有硬件器件之间的连接关系。这里的硬件器件的颗粒度为电阻、电容等，确定各硬件功能电路是否满足对应的功能需求、电特性指标需求、工作环境等。输出硬件详细设计规范和电路原理图。对于硬件详细设计中发现的硬件需求或架构定义不明确或定义错误的情况，硬件详细设计活动过程中需要发起硬件需求或硬件架构设计的变更。

❑ 输出：硬件详细设计规范、硬件原理图。

❑ 准出条件：硬件详细设计规范和硬件原理图准出需要执行验证活动。对于硬件详细设计规范和硬件原理图验证，通常推荐使用 Inspection 的 Review 方式。

（4）硬件集成和测试

❑ 输入：硬件详细设计规范、硬件原理图、硬件需求、硬件架构设计规范。

❑ 活动：依据各设计规范和原理图，进行最终的硬件要素集成，并验证硬件设计的完整性和正确性。在测试阶段初期，确认测试计划。测试计划需明确测试环境、测试设备、测试时间及后续的回归测试。测试环境和验证设备需满足硬件需求的验证场景。为确认硬件设计需求在实现过程中的完整性和正确性，需确保所有硬件需求都被测试用例完整覆盖，并对测试用例与硬件需求进行追溯。对于集成和测试中发现的硬件需求、硬件架构或硬件详细设计不满足的问题，需要反馈到相应阶段进行变更。

❑ 输出：测试计划、测试规范、测试报告。

❑ 准出条件：测试计划、测试规范、测试报告的准出需要执行验证活动。对于测试计划、测试规范、测试报告的验证，通常推荐使用 Inspection 的 Review 方式。

2. 芯片硬件开发生命周期

芯片硬件开发由于需要适配不同客户的需求，无法像控制器级别的硬件开发一样直接获取系统需求并进行分解。因此，芯片硬件开发更多地通过 SEooC 的形式进行开发，即基于假设作为芯片开发活动的输入。芯片硬件开发生命周期活动如图 5-2 所示。

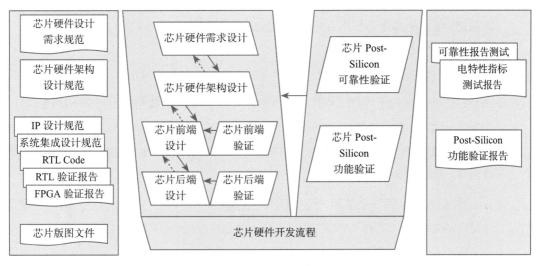

图 5-2　芯片硬件开发生命周期活动

（1）芯片硬件需求设计

❑ 输入：芯片产品需求。

❑ 活动：芯片设计团队进行芯片产品需求的分析，确定芯片外围的相关假设，分析芯片设计所需要支持的功能需求和 PPA（Performance Power Area）指标。同时，芯片硬件需求受下游研发活动的反馈影响，可能会有增减或变更。

☐ 输出：芯片硬件设计需求规范。

☐ 准出条件：芯片硬件设计需求规范准出需要执行验证活动。对于芯片硬件设计需求规范的验证，通常推荐使用 Inspection 的 Review 方式。

（2）芯片硬件架构设计

☐ 输入：芯片硬件设计需求规范。

☐ 活动：芯片架构团队依据芯片硬件设计需求规范，确认芯片各子系统和 IP 的功能特性，通过芯片硬件设计需求的 PPA 指标，确认芯片的总线结构、时钟树结构、电源域划分和相关功能应用的数据流、控制流等。对于芯片硬件架构设计过程中发现的芯片硬件需求不合理场景，需要对芯片硬件需求发起变更。同时，芯片硬件架构设计受下游研发活动反馈影响，可能会有增减或变更。

☐ 输出：芯片硬件架构设计规范。

☐ 准出条件：芯片硬件架构设计规范的准出需要执行验证活动。对于芯片硬件架构设计规范的验证，通常推荐使用 Inspection 的 Review 方式。

（3）芯片前端设计和前端验证

☐ 输入：芯片硬件架构设计规范。

☐ 活动：IP Owner 基于硬件架构设计规范中定义的 IP 相关功能特性进行 IP 的架构设计，并完成相关的 RTL（Register Transfer Level）代码设计。集成者基于芯片硬件架构设计规范中定义的子系统的功能特性、总线结构、时钟树结构、电源域等相关内容进行集成设计，并完成相关的 RTL 设计。

前端验证活动分为 RTL 验证和 FPGA(Field-Programmable Gate Array) 验证。RTL 验证是基于芯片设计的 RTL 代码进行 UT（Unit Test）和 ST（System Test）相关验证环境的设计，并基于芯片架构设计和前端设计规范中定义的 Feature 进行验证点的规划和验证用例的编写，若在 RTL 验证中发现设计的 Bug 需要反馈至设计团队进行修改。FPGA 验证是基于芯片设计阶段 RTL 综合后的 Netlist 烧入 FPGA 进行 FPGA 的验证。FPGA 验证环境会比 RTL 验证环境更接近于真实芯片环境。在 FPGA 验证中更多的是去验证芯片架构设计的场景性的 Feature，若在 FPGA 验证中发现设计的 Bug 需要反馈至设计团队进行修改。

☐ 输出：IP 设计规范、系统集成设计规范、RTL Code、RTL 验证报告、FPGA 验证报告。

❑ 准出条件：IP 设计规范、系统集成设计规范、RTL Code、RTL 验证报告、FPGA 验证报告准出需要执行验证活动。对于它们的验证。通常推荐使用 Inspection 的 Review 方式。

（4）芯片后端设计和后端验证

❑ 输入：网表、SDC（Synopsys Design Constraint）。

❑ 活动：芯片后端设计团队基于 RTL 综合得到的网表，进行芯片的布局布线及 DFT（Design For Test）相关设计，以生成最终输出的芯片版图文件。

后端验证活动包括 DRC（Design Rule Check）、Timing。DRC 用于检查后端布局布线是否违反车规相关的约束要求，Timing 用于检查后端 PR 阶段芯片的逻辑是否满足所需的 Timing 要求。对于一些 DRC 或者 Timing 无法满足需求的场景，后端设计人员需要反馈至前端进行修改。

❑ 输出：芯片版图文件。

❑ 准出条件：芯片版图文件准出需要执行验证活动。对于芯片版图文件的验证，通常推荐使用 Inspection 的 Review 方式。

（5）芯片 Post-Silicon 功能验证

❑ 输入：芯片产品需求。

❑ 活动：在芯片样片上执行芯片产品需求的测试。验证用例应该覆盖所有的芯片产品需求，以确认芯片样片是否满足所有的芯片产品功能需求。对于验证不通过的功能需求，需要进行相关使用限制的备注，或者反馈至前端重新进行相关 Tape-out 行为。

❑ 输出：Post-Silicon 功能验证报告。

❑ 准出条件：Post-Silicon 功能验证报告的准出需要执行验证活动。对于 Post-Silicon 功能验证报告的验证，通常推荐使用 Inspection 的 Review 方式。

（6）芯片 Post-Silicon 可靠性验证

❑ 输入：芯片产品需求。

❑ 活动：验证芯片产品需求中提及的所有可靠性和电特性指标，进行 AEC-Q100 的相关测试。对于不符合要求的测试项，需要联合封装和 Fab 进行失败分析。对于最终根本原因分析涉及前端设计的，需要重新进行前端设计的更改，并重新进行 Tape-Out。

❑ 输出：可靠性测试报告、电特性指标测试报告。

❑ 准出条件：可靠性测试报告、电特性指标测试报告的准出需要执行验证活动。对于它们的验证，通常推荐使用 Inspection 的 Review 方式。

### 5.1.2　硬件开发过程中功能安全的要求

本节介绍在满足功能安全需求的情况下，传统硬件开发过程中各阶段需要增加的要求。芯片硬件开发过程中的功能安全要求详见 5.5 节。

#### 1. 硬件需求设计阶段的功能安全要求

硬件需求设计阶段活动主要包括解析系统需求、定义硬件设计的整体需求。对于具有功能安全要求的项目，在该阶段需要额外导出硬件功能安全需求。

硬件功能安全需求的来源为系统的 TSC、TSR、系统架构规范。

硬件功能安全需求的导出需要注意以下几点。

- ❑ 所有的硬件功能安全需求都应该从 TSR 中导出，同时确保完整覆盖了 TSR 中与硬件有关功能安全需求。
- ❑ 硬件功能安全需求需要定义硬件层级的安全机制，应适当展开定义硬件的安全机制。具体的行为表现包括下电、重启、禁用通信（高阻态或拉低通信芯片供电）等。
- ❑ 硬件功能安全需求同样需要定义非安全机制，例如 PMIC 的 Base FIT（失效率）应小于多少。

#### 2. 硬件架构设计阶段的功能安全要求

对于具有功能安全要求的项目，在硬件架构设计阶段需要额外定义功能安全相关的架构设计，同时需要增加架构层级的安全分析活动，以验证硬件功能安全架构设计。硬件功能安全架构设计的来源为硬件功能安全需求。

硬件功能安全架构设计需要注意以下几点。

- ❑ 硬件架构设计应承接所有的硬件功能安全需求，并且可以与硬件功能安全需求进行相关性的追溯。
- ❑ 对于硬件功能安全架构设计阶段执行的 ASIL 分解，应该满足 ISO 26262-9 的分解要求。
- ❑ 在硬件架构设计阶段，我们需要考虑系统硬件的相关性失效，如温度、电磁干扰（Electro Magnetic Interference，EMI）等环境因素的影响。
- ❑ 在硬件功能安全架构设计阶段，我们需要考虑器件的选型，例如器件的可靠性等级和功能安全等级。对于不满足功能安全可靠性需求的 Class-1 级别的器件（如电阻、电容

等独立器件），需要进行器件的替换；对于不满足功能安全需求的 Class-2 或者 Class-3
级别的器件，需要进行器件的替换或执行硬件相关的 Qualification 活动。如果不满足
功能安全需求的器件通过了硬件相关的 Qualification 评估和测试，则可以继续使用该
器件。

□ 在硬件功能安全架构设计阶段，我们需要执行相关的安全分析活动，以验证硬件功能
安全架构设计的完整性和正确性。常用的分析方法有 FTA、FMEA、DFA 等。

### 3. 硬件详细设计阶段的功能安全要求

对于具有功能安全要求的项目，在硬件详细设计阶段增加 FMEDA 的计算相关活动，以
验证硬件 SPFM、LFM 和 PMHF 是否满足对应的功能安全等级要求。

对于 FMEDA，我们需要注意以下几点。

□ 确认所有硬件的组件都在 FMEDA 中被列举和分析了。

□ 确认是否参考了相关失效模式手册，并依据手册列出了所有已知的失效模式。

□ 失效率的来源是否满足置信度 99% 的要求。对于失效率标准（如 IEC 62380、SN 29500）
给出的失效率置信度可以认为到达了 99%。对于一些 field data，需要通过正态分布计
算公式进行失效率置信度换算。

□ 确认所有安全机制的诊断覆盖率（Diagnostic Coverage，DC）是否相对保守。对于一些
常规的安全机制的诊断覆盖率确认，可以参考 ISO 26262 和其他的相关标准；对于标
准未给出的安全机制，需要提供相应的测试报告，以确认安全机制的 DC 值是否合理。

□ 确保相关的环境参数满足产品的实际场景要求。

### 4. 硬件集成和测试阶段的功能安全要求

对于具有功能安全要求的项目，在硬件集成和测试阶段需要增加相关硬件功能安全需求
的测试活动及其他能满足要求的验证活动。验证方法详见 5.4 节。

对于该阶段硬件功能安全需求的验证，我们需要注意以下几点。

□ 确认所有硬件功能安全需求都有相应的测试用例进行测试。

□ 对于硬件功能安全需求可以支持故障注入测试的，则需要提供相关故障注入测试用例；
对于芯片这种无法执行内部故障注入测试的硬件组件，可以通过使用芯片自己提供的
故障注入接口在系统层级通过软件进行故障注入测试。

### 5.1.3 硬件开发过程中网络安全的要求

硬件网络安全的要求主要来源于如何避免攻击，大多数 ECU 层级的网络安全考量已经在 4.3.2 描述，本节将重点介绍芯片层级的网络安全要求和安全威胁。

#### 1. 汽车芯片信息安全的必要性

早期 ECU 本身设计资源有限，对信息安全的考虑也较少，导致其防护能力很弱，容易被不法分子破坏。随着智能汽车技术的发展，虽然芯片的数据处理能力不断提升，但如果芯片自身的安全防护能力过于薄弱，芯片运行的固件也很容易受到破坏，例如固件被篡改，敏感信息（如密钥等）泄露。

随着智能汽车技术的不断发展，越来越多的政府和行业组织的最佳实践也明确提出：智能汽车的安全需要构建在安全芯片的基础上。比如，EVITA 和 GSMA 关于智能汽车安全的要求，使得 HSM 成为智能汽车的安全基础，并成为行业默认的标准。

智能汽车功能安全和网络安全在设计阶段也有冲突的地方，比如过度基于软件实现的安全特性会导致控制指令的延时，影响功能安全特性的实现。因此，为了提升产品的性能，以及保证功能安全和网络安全的强隔离，必然要求将更多的网络安全特性集成到芯片里，或者基于芯片的能力来实现。

#### 2. 常见的芯片攻击手段

（1）侧信道攻击

☐ 概念：利用设备的接口对芯片进行电磁和功耗的分析，无需对芯片进行破坏。

☐ 常见攻击类型：通过时间分析、功耗分析、电磁辐射分析、光子分析进行攻击。

☐ 适用对象：集成电路 / 芯片、智能卡、智能门锁、物联网终端、车载电子等产品。

侧信道攻击防护原理为消除和降低侧信道信息与密钥的相关性，常用手段如下。

☐ 掩码技术：引入随机掩码，平衡 0 和 1 分布。

☐ 隐藏技术：平均化侧信道信息，降低数据的可区分度。

☐ 混淆技术：降低信噪比（有效侧信道信息），如使用随机时钟等；增加侧信道分析难度。

（2）故障注入攻击

☐ 概念：利用故障（电压、时钟等）引起电路异常，根据异常信息分析芯片内部的敏感信息，或者直接利用引起电路的异常来改变程序运行等。

❑ 常见攻击类型：电压注入、时钟注入、电磁注入、温度注入、激光注入。

故障注入攻击的防护技术如下。

❑ 传感器：专用传感器（如电压传感器、频率传感器、温度传感器等）对电压、时钟故障可以起到检测和告警作用。

❑ 逻辑和时钟冗余：逻辑冗余分为面积冗余和时间冗余。面积冗余是指多个计算逻辑各自计算一次，最终通过对比各个计算逻辑的结果来检查是否有故障注入；时间冗余是指同一计算逻辑计算多次，通过比较多次结果来检查是否有故障注入。

❑ 金属外壳和特殊封装：金属外壳对激光故障注入、电磁故障注入等手段具有一定的抑制作用。

❑ 逻辑深埋：将关键电路逻辑部署在芯片内层，而不是直接部署在芯片表层，从而增加故障注入的难度。

（3）物理攻击

❑ 概念：去除芯片封装，对内部电路进行电接触，结合其他攻击手段，获取保存在芯片内部的敏感信息。

❑ 常见攻击类型：FIB 电路修改 / 探针攻击、单板级走线篡改 / 探听、整机攻击。

物理攻击的防护技术如下。

❑ 被动屏蔽层：例如在芯片表面构建钝化层、金属屏蔽层，以增加攻击者解封装的难度。

❑ 主动屏蔽层：构建一个电路检测网，覆盖在关键电路表面。检测电路一旦有损坏，就会发出告警。

❑ 特殊封装：对电路（芯片）采用特殊封装。

❑ 对信号完整性、机密性保护：针对单板走线篡改和窃听、总线探针窃听和篡改等攻击，通过对信号完整性和机密性进行保护来应对。

## 5.2　硬件的失效与功能安全度量指标

本节主要介绍硬件失效的基本理念，如随机硬件失效率和浴盆曲线等。通过解读功能安全标准 ISO 26262 中关于硬件失效风险控制的详细技术要求，探讨汽车电子系统中不同硬件部件的典型失效模式，以及基于失效率和诊断覆盖率的定量安全分析方法。

## 5.2.1 硬件失效率

### 1. 失效率原理与浴盆曲线

在硬件层级的功能安全中，硬件存在两种失效模式：系统性失效和随机性失效。其中，随机性失效只发生在硬件层面，因此也被称为"随机硬件失效"，即硬件物理性因素所引起的失效，如腐蚀、老化或电气过载等。这类失效具有随机性，无法预测确切的发生时间。因此，我们需要通过概率分布来度量和评估硬件的随机性失效率。一般来说，我们用失效率来表示硬件在单位时间内发生失效的概率，写作 $\lambda(t)$：$\lambda(t) = \dfrac{\Delta r(t)}{N_s(t)\Delta t}$。其中，$\Delta r(t)$ 代表 $\Delta t$ 单位间隔时间内发生故障的硬件数量；$N_s(t)$ 代表 $\Delta t$ 单位间隔时间后，依旧正常运行的硬件数量；$\Delta t$ 代表间隔时间。通常，硬件故障属于小概率事件，我们可以使用 FIT（Failures In Time，每小时故障数）为单位进行计量。FIT 的基本单位为 $10^{-9}$/h，若每 $10^9$ 个硬件在单位时间内有 1个硬件发生故障，我们可以说其失效率为 1 FIT。

硬件失效率在其使用寿命中并非恒定不变的。如果不考虑其他影响因素，随着硬件使用时间的增加，其失效率往往也会逐渐上升。基于对不同产品的统计分析，我们可以通过浴盆曲线来描述大多数硬件故障率随使用时间的分布情况，如图 5-3 所示。

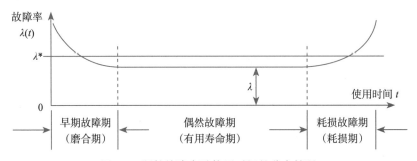

图 5-3　硬件故障率随使用时间的分布情况

浴盆曲线将硬件失效率随使用时间变化划分为三个阶段。

（1）早期故障期

在硬件使用的初期，失效率较高。在这个阶段，硬件故障主要是由于设计和制造中的缺陷造成的系统性故障。我们可以通过老化测试等方法提前发现并消除这些故障。随着时间的推移，硬件失效率会显著下降，硬件进入偶然故障期。

（2）偶然故障期

在剔除掉早期的故障后，硬件的使用会进入一个平稳阶段，故障率处于较低水平。我们可以认为这个阶段的故障率是一个恒定常数，直到进入耗损故障期。

（3）耗损故障期

硬件使用较长时间后，便进入其寿命末期。由于老化、疲劳、腐蚀等问题，硬件失效率会显著提高，并随着时间的推移持续增长。

汽车硬件失效率虽然也符合浴盆曲线分布，但在功能安全中，我们通常认为硬件失效率是一个恒定的常数，即偶然故障阶段的值。这是因为汽车在投入使用前，会经过大量测试，以确保其渡过早期故障阶段，同时，汽车硬件的使用寿命往往比汽车报废期限要长，因此在评估汽车硬件时并不考虑耗损故障期。

2. 失效率来源

如何获取一个元器件的失效率呢？通常有以下两种路径。

一是通过参考标准。我们可以使用行业内公认的标准（如 ISO 26262 中提到的 IEC 62380 和 SN 29500）和数据库提供的硬件失效率数据。尽管这些参考数据偏保守，但置信度较高。

二是基于经过使用证实原则，即通过统计反馈数据或现场测试获得。前者是在产品长时间或高强度的实际使用中，统计其故障和失效情况，获取原始数据。后者通常采用加速老化等方法测量平均故障间隔时间（Mean Time To Failure，MTTF），并通过 $MTTF = 1/\lambda$ 公式进一步转化为产品的失效率值。这两种方法来自真实场景，数据可信度高。

3. 影响失效率的因素

硬件在不同环境下工作时，其预计失效率也会发生变化。IEC 62380 总结了三种对硬件组件产生影响的环境，分别是机械环境条件、气候环境条件和电气环境条件。

1）机械环境条件。机械环境条件主要分为震荡和冲击。描述震荡的参数包括加速度及频率；描述冲击的参数包括加速度的峰值及持续时间。这两者组合表示在环境下的机械条件。

2）气候环境条件。气候环境条件主要通过活性物质的浓度（分为机械性和化学性）、相对湿度、平均气温及温度的急剧变化来描述。

3）电气环境条件。电气环境条件通常是指电压及电流过载。这通常发生在硬件与外部环境的连接处，因此，连接处的组件与内部核心组件的可靠性相差非常大。对于电气环境条件，首要考虑的目标往往是暴露的组件。关于电气环境条件的描述已经被包括在对活性物质的描述中。

IEC 62380 对这三种环境条件进行了总结，并罗列出 12 种环境。在这 12 种环境下，硬件失效率会受到影响。表 5-1 罗列了 IEC 62380 中 4 种与汽车相关的环境及其描述。

表 5-1　IEC 62380 中 4 种与汽车相关的环境及其描述

| 环境 | 描述 |
| --- | --- |
| Ground，Stationary，Weather Protected | 在受天气保护地点的地面上固定使用的设备 |
| Ground，Stationary non Weather Protected | 在无天气保护地点的地面上固定使用的设备 |
| Ground，non Stationary，Benign | 在良性条件下，地面上非固定使用的设备 |
| Ground，non Stationary，Severe | 在恶劣条件下，地面上非固定使用的设备 |

4. 失效模式

考虑到不同类型元器件具有各自的失效模式，因此在硬件层级的安全分析需要有针对性地根据不同元器件进行分析。ISO 26262 通过图 5-4 描述了汽车上常见的硬件，并对这些硬件进行了属性分类。

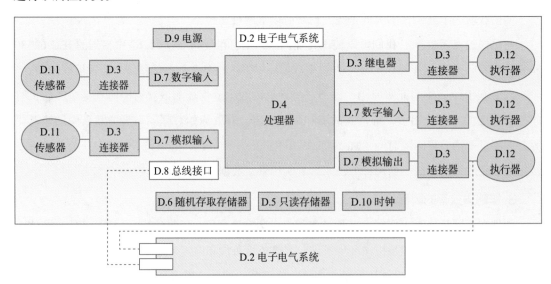

图 5-4　ISO 26262 中关于常见的硬件划分

❑ 总体要素；总体要素分类下只有电子电气系统。电子电气系统没有具体通用的失效模式，通常需要进一步分析。

❑ 电气要素：电气要素分类下包含继电器、连接器、传感器和执行器。从图 5-4 中可以看出，这一分类下的硬件都是处于整个系统的两端，传感器作为输入端，执行器则是输出端，而连接器和继电器则负责这两端与常规半导体要素相连接。

- 常规半导体要素：常规半导体指的是图中核心的部分，即处理单元、数字输入 / 输出、模拟输入 / 输出、电源、时钟、随机存取存储器和只读存储器。这一要素的分类原则是参与逻辑控制的硬件单元。由于集成电路的复杂性，半导体的失效模式多样且复杂，ISO 26262 在第 11 章中针对半导体的失效模式进行了补充。
- 通信要素：通信要素分类下特指系统中用于传输数据的硬件，具体体现为图中的总线接口，其作用是负责从一个电子电气系统到另一个电子电气系统的信息交互。

以上是通过整体系统硬件框架对汽车硬件进行属性上的分类。即使是在同一个分类下的硬件，它们间的失效模式也有区别，ISO 26262-5 中也对这些硬件的失效模式做出了定义。

（1）电气要素

电气要素分类下常见硬件元素的失效模式如表 5-2 所示

表 5-2　电气要素分类下常见硬件元素的失效模式

| 硬件元素 | 失效模式 |
|---|---|
| 继电器 | 不通电或不断电，单个触电熔断 |
| 连接器 | 开路、接触电阻、短接到地（直流耦合）、短接到电源、相邻插针间短接、插针间电阻漂移 |
| 传感器 | ❑无通用的故障模型，需要细节分析<br>❑涵盖的典型失效模式包括<br>　超出范围、偏移、在范围之内卡滞、振荡 |
| 执行器 | 执行器作为输出终端，表现形式较为多样，如执行单元、灯、屏幕等。所以该元素的失效模式需进一步分析 |

（2）常规半导体要素

常规半导体要素分类下常见硬件元素的失效模式如表 5-3 所示。

表 5-3　常规半导体要素分类下常见硬件元素的失效模式

| 硬件元素 | 失效模式 |
|---|---|
| 电源 | 漂移和振荡，欠压和过压，功率尖峰 |
| 时钟 | 频率不正确，抖动 |
| 数字输入 / 输出 | 错误的输入 / 输出 |
| 模拟输入 / 输出 | 错误的输入 / 输出 |
| 处理单元 | 错误的输出 |

因为半导体分类中包含各种集成电路，其复杂程度导致产生更多的失效模式。例如内存元素，ISO 26262 对内存元素进行了详细的分类，包含闪存、ROM、OTP、eFUSE、EEPROM、内嵌式随机存储器（RAM）和 DRAM。这些内存的失效模式包括卡滞、软错误

模型及各类附加故障模型（如某种耦合故障所导致的 Stuck-Open Fault，或寻址错误所导致的 Addressing Fault 等）。

ISO 26262-11 中对复杂程度同样很高的数字输入 / 输出、模拟输入 / 输出、处理单元也进行了进一步细化，以获取它们的失效模式。例如，数字组件的失效模式列表中将处理单元划分为中央处理器（CPU）、CPU 中断处理程序电路、CPU 内存管理单元和 ICU 等模块，并列出每个细化模块的失效模式，如表 5-4 所示。

表 5-4　ISO 26262-11 对芯片内子部件的故障模式定义

| 部分 / 子部分 | 功能 | 故障模式应考虑的方面 |
|---|---|---|
| 中央处理器（CPU） | 根据给定的指令集架构执行给定的指令流 | CPU-FM1：未执行给定指令流（完全省略）<br>CPU-FM2：执行的非预期指令流（委托）<br>CPU-FM3：指令流定时不正确（太早 / 太晚）<br>CPU-FM4：指令流结果不正确<br>如有必要，CPU-FM1 可进一步细化为<br>❑ CPU-FM1.1：由于程序计数器挂起，给定指令流未执行（完全省略）<br>❑ CPU-FM1.2：由于指令提取挂起，未执行给定指令流（完全省略） |
| CPU 中断处理程序电路（CPU-INTH） | 根据中断请求执行中断服务程序（ISR） | CPU-INTH-FM1：来执行 ISR（遗漏 / 太少）<br>CPU-INTH-FM2：非预期 ISR 执行（委托 / 过多）<br>CPU-INTH-FM3：延迟的 ISR 执行（太早 / 太晚）<br>CPU-INTH-FM4：错误的 ISR 执行（请参阅 CPU-FM1/2/4） |

（3）通信要素

总线接口负责系统与系统间的数据传输。数据传输通常有软件和硬件层级的失效模式。表 5-5 展示了通信要素分类下常见硬件元素的失效模式。

表 5-5　通信要素分类下常见硬件元素的失效模式

| 硬件元素 | 失效模式 |
|---|---|
| 数据传输 | 通信对等方丢失，信息损坏，消息不可接受的延迟，消息丢失，意外的信息重复，信息顺序不正确，信息插入，信息伪装，信息寻址不正确 |

## 5.2.2　针对整车功能的失效评估

### 1. 安全相关失效分类

在针对整车功能安全性进行失效评估之前，通常需要明确定义硬件失效的分类。以硬件失效是否会违反整车功能的安全目标为分类原则，硬件失效可以分为以下几类。

（1）单点失效

在随机硬件失效原因评估流程中，首先需要判断一个安全相关的硬件元素的失效是否为单点失效。如果该硬件元素由于自身失效或故障直接违背安全目标，并且没有安全机制控制其失效模式，则该失效为单点失效。

（2）残余失效

在得知一个硬件元素直接违背安全目标时，我们需要关注它是否受到安全机制的控制。如果它的安全机制无法完全覆盖其失效模式，那么这些未被覆盖且直接违反安全目标的故障被称为"残余失效"。

（3）可感知双点失效

如果一个失效与另一个失效组合导致违背了安全目标，则该失效被称为"双点失效"。如果双点失效可以被驾驶员直接感知到，例如车灯的明暗、转向的不灵敏等，这种双点失效则被称为"可感知双点失效"。

（4）可探测双点失效

如果双点失效可以被安全机制所识别，并通过例如故障灯、报警声等方式提醒驾驶员，则这种失效被称为"可探测双点失效"。

（5）潜伏失效

潜伏失效指的是双点失效中，无法被感知和探测的失效。

2. 硬件失效率的度量和计算

一般来说，失效率主要是针对元器件的，但是我们评估车辆是否安全，往往需要对整车层级的某个功能（ISO 26262 标准里一般称"Item 的安全目标"）进行评估。对于整车的某个功能来说，即使仅针对随机性失效，也很难通过测试的方式得到数据，因为一个功能往往由几百到上千个元器件协同实现，且各个元器件的失效通过一些复杂的关系影响整车功能的失效。如果考虑软件 Bug 等系统性失效，就更难评估整车功能的失效概率了。那么，如何得到整车功能的失效率呢？ ISO 26262 给出了相对完整的方法论。

（1）定义随机硬件失效率目标值

首先，我们需要关注整车功能可能造成的各类危害。对于不同的危害，失效模式可能会有所不同。在系统阶段，我们已经明确了不同危害事件的 ASIL 等级。对于 ASIL 等级越高的危害事件，我们对引发该事件的失效模式的失效率容忍度也越低。ISO 26262 提供了针对不同

ASIL 等级的随机硬件失效率目标值参考，如表 5-6 所示。

值得注意的是，ISO 26262 对于随机性失效和系统性失效是分别评估的，且仅针对随机性失效定义了失效率目标值。

表 5-6　不同 ASIL 等级的随机硬件失效率目标值参考

| ASIL 等级 | 随机硬件失效率目标值 |
|---|---|
| D | $< 10^{-8}/h$ |
| C | $< 10^{-7}/h$ |
| B | $< 10^{-7}/h$ |

（2）针对整车功能的失效率评估模型

接着，我们考虑如何得到整车功能的失效率评估模型。ISO 26262 基于可靠性计算的思路，建立了一个相对清晰的失效率评估模型。此模型的基本原理是，考虑单个元器件失效对整车功能失效的影响。如果单个元器件失效会直接导致整车功能失效，那么其影响权值较高，可以直接作为累加项；如果单个元器件需要与另一个元器件（典型的如诊断回路上的元器件）一起失效，才可能导致整车功能失效，那么就需要考虑将这两个元器件的失效率相乘，再作为累加项。为此，ISO 26262 引入了单点失效、双点失效等一系列概念。同时，由于诊断的引入，我们还需考虑诊断是否充分以及未被诊断出的失效对整车功能的影响。为此，ISO 26262 又引入了残余失效、潜伏失效、诊断覆盖率等一系列概念。在本章中，我们对这些概念进行了详细解释，希望读者能够基于此理解 ISO 26262 失效率评估模型的原理。

（3）针对整车功能的诊断能力评估模型

除了对整车功能的整体失效率评估外，ISO 26262 还对整车功能的诊断能力提出了评估方法和期望目标。

其中，针对单点失效的诊断能力评估（Single Point Fault Metric，SPFM）方法为

$$1 - \frac{\sum\limits_{SR,HW} (\lambda_{SPF} + \lambda_{RF})}{\sum\limits_{SR,HW} \lambda}。$$

不同 ASIL 等级的单点故障度量目标值如表 5-7 所示。

表 5-7　不同 ASIL 等级的单点故障度量目标值

| 不同 ASIL 等级的单点故障度量 | | |
|---|---|---|
| ASIL B | ASIL C | ASIL D |
| $\geqslant 90\%$ | $\geqslant 97\%$ | $\geqslant 99\%$ |

由于双点失效中无法被感知或探测的部分为潜伏失效，因此针对双点失效的诊断能力评估也可以用潜伏故障度量指标（Latent Fault Metric，LFM）来表示。

计算方法为 $\mathrm{LFM} = 1 - \dfrac{\sum\limits_{\mathrm{SR,HW}} (\lambda_{\mathrm{MPF,L}})}{\sum\limits_{\mathrm{SR,HW}} (\lambda - \lambda_{\mathrm{SPF}} - \lambda_{\mathrm{RF}})}$。

不同 ASIL 等级的潜伏故障度量目标值如表 5-8 所示。

表 5-8　不同 ASIL 等级的潜伏故障度量目标值

| 不同 ASIL 等级的潜伏故障度量 | | |
|:---:|:---:|:---:|
| ASIL B | ASIL C | ASIL D |
| ⩾ 60% | ⩾ 80% | ⩾ 90% |

## 5.2.3　诊断覆盖率

### 1. 安全机制、诊断及诊断覆盖率的含义

硬件随机性失效的发生是不可避免的。我们要做的是，当硬件随机性失效发生时，及时发现它，并采取相应的技术措施，以降低或避免这种失效带来的危害影响。我们称这些技术措施为"安全机制"。在描述一个安全机制时，我们一般需要考虑几个方面：如何发现失效 / 故障，如何处理失效 / 故障，假如失效 / 故障修复了，如何回到正常状态。其中，发现失效 / 故障的措施，我们一般称之为"诊断"。

诊断的效果可以用诊断覆盖率（DC）评价。诊断覆盖率的数学含义是：安全机制检测到的失效数占元器件所有潜在失效总数的比率。比率越高，诊断效果越好。ISO 26262 将 DC 定义为硬件元器件故障率或故障模式被检测到的概率。

获取硬件元器件诊断覆盖率的方法如下。

❑ 一是查标准提供的典型值。ISO 26262 的相关部分给出了不同硬件与标准诊断机制对应的诊断覆盖率。

❑ 二是定量计算。ISO 26262 提供了一种基于元器件各失效模式及其发生概率加权计算诊断覆盖率的定量方法。

$$K_{\mathrm{DC}} = X \times K_{\mathrm{FMC,x}} + Y \times K_{\mathrm{FMC,y}} + Z \times K_{\mathrm{FMC,z}}$$

其中，$X$、$Y$、$Z$ 分别表示硬件元器件所有的失效模式 x、失效模式 y 和失效模式 z 对应的权重分布；KFMC，x、KFMC，y、KFMC，z 分别表示各个失效模式能够被安全机制检测或控制的覆盖率。

### 2. 典型诊断覆盖率的来源

典型诊断覆盖率（DC）的来源主要有以下三个方面。

一是参考行业内公认的标准。标准 ISO 26262 和 IEC 61508 给出不同硬件部件典型的诊断机制和对应的推荐诊断覆盖率值。在大多数项目中，针对常见元器件采用的是标准推荐的诊断机制，其诊断覆盖率可以直接引用标准给出的典型值。这为确定诊断覆盖率提供了重要依据。

二是通过加速寿命测试获得的实测值。可以对硬件进行高温、机械撞击等环境测试，统计其故障被诊断出来的概率，计算出实际的诊断覆盖率。但该方法成本较高且测试周期长。例如，对于电源管理芯片，可以进行温度循环测试，模拟其在实际使用环境下的温度变化情况。在测试过程中，统计电源故障被诊断电路检测到的次数，占总的电源故障次数的比例，即诊断覆盖率的实测值。

三是通过工程经验统计与专家评估的方法来获得元器件的诊断覆盖率。基于大量成熟的工程实践和产品使用反馈，统计获得各类安全机制的实际诊断覆盖率数据，由行业内资深专家对这些统计数据进行评审，提出合理的诊断覆盖率区间，并给出该安全机制的典型诊断覆盖率值的专业建议。这种方法结合了统计分析与专业判断，但结果依赖专家经验，存在一定主观性。

在实际工作中，我们往往需要综合这三种途径，权衡参考标准的通用性、测试计量的准确性以及经验判断的重要性，以取得最佳的典型诊断覆盖率值。

3. 实例说明：诊断覆盖率计算

由于诊断覆盖率比较难以界定，因此，为了在实际工作中方便实施，标准 ISO 26262 将诊断覆盖率进行划分，如表 5-9 所示。

表 5-9　诊断覆盖率划分

| 诊断覆盖率分类 | 典型覆盖水平数值 |
| --- | --- |
| 低 | 60% |
| 中 | 90% |
| 高 | 99% |

以一个失效率为 10FIT 的电源为例，表 5-10 展示了针对电源的不同安全机制的可声称最高诊断覆盖率水平示例。

表 5-10　针对电源的不同安全机制的可声称最高诊断覆盖率水平示例

| 安全机制 / 措施 | 参见技术概述 | 可实现的典型诊断范围 | 注意事项 |
| --- | --- | --- | --- |
| 电压或电流控制（输入） | D.2.6.1 | 低 | — |
| 电压或电流控制（输出） | D.2.6.2 | 高 | — |

根据标准 ISO 26262 对于诊断措施有效性的判定，如果仅在电源输入端进行电压和电流的监控，可被认为达到较低的诊断覆盖率水平。原因在于，该措施无法直接检测电源的错误输出失效模式。电源的输出端负载电流异常增大（如短路）时，可能也会导致输入端的电流增大。该措施是通过间接的手段来发现电源的失效。

相应的残余失效率为 10FIT × (1−60%)=4FIT。

如果是在输出端监控电压和电流，则被认为达到了高的诊断覆盖率水平。如果电源的输出端短路到地，通过直接读取输出端的电压，发现该电压超出允许的最低阈值，从而可以直接地发现这个电源的失效。

相应的残余失效率为 10FIT × (1−99%)=0.1FIT。

## 5.3　常用的安全机制

硬件安全机制是保障硬件随机性失效（功能安全）或攻击（网络安全）能够被探测和控制的重要手段。从功能安全的角度来看，硬件需要具备自我诊断和故障容忍的能力，以确保在发生硬件故障的情况下仍能提供可靠的操作。而从网络安全机制的角度来看，硬件需要采用安全认证和加密技术，以保护车辆内部数据免受恶意攻击。本节将重点介绍硬件在功能安全机制和网络安全机制方面的关键技术和要求，全面介绍智能汽车功能安全、网络安全中不同安全机制的适用性和注意事项。

### 5.3.1　传感器的安全机制

#### 1. 有效范围检查

对于传感器的安全来说，检查其输出的有效范围几乎是最容易实现且最常见的安全机制，同时在传感器的各种安全机制中也是诊断覆盖率最低的，通常被认为只能检测出短路和短电源的故障。该机制的实现方法是：如果一个传感器的输出范围在各种工况下都在 20 至 80 之间，那么控制器如果读到一个小于 10 或者大于 90 的数值，可以认为该传感器的输出不在合理范围内，判断其有故障。诊断覆盖率一般被认为是"低"。

#### 2. 1oo2、2oo2、2oo3 输入比较

利用相互独立的传感器实现投票表决。这种投票表决的安全机制不仅适用于传感器，也适用于处理器和执行器。

常见的投票机制包括 One-out-of-one（1oo1，一选一）、One-out-of-two（1oo2，二选一）、Two-out-of-two（2oo2，二选二）、Two-out-of-three（2oo3，三选二）。

在这样的 $M$-out-of-$N$ 的投票中，第一个数字 $M$ 代表保证表决结果正确所要求的有效传感

器数量，后一个数字 $N$ 代表传感器总数。

在 1oo2 设计中，主备组件之间会进行实时数据同步，包括输入、输出和内部状态等。比较机制会定期比较主备组件的输出结果，如果发现结果不一致，可能意味着主组件或备组件出现故障或错误。针对动态信号、变化率有要求的信号，可以实现高诊断覆盖率；但是对于静态信号，通常认为只有中等诊断覆盖率。在判断 1oo2 设计的诊断覆盖率时，我们还需要依赖诊断周期和信号变化周期的关系。

在 2oo3 设计中，其中三个相同的组件执行相同的功能，系统需要至少两个组件在输出上达成一致才被认为是有效的。表 5-11 展示的是 2oo3 系统的输入 – 输出真值表。

表 5-11　2oo3 系统的输入 – 输出真值表

| 输入 A | 输入 B | 输入 C | 输出 |
| --- | --- | --- | --- |
| 0 | 0 | 0 | 0 |
| 0 | 0 | 1 | 0 |
| 0 | 1 | 0 | 0 |
| 0 | 1 | 1 | 1 |
| 1 | 0 | 0 | 0 |
| 1 | 0 | 1 | 1 |
| 1 | 1 | 0 | 1 |
| 1 | 1 | 1 | 1 |

在这个真值表中，输入 A、B 和 C 表示冗余组件的输入，输出表示 2oo3 系统的最终输出。如果至少有两个输入达成一致（即设为 1），输出也将为 1；如果只有一个或没有输入达成一致（全部设为 0 或只有一个设为 1），输出将为 0。这种冗余方案确保系统即使其中一个组件发生故障或提供错误的输出，仍然保持可操作性。该方案诊断覆盖率一般被认为是与设计相关，最高可以达到"高"。

### 3. 测试模式

这种测试是为传感器提供一个定义好的输入，再比较"传感器理论上应该的输出"和"实际的输出"。例如，对于一个电流传感器来说，生成一个变化的电流，再比较该传感器对变化的波形解析出的实际数字结果和预设的结果是否足够吻合，以判断其是否有故障。这个例子中的测试模式需要在系统中实现。有些传感器则将这种测试集成到了传感器内部，自行产生输入并进行判断，输出给外界处理器的就是一个故障状态的信号。该方案诊断覆盖率一般被认为与设计相关，最高可以达到"高"。

#### 4. 传感器相关性诊断

简单来说，该方案就是通过两个类似的传感器的结果比较进行相关性诊断。以温度传感器为例，用电路搭建两个斜率相反的 NTC 电路，一个上拉，一个下拉，如图 5-5 所示。

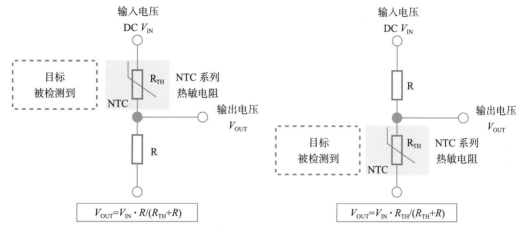

图 5-5　电路结构

再用模数转换器（Analogue to Digital Converter，ADC）采集两个输出电压，比较换算后的电压值差异是否在一定范围内，就可以使 MCU 对该部分的温度进行相关性诊断。（如果对 ADC 有独立性要求，需要考虑使用不同的 ADC，并注意 ADC 参考电压的独立性。）该方案诊断覆盖率一般被认为是"高"。

#### 5. 传感器合理性校验

该方案诊断思路与传感器相关性诊断方案类似，不同之处在于合理性校验采用了不同传感器的结果，然后将两者转化为等效值进行校验。以温度传感器为例，在一个系统中，如果某个执行器的电流上升，温度升高，MCU 通过 NTC 也会读到温度升高。但如果其他环境因素保持不变，电流上升而温度反而下降，可以认为两者中有一个可能存在故障。该方案诊断覆盖率一般被认为是"中等"。

### 5.3.2　控制器及周边器件的安全机制

#### 1. 时钟的安全机制

看门狗是一种用于监控 MCU 程序是否失控或已停止运行的定时器。如果 MCU 发生失效或故障，我们可以依靠看门狗的独立路径来重启或复位 MCU。看门狗定时器（WDT）和

MCU 在电路结构上的关系如图 5-6 所示。

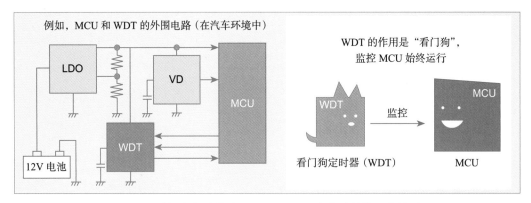

图 5-6　看门狗定时器（WDT）和 MCU 在电路结构上的关系

从功能上看，看门狗分类如下。

（1）超时看门狗

如果在设定的时间间隔内未收到来自 MCU 的喂狗信号，则看门狗输出复位信号。这种看门狗逻辑最简单，但其诊断覆盖率为低。

这种看门狗的局限在于，如果 MCU 的时钟过快，过早地喂狗，它是无法发现的。

注：大家常说的"喂狗"其实是指：用信号触发看门狗，使其计数器刷新，重新开始计时。

（2）窗口看门狗

窗口看门狗相比超时看门狗增加了闭合窗口时间段的设计，即在此时间段外不允许接收喂狗信号。

如果在设定的时间间隔内没有接收到来自 MCU 的信号，或过早接收到来自 MCU 的信号（或者多个类似信号），看门狗定时器则会判断 MCU 发生故障并输出复位信号。

图 5-7 很好地解释了过早或过晚喂狗后看门狗复位的逻辑。窗口看门狗的诊断覆盖率为中等。这种看门狗的局限在于，如果 MCU 内部的算术逻辑单元（Arithmetic Logic Unit，ALU）发生问题，它是无法发现的。

（3）问答看门狗

这种看门狗通常基于时间窗口。MCU 根据"看门狗发来的问题"或者"上一次回答的答案"或者"预设的序列"向看门狗发送这次的答案。看门狗根据" MCU 发送的答案与预定数据是否匹配"以及"是否在时间窗口内"来判断 MCU 是否正常工作。诊断覆盖率被认为是"高"。

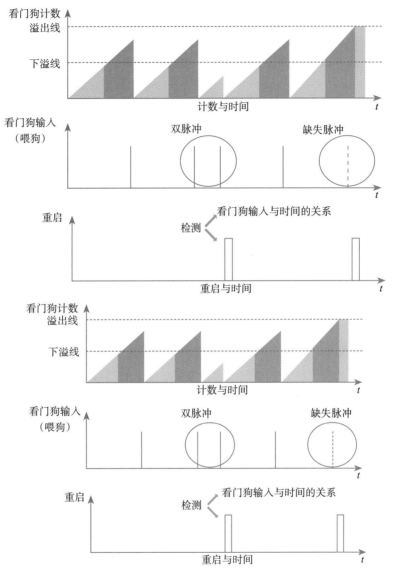

图 5-7　过早或过晚喂狗后看门狗复位的逻辑

如果从时钟源上划分，看门狗分类如下。

❑ 独立时钟源的看门狗。这种看门狗有独立的时钟源，才被认为能提供诊断覆盖。

❑ 非独立时钟源的看门狗。非独立时钟源的看门狗一般被认为连低诊断覆盖率都达不到。

如果从看门狗的位置是否和 MCU 在同一个 Die 上划分，看门狗可以被分为外部看门狗、内部看门狗。

通常，只有外部看门狗才被认为能提供诊断覆盖。因为 MCU 的故障很可能也会影响内部看门狗，即两者很可能存在共因失效，导致 MCU 发生问题时，内部看门狗无法触发 RESET。

### 2. 存储的安全机制

（1）Parity

Parity 分为奇校验和偶校验。

❏ 奇校验：数据位和奇校验位所有位上的 1 相加为奇数。

❏ 偶校验：数据位和偶校验位所有位上的 1 相加为偶数。

当包括奇偶校验位在内的奇数个位发生错误时，奇偶校验可以检测到数据传输发生错误。

奇偶校验只需要一位就可以对数据进行校验，但只能发现是否有错误，不能定位错误的具体位。且当有偶数个位发生错误时，无法发现错误，诊断覆盖率为低。

（2）ECC

ECC（Error Correcting Code，纠错码）可检测并在某些情况下纠正受保护的数据中的错误。ECC 使用固定数量的位。ECC 的位数取决于受保护的数据位数。当数据或其 ECC 中的特定数量的位损坏时，ECC 可以检测错误。通常，ECC 可以纠正数据或其 ECC 码中的一些错误。ECC 的诊断覆盖率取决于冗余位数，一般认为 ECC 的诊断覆盖率水平可以达到高。

（3）Checksum

Checksum 是指传输位数的累加。在传输结束时，接收方可以根据该数值判断是否正确接收了数据。如果数值匹配，说明传送正确。校验和一般用于通信中，特别是远距离通信，以保证数据的完整性和准确性。

Checksum 诊断覆盖率与被保护的数据和 Checksum 的长度有关。一般认为，Checksum 诊断覆盖率水平可达到高。

数据发送方生成 Checksum 的步骤如下。

1）将需要数据中的 Checksum 位设为 0。

2）数据按每 2 Byte 划分开来，每两字节组成一个 16bit 的值，若最后有单字节的数据，补 1 Byte 的 0 组成 2 Byte。

3）将所有的 16bit 的值累加到一个 32bit 的值中。

4）将 32bit 值的高 16bit 值和低 16bit 值相加，得到一个新的值，若新的值大于 0Xffff，再将新的值的高 16bit 与低 16bit 相加，直到值小于等于 0Xffff。

5）将第四步计算得出的 16bit 值按位取反（即取补码），即可得到 Checksum 值，存入相关字段即可。

数据接收方校验的步骤如下。

1）数据接收方把接收到的数据按发送方的方法进行累加和取反。

2）校验结果为零表示校验通过；否则，校验不通过。

（4）CRC

CRC（Cyclic Redundancy Check，循环冗余校验码）由数据 $n$ bit 和校验码 $k$ bit 构成。$n+k$ 为循环冗余校验码的字长，又被称为"（n+k，n）码"。数据序列之后的 $k$ bit 校验码与 $n$ bit 数据之间存在特定的关系。如果因失效等原因使 $n$ bit 数据中的某一位或多位发生错误，这种关系就会被破坏。因此，通过检查这一关系，可以实现对数据正确性的检验。

CRC 的诊断覆盖率与被保护数据的长度、CRC 的位数以及多项式种类有关。一般认为，CRC 诊断覆盖率水平可达到高。

（5）Memory Replication

Memory Replication（模块备份）是功能安全中的一种高诊断覆盖率的安全机制，其核心理念是通过对关键或高风险模块进行冗余设计，使两个或多个相同或不同的模块实现同样的功能，并且在运行时进行比较和切换，以防故障发生。

以 Double Memory with Hardware or Software Comparison（通过硬件或软件的双份内存数据比较方法）为例，通常会将地址空间复制到两个不同的内存中，这样就有了两份相同的数据。第一个内存正常工作，第二个内存与第一个内存同时工作，但不影响程序运行。每次访问内存时，都会比较两个内存的输出，如果发现不一致，就说明有错误发生，并且会给出提示。这种方法可以提高诊断覆盖率水平，也就是检测错误的能力，但需要注意考虑共因失效。

但是，Memory Replication 会极大地消耗硬件资源，且一般使用三模冗余（Triple Modular Redundancy，三个模块执行相同的操作），将多数相同的输出作为整个系统的正确输出。该方法只有在安全性和鲁棒性要求极高的系统中才会使用。一般认为，Memory Replication 的诊断覆盖率水平可达到高。

（6）Memory BIST（MBIST）(写全 0 和全 1 )

MBIST 是一种结构性 DFT 技术，将芯片的测试结构置于芯片内部。MBIST 电路通常包括测试向量生成电路、BIST 控制电路和响应分析电路三部分。通过系统上 / 下电运行来检测内存单元中的永久性故障，以防随机故障潜伏在内存单元中。

（7）MMU/MPU

MMU（存储器管理单元）的主要功能是将输入地址转换为输出地址。此转换基于地址映射和内存属性信息，这些信息可从存储在内存中的配置表和转换表中获得。MMU 提供的功能可以帮助软件实现内存分区，即所有对内存地址的访问都需要经过 MMU 中的表格进行检查或转换，使得软件无法直接访问物理地址，而是通过虚拟地址访问。同时，MMU 提供基于硬件的存储器访问授权，从而实现不同进程任务的空间隔离。

MPU（存储器保护单元）是位于存储器内部的一个可编程区域，它将内存划分为具有特定权限和访问规则的多个区域，定义了存储器的属性和存储器的访问权限。MPU 主要实现的保护如下。

❑ 可以将内存划分为特权区域和普通区域，普通用户禁止访问特权区域，以此保护特权区域中的数据。

❑ 设置某区域为只读，可以防止安全相关的数据被篡改。

❑ 检测堆和栈的溢出以及数组是否越界。

MMU/MPU 对于非法访问相关的失效，诊断覆盖率水平为高。

3. 电源的安全机制

对于电源的安全机制，大家要区分一级电源和二级电源。一级电源就是我们常说的 12V 电源，是整个控制器的输入。二级电源指的是通过 DCDC 或低压差线性稳压器（LDO）将 12V 电源转化为 5V、3.3V、1.8V 等电源供控制器内部使用。对于一级电源，除了有 EMC 的要求外，通常也要求对电压进行采集监控。比较复杂的是对二级电源进行监控。

（1）PMIC/SBC

对于电源的监控，最常见的安全机制是使用自带安全机制的 PMIC/SBC。一般大家常说的 ASIL D 电源芯片就是指这类 PMIC/SBC。图 5-8 所示为英飞凌某款电源芯片架构中体现的安全机制。注意，这里芯片厂商的措辞一般很严谨，一般都不会说这颗芯片是 ASIL D 芯片，而是会说 Enables ASIL D on System Level 或者 Safety System Basis Chip Fit for ASIL D。

其中，比较常见的安全机制如下。

☐ 对具有独立参考源（额外的 Bandgap）的所有输出进行 UV（欠压）/ OV（过压）监控。

☐ 内置的自检功能用来确保相关安全机制的正常运行。

☐ 用于进入安全状态的控制和硬件引脚。

☐ 其他用来监控 MCU 的安全机制，比如集成外部看门狗。

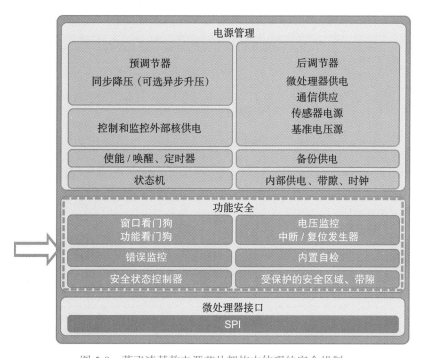

图 5-8　英飞凌某款电源芯片架构中体现的安全机制

对于满足不同 ASIL 等级要求的 PMIC，它的安全机制也有所差别。比如常见的 FS8400（ASIL B）和 FS8500（ASIL D）芯片在安全机制上的差别比较可以参考图 5-9。

（2）ADC（对于非 PMIC 的高精度补充）

如果一些电源的功率 / 效率要求较高，对 Buck Boost 电源的数量需求较多，设计中可能不会使用 PMIC（因为 PMIC 一般会自带较多 LDO 电源，这些 LDO 电源就被浪费了）。那么，如果这些电源不是用于 MCU 供电，可以考虑使用 ADC 来监控它们。需要注意的是，对于被检测的电源和参考电源，必须做好共因分析。

（3）比较器（对于非 PMIC 的低精度补充）

同用 ADC 来做监控的场景类似，一些不适合用 PMIC 的电源如果对于诊断的精度要求比较低，也可以用比较器来监控输出。再将比较器的输出作为 Safety Pin 去执行故障响应。同时，由于不需要软件的逻辑判断，这种纯硬件的安全机制响应速度快，适合用于对于 FTTI“预算紧张”的设计。同 ADC 一样，需要注意的是对于被检测的电源和参考电源一定要做好共因分析。

| | 特征 | FS8500 | FS8400 |
|---|---|---|---|
| 功率 | 电压预调节器（12 和 24V 10A HV 降压） | 1 | 1 |
| 功率 | 升压（5 至 5.74V 1.5A，int.MOS） | 1 | 1 |
| 功率 | 降压（0.4 至 1.8V 2.5A） | 最多 3 个 | 最多 3 个 |
| 功率 | LDO（可配置 1.1 至 5V，最高 400 mA） | 2 | 2 |
| 系统 | 通信 | SPI $I^2C$ | SPI $I^2C$ |
| 安全 | **资质 / 安全等级** | **ASIL D** | **ASIL B** |
| 安全 | 安全输出引脚 | PGOOD<br>RSTB<br>FS0B | PGOOD<br>RSTB<br>FS0B |
| 安全 | 监测 | VCOREMON<br>VDDIO,<br>4 × VMONx<br>Challenger WD<br>FCCU<br>Extemnal IC（ERRMON） | VCOREMON<br>VDDIO,<br>2 × VMONx<br>Simple WD |
| 安全 | 其他 | MCU 故障恢复策略<br>模拟 BIST 和逻辑 BIST<br>AMUX | 模拟 BIST<br>AMUX |
| 安全 | 文档 | FMEDA 安全手册 | FMEDA 安全手册 |
| | 典型汽车应用 | ADAS 视觉和雷达 | |

图 5-9 FS8400（ASIL B）和 FS8500（ASIL D）芯片在安全机制上的差别比较

#### 4. 处理单元的安全机制

##### （1）锁步核

锁步核是针对芯片的一种常见的用于实现高诊断覆盖率的安全机制。它的实现方法是：两个核运行同样的程序，将结果输入一个比较逻辑，周期性地比较两个核的输出结果是否相同。如果相同，则继续运行；否则，可以采取满足安全要求的重启或其他故障恢复机制。如果在一段时间后错误无法恢复，则需要在指定的安全时间内进入故障安全状态。

双核锁步是实现锁步核的一种方法。如图 5-10 所示，一个芯片中包含两个相同的处理器：一个作为主处理器，一个作为从处理器。它们执行相同的代码并严格同步，主处理器可以访问系统内存并输出指令，而从处理器不断执行主处理器获取的指令。从处理器产生的输出（包括地址位和数据位）发送到比较逻辑模块，由主处理器和从处理器总线接口的比较器组成，检查它们之间的数据、地址和控制线的一致性。一旦输出不匹配，通常会标记故障并执行重启。需要注意的是，虽然我们可以检测到两个总线的不一致，从而发现其中一个处理器存在故障，但这时候并不能确定是哪一个处理器存在故障。这种架构的好处是使得 CPU 自检独立于应用软件，不需要执行专门的指令集自检，实际运行的软件指令在每个时钟周期都进行比较，只需要测试软件用到的 CPU 资源。然而，这种架构不会对内存和总线进行检测，因此需要增加单独的检测方法，以避免两个处理器的共因故障。

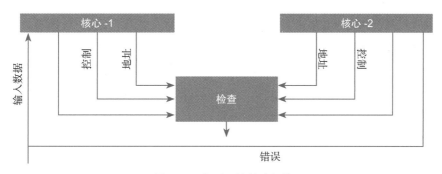

图 5-10　典型双核锁步架构

在实际应用中，延迟锁步是一种实现方法。如图 5-11 所示，与双核锁步不同的是，在芯片设计过程中，其中一路核的输入信号路径上设置了 $N$ 个时钟周期的延迟，而在另一路核的输出信号路径上也延迟 $N$ 个时钟周期，然后在统一的比较逻辑模块上检查它们的数据一致性。如果发现不一致，通常会标记故障或者重启。除了继承双核锁步的好处外，这种方法还可以大大降低两个 CPU 同时发生共因故障（如噪声脉冲）的概率。当然，从实现难度上来说，延迟锁步比双核锁步更加困难。

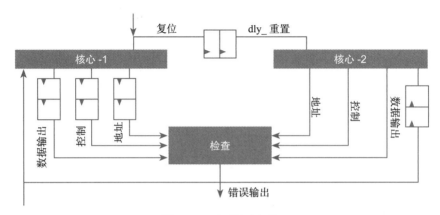

图 5-11　延迟锁步架构

（2）基于软件的指令集测试

STL（Software Test Library）是功能安全相关软件的测试库，通常包含一组测试函数。每个函数针对一个或多个指令集进行测试，并返回测试结果。

STL 可以实现对永久性故障的诊断覆盖，同时最大限度地减小对系统可用性的影响。它的好处一般体现在以下几方面。

❑ 可通过选择不同的测试集来实现对逻辑模块的诊断，以满足不同的诊断覆盖率要求。

❑ 可灵活选择测试集及运行时间间隔，以满足不同的应用场景需求。

5. 芯片系统层级安全机制

（1）测试模式

在图像处理中，测试模式通常指的是用来检测 ISP 是否有故障的一种安全机制。例如在 IP 设计中，ISP 通常会在周期内生成所需的测试图像，通过将测试图像与预设结果进行比较来判断逻辑是否出现问题。如果结果比较没有通过，系统会发送相应的中断以表明逻辑出现问题。

（2）系统内测试（In System Test）

系统内测试是指在芯片上电或下电时执行的一系列诊断测试，用于检测硬件和软件的故障模式及影响。对于功能安全而言，进行上电或下电自检通常是为了防止潜伏故障。上电或下电自检有多种方法，根据自检对象和时间，可分为以下几类。

1）软件自检：利用预先设置好的或自动生成的数据或代码，对物理存储、运算器及控制器进行检测。

2）硬件逻辑自检（LBIST）：在控制单元内部集成专用自检硬件，最常见的就是内建自测试（BIST）。通过在芯片设计中加入额外自测试电路，在测试时从外部施加控制信号，运行内部自测试硬件和软件，以检查电路缺陷或故障。测试模式一般是 DFT 工程师利用自动测试设备（Automatic Test Equipment，ATE）结合失效模型和自动测试模式生成（Automatic Test Pattern Generation，ATPG）技术来满足相应的诊断覆盖率要求。诊断范围根据覆盖的目标、大小等指标来设计。

3）内存自检（MBIST）：MBIST 用于在系统上电或下电时，或系统运行过程中检测内存的硬件故障。对于 ASIL C/D 的系统，除了必要的上电自检外，我们建议在满足 FTTI 的情况下进行周期性自检。对于 ASIL B 的系统，通常上电自检即可满足设计要求。

（3）安全岛

一般在车规级 SoC 中，除了使用 Cortex-A 核、NPU、GPU、数字信号处理器（Digital Signal Processor，DSP）等高性能核处理特定任务外，我们还需要一个高实时性内核。目前，大多数 SoC 安全岛都会集成一组双核锁步的 Arm Cortex R-52 内核。它的主要功能是检测和处理 SoC 内部其他子系统的故障，并将故障上报给控制器。当然，也有部分 SoC 安全岛集成多组 Arm Cortex R 核，直接取代控制器中外挂的安全 MCU。安全岛通常独立于 SoC 中的其他子系统，具有独立的时钟、供电机制、优先级较高的中断机制。

（4）温度和功率监控

功能安全中的温度和功率监控是指对系统的温度和功率进行实时测量和控制，以保证其正常工作，避免过热或过载等危险情况发生。各大车规级芯片公司都有类似功能的芯片。这些芯片可以提供高精度的电流、电压、功率和温度测量，并支持功能安全。对于电池管理系统（BMS）来说，热管理主要是管理电芯的化学反应，从而控制相关的电池性能。然而，目前对于 BMS 来说，大多仅仅是传递当前电芯的温度给车辆控制单元（VCU）。

工艺、电压和温度（PVT）传感器是半导体 IP 电路模块，通常嵌入芯片内部，主要用来感知芯片的动态操作环境（即电压和温度）以及静态条件（即工艺）。

### 5.3.3 执行器的安全机制

执行器的监控通常分为两类。

1）一种是不介入执行器的常规运作，以"旁观者"的角度进行监控。该类监控可实现在线监控（时域表现）和物理参数监测（以"旁观者"的角度进行监控），比如常见的位置传感器，用来监控电机（执行器）是否将目标物推动到相应的位置。

2）一种是以测试模式为主要方式进行监控。该类监控比较适合那些平时不用运动的执行器，比如在车辆启动的时候或者非工作区间周期性地让执行器做特定的动作，以判断其是否正常。

### 5.3.4 线束连接的安全机制

#### 1. HVIL（高压互锁）

对于高压线束来说，如果其高压回路的完整性遭到破坏，容易引发非预期的高压暴露，从而发生电击伤害事故。所谓高压互锁，是指用低压信号来监视高压回路的完整性。典型的HVIL连接器结构如图5-12所示。通过使用一套比高压先接通、后断开的低压信号来检查所有与高压线束相连的各组件的电气连接完整性，如图5-13所示。比如，当高压回路完整时，低压信号读到12V的电压值；当高压回路不完整时，低压回路也不完整，电流传递不到被读取的位置，因此读到的电压值为0V。

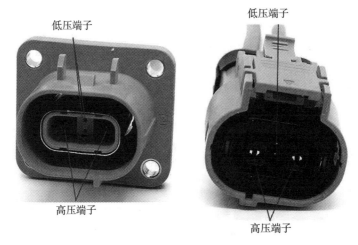

图 5-12　典型的 HVIL 连接器结构

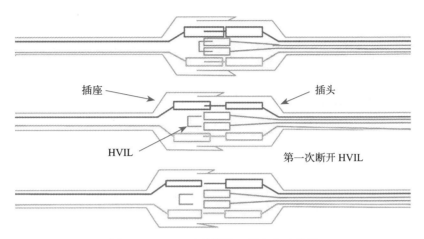

图 5-13　HVIL 连接器的互锁方案示意图

2. 接插件在位检测

对于接插件中包含通信信号的，可以通过通信信号超时与否来判断接插件是否有问题。但是，对于某些系统中没有通信信号的接插件，可以通过接插件在位检测来实现诊断需求。一种方法是选取接插件公头或者母头最靠边的两个引脚，分别让它们串联一个电阻到地。然后在对应的母头或者公头的引脚上也串联一个电阻到参考电压，如图 5-14 所示。采集这些引脚的电压值，如果接插件松动，那么被采集的电压会被拉到参考电压。通过电压的变化可以判断接插件是否在位。

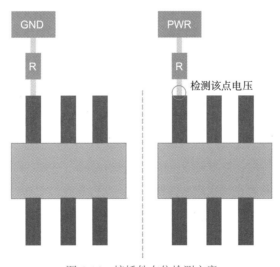

图 5-14　接插件在位检测方案

### 5.3.5 通信的安全机制

E2E（End-to-End）保护是一种端到端的通信保护机制。这里的"端到端"既包括控制器与控制器（比如 CAN/Ethernet）之间，也包括控制器内部模块与模块（比如 RTE 模块）之间。注意，E2E 通常被认为属于功能安全的范畴，而非信息安全的范畴，在传输中不加密，而是明文传输。E2E 主要是保证数据不被破坏，系统正常执行。

AUTOSAR 提供了一系列 E2E 配置文件，每种配置文件都有特定的机制、参数和数据格式。设计人员需要根据信号数量的多少和安全要求的高低进行配置文件的选择。举例来说，对于 ASIL D 的长数据，OEM 通常会选择配置文件 4。但无论如何，大家都是在下面这几种机制中进行选择和组合。

- ❑ CRC：发送方基于数据计算一组校验码，随数据发送给接收方。
- ❑ 计数器：在每次传输请求时，发送方递增计数，接收方检查计数器值是否有递增。
- ❑ 超时监控：通过接收方计数器的值是否增加来最终确定。
- ❑ 数据 ID：每个发送方及对应的接收方端口都有一个唯一的数据 ID，用于 CRC 计算。

有些初学者可能会以为 CRC 就是 E2E，这里澄清一下，CRC 是一种方法，只是 E2E 保护机制中的一种。

### 5.3.6 非常规硬件器件的安全机制设计

还有一些硬件的功能安全无法套用上面的机制，或者说我们无法在常见的最佳实践中找到答案。这时就需要安全工程师进行以下思考。

- ❑ 在硬件正常工作和不正常工作期间，整个电路会出现哪些不同的物理现象。通过监控这些物理现象，可以侧面对硬件器件进行监控。
- ❑ 如果缺少硬件分析的能力，可以和硬件工程师一起，用示波器的探头在 PCB 上找一找不同。比如需要对"一排并联的用于产生特殊波形的电路中的输出端电容"进行诊断，由于这个波形很特别，如果要用高速 ADC 进行监控，代价非常大。但是由于已知：当输出端的电容开路时，每次产生的能量值不变，总容值 $C$ 减小，电压 $V$ 相应升高，这时可以用一个比较器去比对输出端的电压和预设的阈值，从而判断输出端的电容是否有故障。同时，这个比较电路可以诊断许多产生特殊波形电路中的元件。

### 5.3.7　常用的硬件信息安全机制

#### 1. 安全硬件扩展

2006 年，HIS 发布了一份文档，描述了 HIS 安全模块标准的需求。该文档内容包含错误检测、授权和真实性保护机制。ESCRYPT 进一步与奥迪、宝马以及半导体供应商（如飞思卡尔，现在的 NXP）合作，将其发展成为一个开放标准，即 SHE 标准，并于 2009 年 4 月公开发布。这个规范已被广泛接受，许多针对汽车行业的微处理器都支持这个规范。

SHE（Secure Hardware Extension，安全硬件扩展）是对任何给定微控制器的片上扩展。它倾向于将对加密密钥的控制从软件领域转移到硬件领域，从而保护这些密钥不受软件攻击。然而，它并不意味着要取代 TPM 芯片或智能卡等高度安全的解决方案。

当前，硬件器件安全机制设计的主要目标如下。

☐ 保护加密密钥免受软件攻击。

☐ 提供可信的软件环境。

☐ 让安全性只取决于底层算法的强度和密钥的机密性。

☐ 实现分布式密钥。

☐ 保持高灵活性和低成本。

SHE 基本上由三个构建块组成：一个是加密密钥和其他相应信息的存储模块，一个是块密码的实现模块，一个是将各部分连接到微控制器 CPU 的控制逻辑模块。SHE 可以通过几种方式实现，例如有限状态机或小型专用 CPU 核心。

SHE 支持的功能如下。

1）AES：对于数据的加密和解密，SHE 支持 ECB 模式和 CBC 模式，具体参考 NIST800_38A。数据输入、输出和密钥输入以及任何中间结果可能不能被 CPU 直接访问，但必须由 SHE 的控制器逻辑根据策略授予访问权限。

2）CMAC：MAC 的生成和校验必须按照 NIST800_38B 定义的 AES-128 作为 CMAC 实现。

3）Hash：将 AES 作为分组密码的 Miyaguchi-Preneel 结构用作 SHE 中的压缩函数。

4）PRNG/TRNG：用于生成伪随机数或真实随机数。

安全存储如下。

❑ NVM：证书和密钥存储在应用程序本身无法访问的专用非易失性存储器（NVM）中，主 ECU 密钥（由 OEM 设置，允许更改其他密钥）、引导 MAC 密钥（启用特定引导请求并建立安全引导）、引导 MAC（用于引导代码的身份验证）和 PRNG 种子（PRNG 的起始值）存储在 NVM 中。一般用途的密钥也可以存储在 NVM 中。

❑ RAM：RAM 用于存储 RAM 密钥（用于任意操作的临时密钥）、PRNG 密钥和 PRNG 状态（保持 PRNG 的状态）。

❑ ROM：ROM 用于秘密密钥（导入 / 导出其他密钥的唯一密钥，必须在生产时使用片外 TRNG 创建）存储和唯一密钥（UID，用于验证 MCU 的唯一标识符）存储。这两个密钥必须在生产过程中注入。

上述功能在启动时提供安全引导，确保程序的完整性和可靠性。

2. 硬件信息安全模块

EVITA 是欧盟在第七个研究和技术开发框架计划内共同资助的一个项目。它的目标是设计、验证和原型构建安全的车载网络，以保护安全相关组件不受篡改和敏感数据不受损害。因此，EVITA 为基于 V2X 通信的电子安全辅助设备的安全部署提供了基础。

EVITA 专注于车载网络保护，侧重于保护车辆与外界的通信。

EVITA 最高层级的安全目标如下。

❑ 防止未经授权操作车载电子设备。

❑ 防止未经授权修改车辆应用程序，特别是安全和移动商务应用。

❑ 保障车辆驾驶者的隐私信息。

❑ 保护车辆制造商和供应商的知识产权。

❑ 维持应用程序和安全服务的运作。

为了节约成本和提高灵活性，EVITA 定义的不同等级的 HSM 见表 5-12。它们可以满足不同的成本约束和安全需求。

表 5-12　EVITA 定义的不同等级的 HSM

| 硬件 | 完整 HSM | 中型 HSM | 轻型 HSM |
| --- | --- | --- | --- |
| RAM | √ | √ | 自选 |
| NVM | √ | √ | 自选 |
| 对称加密引擎 | √ | √ | √ |
| 非对称加密引擎 | √ | | |

（续）

| 硬件 | 完整 HSM | 中型 HSM | 轻型 HSM |
|---|---|---|---|
| 哈希引擎 | √ | | |
| 计数器 | √ | √ | 自选 |
| 随机数生成器 | √ | √ | 自选 |
| 安全 CPU | √ | √ | |
| I/O 组件 | √ | √ | √ |

❑ 完整 HSM 保护车载域免受 V2X 通信带来的漏洞，这包括用于创建和验证电子签名的非对称加密引擎，通常要求验签能力超过每秒 2 000 次。完整 HSM 提供了最高级别的功能、安全性，以及所有不同 HSM 变体的性能保障。

❑ 中型 HSM 用于保证车载通信安全。中型 HSM 类似完整 HSM，但微处理器性能较差且不包含非对称加密硬件引擎。然而，它能够在软件层面执行一些时间优先级不那么高的非对称加密，例如建立共享秘密。

❑ 轻型 HSM 用于确保 ECU 与传感器以及执行器之间的通信，仅包含对称加密引擎和 I/O 组件，以满足成本和效率的需求。

图 5-15 展示了在汽车车载网络中，使用三类 HSM 保护其安全关键组件的示例。仅靠一块 HSM 保护与外界的无线通信是不够的，因为系统的行为还依赖于从车辆内其他组件接收到的消息。如果这些组件没有得到充分保护，攻击者就可能利用这些漏洞进行攻击。

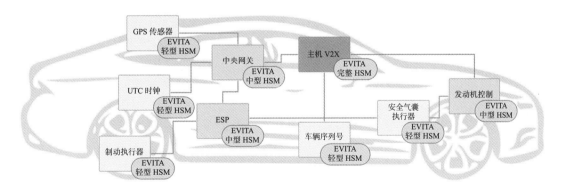

图 5-15　汽车车载网络中不同 HSM 方案的示例

### 3. 可信执行环境

OMTP（Open Mobile Terminal Platform）于 2006 年提出了一种双系统解决方案，即在同

一个智能终端下，除了多媒体操作系统外，再提供一个隔离的安全操作系统。这个运行在隔离硬件之上的安全操作系统专门处理敏感信息，以保证信息的安全。该方案即可信执行环境（Trusted Execution Environment，TEE）的前身。

基于 OMTP 的方案，ARM 公司于 2006 年提出了一种硬件虚拟化技术 TrustZone 及其相关硬件实现方案。TrustZone 是支持 TEE 技术的产品，是通过 ARM 架构安全扩展引入的，而 ARM 也成了 TEE 技术的主导者之一。

GlobalPlatform（全球最主要的智能卡多应用管理规范的组织，简称 GP）从 2011 年起开始起草制定相关的 TEE 规范标准，并联合一些公司共同开发基于 GP TEE 标准的可信操作系统，如图 5-16 所示。因此，如今大多数基于 TEE 技术的 Trust OS 都遵循了 GP 的标准规范。

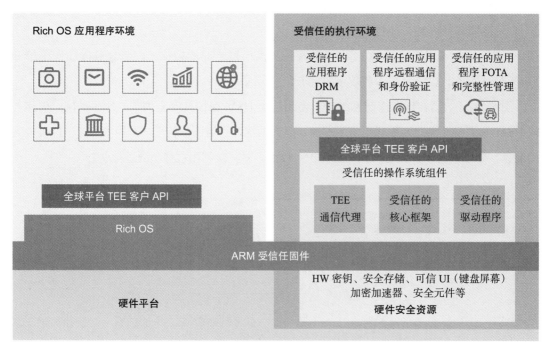

图 5-16　基于 GP TEE 标准的可信操作系统解决方案示意图

TEE 通常用于运行高安全操作、保护敏感数据、保护高价值数据等。

❑ 高安全操作：如安全键盘密码输入、指纹输入、用户认证、移动支付。

❑ 保护敏感数据：如用户证书私钥的存储、指纹数据存储。

❑ 保护高价值数据：如 DRM（数字版权保护）等。

与 TEE 相对应的是 REE（Rich Execution Environment），一般称 TEE 和 REE 为安全世界和非安全世界。Linux 运行在非安全世界上，但某些对安全性要求较高的操作，例如指纹比对、支付时使用私钥签名等，需要在安全世界中进行。安全世界和非安全世界通过一种被称为 Monitor Mode 的模式进行转换。

### 4. 可信安全模块

#### （1）什么是 TPM

TPM（Trusted Platform Module，受信任的平台模块）是加密协处理器，其中包含随机数生成、加密密钥的安全生成，以及它们的使用限制功能。它还包括诸如远程证明和密封存储等功能。TPM 规范由受信任的计算组（TCG）制定并公开发行。最新版本 TPM 2.0（2014 年 10 月发布）主要对规范进行了重新设计。该版本添加了新的功能并修复了 TPM 1.2 版本的缺陷。

#### （2）为什么选择 TPM

采用 TPM 的计算机可以创建加密密钥并对其加密。这样，加密密钥只能由 TPM 进行解密。此过程（通常被称为封装或绑定密钥）可以帮助保护密钥，避免泄露。每个 TPM 都有一个主封装密钥（称为"存储根密钥"），它存储在 TPM 的内部。在 TPM 中创建的密钥的隐私部分从不暴露给其他组件、软件、进程或者人员。

采用 TPM 的计算机还可以创建一个密钥（该密钥不仅可以被封装，还可以绑定到特定平台）。只有当平台度量的值与创建该密钥时的值相同时，才能解锁这种类型的密钥。此过程称为将密钥封装到 TPM。解密过程被称为"解封"。TPM 还可以对在 TPM 外部生成的数据进行封装和解封。使用这种封装的密钥和软件（例如 BitLocker），可以锁定数据，直到其符合特定的硬件或软件条件为止。

借助 TPM，可保持密钥对的私钥部分独立于操作系统控制的内存。我们可以将密钥封装到 TPM 中，并且在解封并释放该密钥以供使用之前，根据系统的状态提供某些保证。因为 TPM 使用自身的内部固件和逻辑电路来处理指令，所以它不依赖于操作系统，也不会受操作系统或应用程序中可能存在的漏洞影响。

#### （3）TPM 标准

TPM 规范自推出以来，经过多次版本迭代，中间产生了 ISO/IEC 11889—2009（TCG 1.2）

以及 ISO/IEC 11889—2015（TCG 2.0）两个国际标准。该规范定义了 TPM 的架构、结构、命令与支持途径等内容。

在 TPM 中，"可信"指的是确定身份的可预期行为。具体来说，TPM 提供的功能包括基于信任的引荐、认证、测试与鉴证、存储空间的加密与保护、完整性测量与报告等。

TPM 规范对加密算法、引擎、随机生成器、管理及授权、远程证明等内容进行了定义，并定义了软件接口。TPM 典型架构如图 5-17 所示。

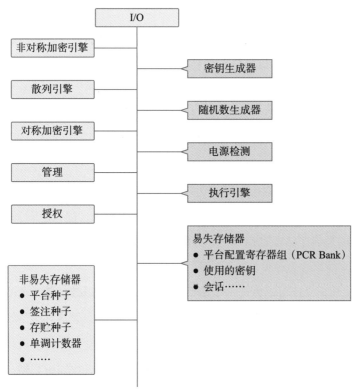

- 非易失内存可由系统芯片提供，数据在受保护的情况下来往于非易失内存。此种情况下，TPM 中保护非易失内存数据副本

图 5-17 TPM 典型架构

TPM 1.2 版本主要解决以下问题。

❑ 设备识别。

❑ 密钥安全生成。

❑ 密钥安全存储。

❏ NVRAM 存储。

❏ 设备健康证明。

TPM 2.0 版本还拓展了以下功能。

❏ 算法灵活性。

❏ 增强授权。

❏ 密钥快速加载。

❏ 非脆弱性 PCR。

❏ 灵活管理。

❏ 按名称识别资源。

车规级 TPM 芯片的应用方案可参考图 5-18。

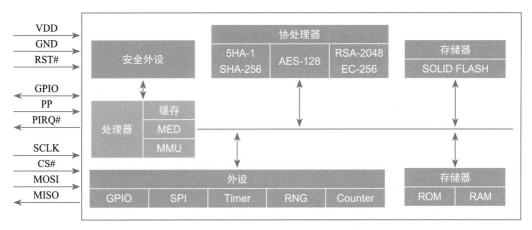

图 5-18　车规级 TPM 芯片的应用方案

SLI 9670 是一款经过质量强化的 TPM，在智能汽车中有特殊用途，基于使用了先进硬件网络安全技术的防篡改安全微控制器。作为交钥匙解决方案，它根据最新的 TCG 系列 2.0 规范，闪存了安全编码的固件，提供丰富的安全功能集，如密钥管理、身份验证、签名功能（签名 / 验证）、加密 / 解密、安全日志记录和安全时间。SLI 9670 符合汽车 AEC-Q100 标准，是远程信息处理、网关、多媒体主机和其他安全要求很高的 ECU 中汽车应用的理想解决方案。该 TPM 还根据通用标准 EAL4+ 进行了安全认证。

TPM 就像门卫一样，特别保护车辆的外部接口，例如车载信息娱乐系统或远程信息处理单元中的接口。它可检查数据发送方和接收方的身份，例如制造商的后端服务器，也可对数据进行加密和解密，并帮助确保只有驾驶员或制造商真正想要的数据才能进入汽车。

功能安全所需的加密密钥存储在 TPM 中，就像存储在保险箱中一样。

英飞凌在经过特殊认证的安全环境中导入初始密钥。由于所有其他密钥都可以在 TPM 内生成、使用和存储，因此它们不必离开 TPM，从而可以防止被网络监控。TPM 还可以抵御物理攻击，即使有人从车上取下芯片，这些密钥也不会被读取。

TPM 的优势如下。

❑ 基于市场领先的安全专业知识的高端防篡改安全解决方案，保护最敏感的资产（密钥、IP、数据和业务案例）。

❑ 基于经验证的技术降低安全风险（标准化和市场认可的安全解决方案，TPM 2.0 预先编程了丰富的安全功能）。

❑ 由于提供了广泛的集成安全功能（如专用密钥管理），可随时使用，因此具有高度灵活性。

❑ 安全环境中的密钥注入实现了物流链的成本节约。

❑ TPM 固件的可更新性实现了长期的加密灵活性和可持续性。

❑ 通过可用的开源驱动程序（例如 Linux 驱动程序），实现了简单且经济高效的系统集成。

未来信息的流动需要交换大量数据。智能汽车将实时交通信息发送到云端，或从制造商处无线接收更新，以经济有效的方式快速更新软件。无论是汽车制造商还是汽车中的各个组件，它们数据的发送器和接收器都需要使用加密密钥进行身份验证。这些关键密钥在 OPTIGA TPM 中像在保险库里一样受到特别保护，不会受到逻辑和物理攻击。

此外，将初始密钥结合到车辆中对于智能汽车制造商来说是特别敏感的时刻。使用 TPM 时，此步骤可在英飞凌认证的生产环境中执行，之后，密钥被保护，不再需要在全球分布的价值链的各个阶段采取特殊的安全措施。

TPM 同样生成、存储和管理用于车辆内通信的其他安全密钥。它还可用于检测车辆中的故障或被操纵的软件和组件，并在发现问题的情况下由制造商启动故障排除机制。

虽然车辆的平均使用寿命为 12 至 15 年，但安全功能和算法仍在不断开发和增强。TPM 的固件可以通过远程访问进行更新，因此它提供的安全机制（包括加密机制）可以持续更新。

5. 防侧信道攻击

（1）侧信道攻击概念

侧信道攻击是利用计算机不经意间释放出的信息（如功耗、电磁辐射、电脑硬件运行声

等）进行破译的攻击模式。侧信道攻击是一种硬件功能安全攻击类型，主要通过非预期的信息
泄漏来间接窃取信息。

图 5-19 展示了一个侧信道攻击的例子。

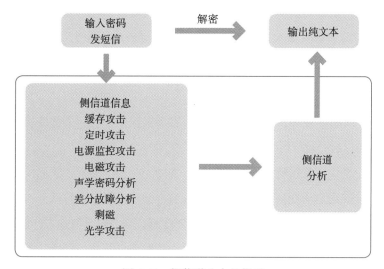

图 5-19　侧信道攻击的例子

侧信道攻击涉及以下几方面。

❑ 功耗方面：所有电子设备都通过电源轨供电。在基于功耗的侧信道攻击中，攻击者会
在设备运行期间监控其电源轨，以获取电流消耗或电压波动，从而窃取信息。

❑ 电磁（EM）辐射方面：正如法拉第定律所定义的，电流会产生相应的磁场。基于 EM
的侧信道攻击是通过监控设备在运行期间发出的 EM 辐射来窃取信息。

❑ 时序方面：在加密实现中，不同的数学运算可能需要不同的计算时间，具体取决于输
入、键值和运算本身。基于时序的侧信道攻击是试图利用这些时序变化来窃取信息。

（2）侧信道攻击的防御对策

侧信道攻击的本质是利用密码实现过程中产生的依赖于密钥的侧信息来实施密钥恢复攻
击。因此，防御对策的核心是减弱甚至消除这种侧信息与密钥之间的直接依赖性。实际上，
常见的防御对策可以分为掩码对策和隐藏对策两种。具体来说，掩码对策借助秘密共享和多
方安全计算，通过引入随机数将密钥分解为多个分组，从而消除侧信息与密钥的依赖性，增
强抵抗侧信道攻击的能力；隐藏对策则采用平均化"0"和"1"对应侧信息的差别，降低通

过侧信息区分对应数据的可能性，即降低数据的可区分度，以抵抗侧信道攻击。此外，通过在密码实现中插入随机伪操作或者增加噪声，可以将有用信息"淹没"在噪声中，从而提高密码安全性。

总体而言，两种防御对策适用于不同场景。掩码对策易于在密码算法级进行实现，更易于实现；而隐藏对策通常只能在硬件层进行实现，需要改变硬件实现结构，因而较难实现。此外，两种防御对策可以组合使用，以便最大限度地提高密码安全性。

6. 安全启动

安全启动也叫 Verify Boot，就是在软件安全启动过程中，前一个部件验证后一个部件的数字签名，验证通过后，运行后一个部件。

网络设备的安全性严重依赖于设备上运行软件的完整性。通常，我们使用信任链来确保软件的完整性。在安全启动期间，每个阶段实行前都会检查下一个阶段。这个过程中有一个特例，即在这一步之前没有任何东西可以进行任何检查，这一阶段被称为"信任根"。

在可信计算体系中，建议信任先拥有可信根，然后建立一条可信链，再将信任传递到系统的各个模块，从而实现整个系统的可信。

安全启动的原理就是"硬件信任锚 + 信任链"。

目前，安全启动基本上是对安全要求比较高的场景中芯片的必备功能。

（1）MCU 安全启动

在 MCU 中一般采用 OTP（One Time Programming）的方式去实现信任根。任何软件模块在校验失败后都应该禁止该软件运行。

SHE（Secure Hardware Extension，安全硬件扩展规范）中定义了安全启动流程，如图 5-20 所示。

安全启动流程如下。

1）MCU 复位后，CPU 启动并运行安全启动程序。

2）安全启动程序来验证应用程序 A：

①安全启动程序读取安全启动 MAC 密钥，计算应用程序 A 的 CMAC 值；

②安全启动程序比较确认计算结果和应用的 CMAC 值。

3）如果步骤 2 验证通过，则 CPU 运行用户程序 A，并接着验证应用程序 B。

4）如果步骤 3 的验证通过，则 CPU 执行应用程序 B。

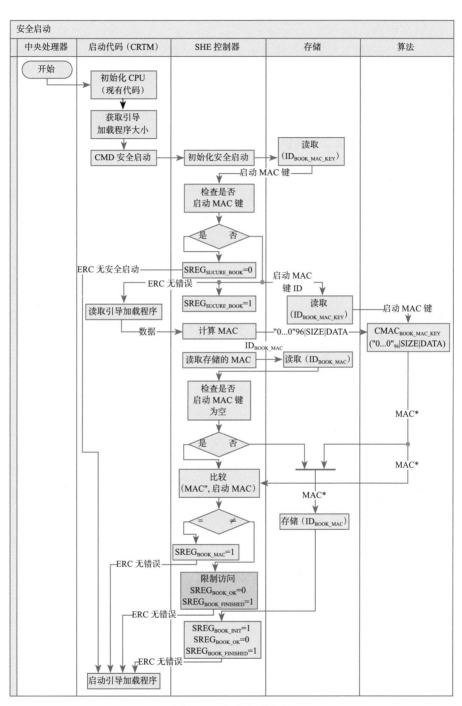

图 5-20　安全启动流程

（2）SoC 安全启动

由于操作系统启动时可能需要多级启动镜像，只要其中任意一级镜像未执行安全启动流程，其后的所有镜像实际上都是不可信的。操作系统安全启动流程示意图如图 5-21 所示。

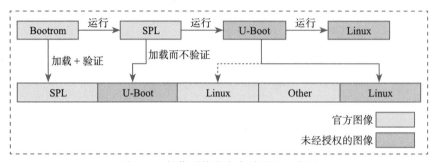

图 5-21　操作系统安全启动流程示意图

因此，安全启动需要建立安全启动的信任链。在安全启动流程中，每一级镜像都由其前一级镜像执行合法性验证。这样，只要保证第一级镜像是合法的，那么第二级镜像的合法性就由第一级镜像保证，第三级镜像的合法性由第二级镜像保证。如此，整个启动流程的信任像链条一样连接起来，最终保证整个系统的可信性。

（3）安全启动的信任根

由于信任链建立流程中，镜像合法性是由其前级镜像验证的，那么第一级镜像的合法性如何保证呢？

我们知道，ROM 是一种只读存储器，它只能被编程一次且内容在编程后不能被再次更改。因此，如果在 SoC 内部集成一片 ROM，并在芯片生产时将第一级启动镜像刷到这块 ROM 中，那么就能保证它是可信的。这也是现代 SoC 的普遍制作方法。

由于 SoC 可能会支持不同的启动方式，如 XIP 启动可以直接从外部的 NOR Flash 开始启动。因此，在 ROM 中集成 BootROM 镜像之后，我们还需要保证芯片每次启动时都必须从 BootROM 开始执行，否则攻击者可能通过 XIP 绕过整个安全启动流程。一般情况下，XIP 启动模式在调试阶段用于问题定位。因此，在产品调试完成、安全启动之前，必须关闭该模式。通常，这可以通过 OTP 或 EFUSE 中的特定位实现。

（4）镜像签名和验签流程

制作镜像签名的基本流程如图 5-22 所示。

1）使用 Hash 算法生成镜像的 Hash 值 hash（image）。

2）通过镜像发布者的私钥，使用非对称算法对镜像的 Hash 值执行签名流程，并生成其签名值 sig（hash）。

3）将镜像的 Hash 值、签名值与镜像一起发布，在芯片启动时可通过图 5-23 所示流程验证镜像合法性。

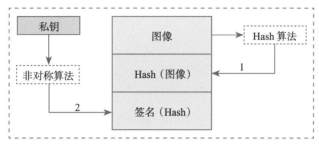

图 5-22　制作镜像签名的基本流程

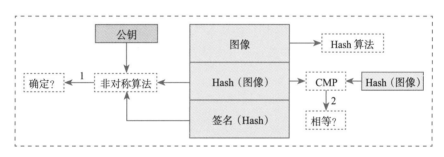

图 5-23　验证镜像合法性流程

上述流程过程如下。

1）使用非对称算法的公钥和签名值，对镜像的 Hash 值进行验签。若验签通过，则可进一步校验镜像完整性；否则，启动失败。

2）若验签通过，则重新计算镜像的 Hash 值 hash(image)'，并将其与原始 Hash 值 hash(image) 比较，若相等则表明镜像的完整性验证通过，否则启动失败。

（5）公钥保护

由于验签操作依赖于公钥，若设备上的公钥被攻击者替换成他们自己的，那么攻击者只需用与其匹配的私钥伪造镜像签名即可。因此，我们必须要保证设备上的公钥不能被替换。一般，SoC 芯片内部会含有若干 OTP 或 EFUSE 空间，这些空间只能被编程一次，且在编程后不能被再次修改。

将公钥保存到 OTP 或 EFUSE 中，可以很好地保证其不可被修改。由于 OTP 空间一般较小，而像 RSA 之类的公钥长度却较长，例如 RSA 2048 的公钥长度为 2 048bit。为了节约 OTP 资源，通常在 OTP 中只保存公钥的 Hash 值（如 sha256 的 Hash 值长度为 256bit），而将公钥本身附加到镜像中。

在使用公钥之前，只需使用 OTP 中的公钥 Hash 值验证镜像附带公钥的完整性，即可确定公钥是否合法。

## 5.4 硬件集成测试

在 ISO 26262 标准的汽车功能安全体系中，硬件集成测试是一个非常关键的环节。一方面，它旨在确认汽车电子产品开发过程中，硬件功能安全相关需求被完整且正确地实现；另一方面，它需要针对硬件产品的安全性、可靠性、环境适应性等多个维度进行充分的分析和测试验证，以降低潜在的风险，从而确保产品在实际运行中满足相关标准和法规的要求。

本节主要介绍在汽车电子产品功能安全开发体系中，硬件集成测试阶段涉及的关键活动及其注意事项。

### 5.4.1 硬件集成测试方法

硬件集成测试分为硬件集成和硬件测试两个阶段。前者是将独立的硬件组件组合成一个完整的硬件系统，为后续的测试活动提供可测试的对象；后者则是通过测试活动确认该硬件系统是否符合硬件需求及 ISO 26262 中的条款要求，为硬件开发活动提供反馈和改进的机会。因此，硬件集成测试从流程上来说并不是一个独立于硬件开发活动之外的阶段，它与硬件开发活动之间存在着非常紧密的关系，而且这种关系有助于确保在整个开发过程中持续优化和提高硬件系统的安全性和可靠性。

硬件集成测试的目标是验证汽车电子系统中的各硬件部件是否能够正确集成，是否满足功能安全规范的技术要求。因此，硬件集成测试的内容主要涵盖以下几个方面。

❑ 验证硬件部件的功能是否符合硬件需求，检验硬件部件之间的接口适配性。

❑ 对安全相关机制的硬件实现进行测试，如电源管理、时钟同步、错误检测机制等。

❑ 模拟硬件系统在严酷工作环境下的表现，对其可靠性、抗干扰性和容错处理能力进行评估。

❑ 根据功能安全检查单阶段过程提出的程序审查、文档评审，以及对相关技术要求进行验证，确保硬件集成活动的流程规范性。

❑ 其他必要的测试和验证活动，例如评估硬件部件在负载、热效应、EMC 干扰等条件下的相容性。

同时，硬件集成测试与其他测试活动相同，是一个从测试计划开始，包含测试方案制定、测试用例设计、测试执行、过程审核，最终生成测试报告的闭环过程。其中，测试执行是一个长期迭代的过程，通过前期的冒烟测试、功能测试、故障注入测试、preDV 和 DV 过程，逐步将硬件产品推向成熟。

（1）初期冒烟测试

目的：在集成的早期阶段进行简单且快速的硬件基本功能检测，以确定硬件系统集成后达到开展详细测试的准入要求，从而及早发现并解决系统中的重大问题。

来源：测试流程要求。

侧重点：关注系统的核心功能，但不覆盖所有细节和边界情况。

（2）功能测试

目的：验证硬件系统的各种功能是否按照规范和设计要求进行操作。

来源：根据硬件系统的规范和设计文档来制定测试用例。

侧重点：对输入 / 输出功能、通信接口、传感器和执行器等进行全面测试，测试用例应覆盖各种典型情况和边界情况，以确保系统在不同条件下正确运行。同时，关注硬件功能安全性能要求，例如错误检测和容错等方面。

（3）故障注入测试

目的：模拟系统中的故障和异常情况，以评估硬件系统的容错性和可靠性，验证故障检测和处理机制的正确性与有效性。

来源：依据失效模式分析和安全性分析结果来制定测试用例。

侧重点：通过人为引入硬件故障，如电压波动、信号干扰、位翻转等，测试系统的响应和故障恢复能力，并且确保不存在非预期的故障扩散或串扰现象。

除了上述提到的常见测试活动，硬件集成测试还包括验证活动，以确认硬件集成测试在执行过程中的完整性，避免引入流程方法上的系统性失效。

（4）Pre DV

目的：确定测试准备充分以进入 DV 过程。

来源：产品开发流程规定。

侧重点：评审测试用例和方法。

（5）DV

目的：依照功能安全标准和法规要求，对功能安全相关的硬件机制、故障检测与处理进行系统全面的验证。

来源：安全相关标准要求。

侧重点：可以通过检查清单对所有功能安全相关要求进行合规性和合理性的审查。

## 5.4.2　硬件集成测试用例的导出

在进行硬件集成测试之前，设计和导出一份完整的测试用例是至关重要的一步。完整的测试用例通常需要对测试编号、追溯关系、测试对象、前置条件、操作步骤、预期结果、实际结果、测试结论等属性进行说明。这些信息主要来源于上游输入文档，例如硬件需求、硬件设计规格、接口文档，因为需要保证测试用例能够完整覆盖硬件的需求。同时，也有一些通用的方法来生成测试用例，例如通过等价类、边界值的分析方法来生成测试用例。另外，一份完整的测试用例依赖于测试人员的经验，基于历史用例和测试人员对于产品应用场景和功能需求的理解，导入一些基于经验的测试用例，以对原有的测试用例进行丰富和补充。

标准 ISO 26262 提供了导出硬件集成测试用例导出方法，如表 5-13 所示。当然，在测试用例设计过程中，我们也可以参考其他相关标准，例如 ISO 16750 或 ISO 11452。

表 5-13　硬件集成测试用例导出方法

| 方法 | | ASIL | | | |
| --- | --- | --- | --- | --- | --- |
| | | A | B | C | D |
| 1a | 需求分析 | ++ | ++ | ++ | ++ |
| 1b | 内部和外部接口分析 | + | ++ | ++ | ++ |
| 1c | 等价类的生成和分析 | + | + | ++ | ++ |
| 1d | 边界值分析 | + | + | ++ | ++ |
| 1e | 基于知识或经验的错误猜测 | ++ | ++ | ++ | ++ |
| 1f | 功能依赖关系分析 | + | + | ++ | ++ |
| 1g | 分析常见极限条件、顺序和相关故障的来源 | + | + | ++ | ++ |

（续）

| 方法 | | ASIL | | | |
|---|---|---|---|---|---|
| | | A | B | C | D |
| 1h | 环境条件和操作用例分析 | + | ++ | ++ | ++ |
| 1i | 标准（如果存在） | + | + | + | + |
| 1j | 显著变异分析 | ++ | ++ | ++ | ++ |

上文是从测试用例导出途径的角度来考量测试用例的完整性。当然，在得到一份初步的测试用例文档后，可以再从硬件集成测试用例需要关注的维度进一步确认完整性。通常来说，我们可以从以下几个维度来考量测试用例。

- ❏ 功能覆盖：测试用例要覆盖产品定义文档中规定的所有功能和特性。
- ❏ 接口覆盖：测试用例要覆盖不同硬件模块之间的所有接口。
- ❏ 信号完整性：输入不同形式的信号，判断硬件的处理是否正确。
- ❏ 负载 / 压力：给硬件较大的负载，判断性能指标是否符合规格。
- ❏ 产品可靠性：连续进行压力测试，查看硬件运行稳定性。
- ❏ 故障测试：人为引入一些故障，判断硬件的容错和修复能力。
- ❏ 环境适应性：改变工作环境参数，如温度、振动等，判断硬件的环境适应性。

针对上述测试用例的要求，ISO 26262 也提出了设计要求，如表 5-14 所示。

表 5-14　硬件测试用例设计要求

| 方法 | | ASIL | | | |
|---|---|---|---|---|---|
| | | A | B | C | D |
| 1a | 环境测试与基本功能验证 | ++ | ++ | ++ | ++ |
| 1b | 扩展功能验证 | O | + | ++ | ++ |
| 1c | 统计检验 | O | O | + | ++ |
| 1d | 最坏情况测试 | O | O | O | ++ |
| 1e | 超限测试 | + | + | + | + |
| 1f | 机械测试 | ++ | ++ | ++ | ++ |
| 1g | 加速寿命测试 | + | + | ++ | ++ |
| 1h | 机械耐久性测试 | ++ | ++ | ++ | ++ |
| 1i | EMC 和 ESD 测试 | ++ | ++ | ++ | ++ |
| 1j | 化学测试 | ++ | ++ | ++ | ++ |

## 5.4.3　硬件功能安全开发的闭环

前文在介绍硬件开发活动和硬件集成测试时提到，硬件集成测试活动从流程上来说并不是独立于硬件开发活动之外的阶段，两者相互依赖，联系紧密。硬件开发需要接收来自硬件集成测试活动的结果来对硬件产品进行改进和优化，同时硬件集成测试也是对硬件开发结果的确认，保证硬件相关需求能够实现端到端闭环。活动闭环离不开验证或审查流程。从硬件开发的 V 模型来看，V 模型左侧开发活动包括硬件需求设计、硬件设计和 PCB 实现，因此在 V 模型右侧活动包括相对应的硬件需求验证、硬件设计验证和硬件组件评估验证，并且相关联的活动通过功能安全审查来验证分解和追溯的完整性。

1. 硬件需求验证

为了保证硬件设计阶段接收到的硬件需求是完整且合理的，针对硬件需求的验证是硬件开发 V 模型中非常重要的活动。通常在硬件需求文档完成之后，硬件模块设计活动启动之前，我们需要完成针对硬件需求的验证。

然而在具体实践过程中，需求验证活动不充分导致需求未被完整分解、需求未被正确设计等问题经常出现，到了产品开发后期再做设计变更甚至需求裁剪等补救措施。针对这类问题，标准 ISO 26262 也从几个方面对需求验证活动提出了要求。通常，我们会将这些要求作为功能安全审查的审查清单来指导验证活动。

- ❑ 制订验证计划：明确验证活动所需的资源、环境、时间安排，以及验证活动采取的策略，例如回归策略和异常管理策略等。
- ❑ 建立需求跟踪矩阵：针对每个被验证对象（需求）编写测试用例和定义验证方法。
- ❑ 验证结果文档化：将验证活动的产物形成文档，记录验证结果和偏差项，形成验证结论。
- ❑ 验证过程和结果可追溯：利用软件工具来跟踪验证过程中出现的问题和进行闭环管理。

2. 硬件设计验证

硬件设计验证的目的通常是证明硬件设计实现满足定义的技术安全概念、硬件需求以及接口文档要求，同时确认安全相关特性的合理性。此阶段侧重于验证硬件设计方案的正确性，如果当前硬件设计方案无法满足硬件需求，还需要调整硬件设计方案。

ISO 26262 推荐了几种硬件设计验证的通用方法，如表 5-15 所示。其中，硬件设计检查和安全分析是两种相辅相成的验证方法。前者侧重于检查，即关注需求和设计的一致性，例如电气特性、PCB 布局、元器件选择、功能机制等满足硬件需求；后者侧重于分析，即结合 FTA、FMEA 等分析技术，深度分析安全机制的充分性。通过两种方式共同提高设计验证的全面性，同时作为下一步硬件集成测试的指导。

表 5-15　硬件设计验证的通用方法举例

| 方法 | | ASIL | | | |
|---|---|---|---|---|---|
| | | A | B | C | D |
| 1a | 硬件设计走查 | ++ | ++ | O | O |
| 1b | 硬件设计检查 | + | + | ++ | ++ |
| 2 | 安全性分析 | 根据 7.4.3 | | | |
| 3a | 模拟 | O | + | + | + |
| 3b | 通过硬件原型设计进行开发 | O | + | + | + |

### 3. 硬件组件评估

根据标准 ISO 26262 的要求，硬件组件评估活动通常包括定性评估或定量评估，以及实验室测试评估两个方面。该阶段侧重于验证所选硬件组件是否符合功能安全的性能和质量要求，例如元器件失效率、工作温度范围、环境抗扰度等是否满足硬件设计的要求。

硬件组件的定性或定量评估包括审查组件供应商的文档，例如 datasheet、manual、reliable testing report 等证据；针对芯片，审查芯片手册中是否声明了相关的安全机制，以满足硬件功能安全设计要求，同时评估芯片手册中声明的芯片失效率是否满足分配给硬件的失效度量约束要求，并确保不存在违反系统安全目标的风险。

硬件组件的实验室测试评估是为了验证组件在功能安全应用中的适用性。根据 ISO 26262 标准要求，常见的项目包括工作温度范围试验、振动冲击试验、防腐蚀试验、EMC 抗干扰试验，以及安全性接口参数测试。这些测试要参照功能安全标准 AEC-Q100，需要基于故障率分析结果，关注易失效弱点。通过对 ISO 26262 规定的测试类型的量化指标验证，确保所选用的硬件组件满足项目的可靠性与安全性要求。

## 5.5　芯片功能安全开发

芯片功能安全的开发流程不同于传统硬件开发，采用 SEooC 的模式进行开发。本节重点介绍芯片产品定义、开发流程、失效评估、安全手册要求等几个方面及注意事项。

### 5.5.1　芯片功能安全开发简介

芯片开发通常是基于脱离上下文的方式进行的，也就是 SEooC 开发模式。芯片厂商需要基于对芯片使用场景及系统需求、设计的假设来进行芯片的开发，如图 5-24 所示。在开发芯片前，芯片厂商依据市场调研的结果及对产品的定位制定系统级假设，主要内容包括技术安全需求假设以及外部设计假设。芯片厂商依据系统级假设进行后续的开发设计。系统需求通常包括芯片相应应用的 ASIL 等级、安全目标、FTTI、架构目标等进行综合考虑。SEooC 设计的功能安全活动主要包括硬件功能安全需求的描述及验证、硬件设计的描述及验证、DFA、FMEA/FTA、硬件量化指标评估及验证、硬件集成验证等。

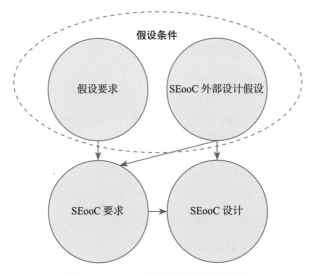

图 5-24　SEooC 开发模式的假设条件

芯片开发流程通常分为三个阶段：产品定义、产品开发和产品生产。其中，产品定义及产品开发阶段通常由芯片设计厂商完成，生产通常由晶圆代工企业（如 TSMC）或者芯片设计厂商自建半导体制造工厂完成。功能安全相关的开发工作会涉及芯片开发的各个阶段，芯片 Tier2 需要在已有的芯片开发流程基础上，增加功能安全开发的各项活动，如图 5-25 所示。

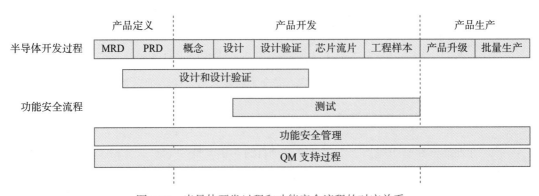

图 5-25　半导体开发过程和功能安全流程的对应关系

### 5.5.2　芯片开发层级定义

在芯片功能安全开发中，层级有着详细的概念定义。一般我们可以按照层级把一个半导体元器件分为 Component、Part、Subpart、Elementary Subpart，如图 5-26 所示。

- ❑ Component：通常来说，我们可以把整个半导体的层级看作 Component。
- ❑ Part：通常作为第二层级，例如 CPU、ADC。
- ❑ Subpart：通常作为第三层级，例如 CPU 的 Register Bank。
- ❑ Elementary Subpart：作为最基础的层级，例如 Internal Register、Flip-Flop、Analogue Transistor。

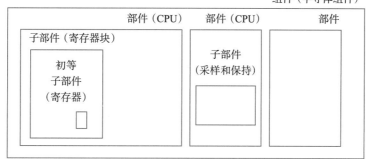

图 5-26　芯片不同开发层级的定义

### 5.5.3　芯片产品定义

在产品定义阶段，我们通常通过市场需求文档（MRD）和产品需求文档（PRD）来描述产品的市场定位、目标客户、功能需求、性能需求、技术概念构思，以及开发与生产成本估计。

市场需求文档（MRD）主要描述了市场对芯片产品的需求和期望，通常由市场营销团队或产品管理团队编写。该文档内容包括产品背景、目标市场和用户、产品定位、功能需求和性能需求。

产品需求文档（PRD）会基于 MRD 提出更进一步的芯片产品的具体功能和参数规格，通常由产品经理和系统工程师编写。该文档内容通常包括具体的功能需求和性能需求、通信接口、可靠性指标、安全需求。

对于功能安全来说，这个阶段通常会给定功能安全设计目标。功能安全工程师会基于需求文档，明确并细化 SEooC 的各类假设，例如 ASIL 等级、安全目标、FTTI 和安全架构。在此基础上，功能安全工程师通常会明确并细化具体的功能安全需求，并形成文档。

### 5.5.4 芯片产品开发

芯片产品开发阶段的活动通常包括概念定义、设计和验证、流片和工程样片形成。

#### 1. 概念定义

由于一款芯片在大多数情况下不仅面向一个客户，因此我们一般采用 SEooC 模式进行开发。在概念定义阶段，芯片开发者需要对集成芯片的系统进行假设，假设时需要考虑不同的用例，并包括系统分配给芯片的安全需求及芯片依赖的一些外部设计。这些系统需求及系统设计的假设会作为芯片设计阶段的输入。

#### 2. 设计和验证

（1）前端设计

前端设计包括架构设计、模块设计和前仿真等步骤。芯片安全架构的定义、满足功能安全要求的 IP 选择、安全机制的选取和添加等主要在架构和模块设计阶段实现。在此过程中，功能安全开发的要求与硬件功能安全开发的过程基本对应，会形成需求、设计、安全分析及相关失效分析等交付产物。

逻辑综合是指使用 EDA 工具将硬件描述语言描述的电路转化为特定工艺下的门级网表。门级网表和硬件描述语言描述的电路的一致性可通过形式验证进行比较。

（2）后端设计

后端设计包含布局布线、时钟树综合、后仿、物理验证等过程。在这个阶段，后端设计工程师需要依据功能安全要求，实施并检查安全机制。例如，对于双核锁步布局时，主核与次核需要分开放置并保持一定距离；在时钟树综合布局时，主核与次核的时钟树要彼此分离等。

同时，在此阶段，后端设计工程师需要利用布局布线后获得的精确延迟参数和网表进行仿真，以验证网表的功能和时序是否正确。经过后端设计的一系列步骤，最终生成特定格式的文件并交给芯片代工厂。

（3）设计验证

设计阶段的验证活动包括寄存器传输级（RTL）验证以及 FPGA 验证。

RTL 验证通常通过 Simulation 的形式进行。前端设计的交付产物为 RTL 代码。使用仿真工具对 RTL 代码的仿真被叫作"前仿真",也叫" RTL 级仿真",是指对硬件描述语言描述的电路进行逻辑功能的验证。芯片的安全设计实现也会在此阶段进行验证,例如对安全机制的功能有效性、安全机制的诊断覆盖率、FDTI/DRTI 等进行验证。比较特殊的是,在 RTL 验证中,通过故障注入测试可以得到比较准确的诊断覆盖率、故障响应确认和诊断时间间隔等。

FPGA 验证通常通过 Emulation 的形式进行。Emulation 是一种将设计转化为能够在专用硬件上执行的技术。Emulation 实现主要是通过将用户设计的芯片模拟到 FPGA 对应的元器件上。在芯片设计中,通常需要对相应的安全机制以 Emulation 形式进行验证,以确保其功能符合设计要求。

### 3. 流片和工程样片形成

在芯片设计完成后,设计师需要将其转化为实际的物理布局和连线,生成布局图和掩膜数据,以便进行芯片制造。这个阶段一般被称为"流片"。如果在此阶段发现需要修改或修正,设计师可以通过 ECO 进行设计修改。

在样片出来之后,相关的安全需求通常还会在样片上进行回片测试(即对芯片进行测试和验证),以确保安全设计的最终实现。芯片厂商还会展开一系列测试,如 EValuation Board(EVB)和 CP 测试。在这个阶段,相关人员通常会排除芯片制造过程中的缺陷和问题,以确保芯片的质量和可靠性,也为芯片最后的封装提供指导和依据。此外,对芯片耐久性、鲁棒性的测试通常通过加速应力测试、加速寿命模拟测试、电器校验测试、晶圆制造可靠性测试、封装完整性测试等一系列测试,以确保符合 AEC-Q100 的测试标准。除此之外,芯片厂商通常需要基于 IATF 16949 质量管理体系,以确保为芯片设计方提供完整支持。

## 5.5.5　芯片生产

芯片生产阶段的活动通常包括产品爬坡和大规模量产。在产品爬坡活动中,通常只会以小规模的数量进行芯片生产和出货,旨在帮助客户在产品开发和市场验证阶段进行测试和调整。经过产品爬坡活动后,芯片会进入大规模生产和出货环节。这个活动通常需要根据客户需求进行制造、封装、测试和质量控制,以满足大规模量产的需求。与此同时,在这个阶段,芯片供应商通常会提供包括安全手册、FMEDA 报告、功能安全评估报告或功能安全认证证书在内的交付物来支持客户的功能安全开发。

### 5.5.6　永久性失效的计算方法

半导体的永久性失效取决于电路类型、实现工艺和环境因素。目前，ISO 26262 标准给出了四种永久性基础失效率的评估方法，包括实验测试、事故现场观测、参考行业数据可靠性手册、参考国际设备和系统路线图维护的文件。

以 IEC 62380 中的失效率数学模型为例，下面讲解永久性基础失效率的计算：

$$\lambda = \left\{ \underbrace{\left\{ \lambda_1 \times N \times e^{-0.35a} + \lambda_2 \right\} \times \left[ \frac{\sum_{i=1}^{y} (\pi_t)_i \times T_i}{T_{on} + T_{off}} \right]}_{\lambda_{die}} + \underbrace{\left[ 275 \times 10^{-3} \times \pi_\alpha \times \left( \sum_{i=1}^{z} (\pi_n)_i \times (\Delta T_i)^{0.68} \right) \times \lambda_3 \right]}_{\lambda_{package}} + \underbrace{\left\{ \pi_i \times \lambda_{EOS} \right\}}_{\lambda_{overthress}} \right\} \times 10^{-9} / h$$

上述公式主要分为 $\lambda(die)$、$\lambda(package)$、$\lambda(overstress)$ 三部分，$\lambda(die)$ 为裸片部分失效率，$\lambda(package)$ 为封装部分失效率，$\lambda(overstress)$ 为芯片暴露于电器过应力所导致的额外失效率。

1）$\lambda_1$：每个晶体管基极故障率可根据电路类型参考 IEC 62380 Table 16 或 ISO 26262 Part 11 Figure 10 获得。

2）$\lambda_2$：集成电路技术相关故障率可根据电路类型参考 IEC 62380 Table 16 或 ISO 26262 Part 11 Figure 10 获得。

注：一款芯片中可能存在多种电路类型。我们可以将芯片视为一个整体，选取统一的 $\lambda_1$ 和 $\lambda_2$。这种方法推荐用于面积较小、电路类型较为单一的芯片。而对于面积较大、功能和电路类型较为复杂的 MCU 和 SoC，推荐将芯片内部划分为多个模块，根据各模块的电路类型，分别选取对应的 $\lambda_1$ 和 $\lambda_2$。

3）$N$：集成电路中的晶体管数，可通过 EDA 工具统计或者面积信息估算得出。

4）$a$：制造年份，如 1998 年。

5）$\pi_t$：与集成电路 Mission Profile 的第 $i$ 个结温相关的第 $i$ 个温度因子，计算公式为

$$\pi_t = e^{\left[ A \left( \frac{1}{328} - \frac{1}{273+t_j} \right) \right]} \text{或} e^{\left[ A \left( \frac{1}{373} - \frac{1}{273+t_j} \right) \right]}$$

根据技术类型，参考 IEC 62380 Table 14 或 ISO 26262 Part11 Figure 11 选取对应 $A$ 的计算公式。

$t_j$：集成电路的结温。$t_j = t_a + P \times R_{ja}$ 或 $t_j = t_c + P \times R_{jc}$。其中，$P$ 表示集成电路功率，$t_a$ 表示集

成电路外部的环境温度，$t_c$ 表示集成电路的外壳温度。

注：由于目前芯片开发大多采用 SEooC 开发模式，在计算 FMEDA 时没有 Mission Profile 相关数据，可以使用 IEC 62380 Table 11 中给出的 Passenger Compartment 和 Motor Control 两个经典工况，后期根据用户提供的 Mission Profile 进行修改。

$R_{ja}$ 表示集成电路到环境的热阻，与封装类型、气流因数 $K$ 和引脚数量相关。可参考 IEC 62380 Table 12 选取相关公式计算。

$R_{jc}$ 表示集成电路到外壳的热阻，与封装类型和引脚数量相关，可参考 IEC 62380 Table 12 选取相关公式计算。

6）$T_i$：对于 Mission Profile 的第 $i$ 个结温度，集成电路的第 $i$ 工作时间比。

$T_{on}$：集成电路的总工作时间占比。

$T_{off}$：集成电路非工作时间比，$T_{on}+T_{off}=1$。

7）$\pi_a$：衬底和封装材料之间的热膨胀系数差相关的影响因素。

$\pi_a=0.06 \times (|\alpha_S - \alpha_C|)1.68$，$\alpha_S$ 与 $\alpha_C$ 为衬底和封装的线性热膨胀系数，可根据衬底和封装的类型参考 IEC 62380 Table 14 或 ISO 26262 Part11 Figure 12 获得。

8）$(\pi_n)_i$：与热变化年周期数相关的影响因素，当 $n_i \leqslant 8\,760$ 周期／年时，$(\pi_n)_i = n_i^{0.76}$；当 $n_i > 8\,760$ 周期／年时，$(\pi_n)_i = 1.7 \times n_i^{0.6}$。

9）$\Delta T_i$：Mission Profile 的第 $i$ 个热振幅变化。

对于工作阶段，$\Delta T_i = (t_{ac})_i - (t_{ae})_i$

对于非工作阶段：$\Delta T_i =$ 温差平均值　$\Delta T_j = P \times R_{ja}$

$t_{ac}$：PCB 附近的平均环境温度。

$t_{ae}$：设备周围的平均外部环境温度。

10）$\lambda_3$：集成电路封装的基本故障率，与封装类型、引脚数量、封装间距、宽度、长度相关。可参考 IEC 62380 Table 17 或 ISO 26262 Part 11 Figure 14、15 选取相关公式计算。

11）$\pi_i$：与集成电路使用有关的影响因素，可根据电气环境参考 IEC 62380 Table 14 或 ISO 26262 Part 11 Figure 11 获得。

11）$\lambda_{EOS}$：与所考虑应用中的电气过应力相关的故障率，可根据电气环境参考 IEC 62380 Table 14 或 ISO 26262 Part11 Figure 11 获得。

### 5.5.7 瞬态失效及其计算方法

瞬态失效根据产生原因可以分为两种：由内部或外部 $\alpha$、$\beta$、中子、$\gamma$ 辐射源引发的软错误引起的瞬态故障。由 EMI 或串扰引起的瞬态故障主要与系统原因有关。在设计阶段，我们可以通过适当的技术和方法避免这些问题。

瞬态故障的影响是暂时性的，其影响可以通过电力循环来恢复，因此某些对永久性故障有效的安全机制可能无法检测瞬态故障。例如，对于 RAM 的瞬态失效，MBIST、march 5 等周期性测试是无效的，而奇偶校验、ECC 等实时校验的安全机制是有效的。

根据不同电路的特性，目前业内认为会受到瞬态失效影响的集成电路类型主要有触发电路、锁存电路、存储电路和模拟电路。

根据瞬态故障产生原因，瞬态故障大致由两部分组成：NSER 和 ASER。这两部分数据通常由 Foundry 厂通过实验获得，其中 NSER 在中子加速实验中获得，与海拔高度和所处纬度位置相关。NSER 在测试时一般采用纽约的相对中子流量均值，在使用时需要根据车辆实际运行环境进行换算，即实际 NSER=（车辆实际运行地点相对中子流量 / Foundry 厂实验时选用的相对中子流量）× 实验测得的 NSER 值。其中，车辆实际运行地点相对中子流量可以根据运行地点参考 JESD89A Table A.3-B 获得。ASER 在 $\alpha$ 粒子加速实验中获得，与封装材料和工艺相关。一般拿到 Foundry 厂的实验数据后，我们需要确认测试所用的封装材料的 $\alpha$ 粒子放射值是否与芯片实际使用的封装材料放射值一致，如不一致需要进行转换，即实际 ASER=（实际使用的封装材料 $\alpha$ 粒子放射值 / 实验时所用的材料 $\alpha$ 粒子放射值）× 实验测得的 ASER 值。

### 5.5.8 安全手册

安全手册是一份描述 SEooC 提供的安全功能及如何正确将 SEooC 集成到安全相关系统中的文档，作为系统开发者能获取到的最重要的描述芯片功能安全设计的文档。系统开发者需要充分理解安全手册的内容，并根据安全手册中的要求正确地完成芯片集成，以支持系统功能安全的实现。通常，安全手册会明确开发者需要参考的相关项、功能安全概念、技术安全概念文档。系统开发者在阅读安全手册时，应注意以下问题。

❏ 除了评估必要的 ASIL 等级以及 FTTI 的数值，还需要明确芯片假设的安全目标和实际的安全目标是否一致。

❏ 现有的架构设计是否契合芯片假设的安全状态。

❑ 哪些芯片外部安全设计的假设转化为系统的技术安全需求。

❑ 芯片哪些部分可以做 ASIL 分解。

❑ 对芯片外模块的 ASIL 要求。

❑ 是否满足现有诊断覆盖率的设计需求。

❑ 是否能按照安全手册中安全机制设计要求进行使用。

如发现不能按照要求使用的情况，我们需要重新评估芯片的硬件度量结果，以确保系统符合预期设计目标。

# 软件开发阶段

软件开发是根据用户要求构建软件系统或者系统中软件部分的过程。软件开发是一项包括需求分析、架构设计、实现和测试的系统工程。本章将介绍软件开发的背景与意义、传统的文档驱动式开发环境下的软件开发流程、软件的风险管理，以及基于模型的开发方法。

## 6.1 软件层面产品开发

软件层面的产品开发必须采用合适的软件开发流程和开发环境。本章将重点介绍这两个方面，并探讨它们在开发安全相关软件产品中的重要性。

### 6.1.1 软件产品工程开发简介

随着"新四化"趋势带来的汽车电子架构革新，汽车硬件体系逐渐趋于一致，整车企业很难在硬件上打造差异化。此时，软件和算法将成为车企竞争的核心要素，即软件成为定义汽车的关键。因此，造车壁垒已经由之前的上万个零部件拼合集成能力，演变成上亿行代码组合运行的计算能力。

"软件定义汽车"的时代正在到来，与此同时，传统车企正在面临越来越多的挑战。

外部来说，以特斯拉为首的新造车势力正在席卷而来。与 BBA（宝马、奔驰、奥迪）等传统豪华汽车不同，这些新造车势力更倾向于使用敏捷开发，而且其产品的用户体验确实让消费者有种"诺基亚转苹果"的感觉。尽管新造车势力发展之初确实出现了很多软硬件上的纰漏，但是随着 OTA 的杀手锏祭出，这些似乎又不那么重要了。

内部来说，随着自动驾驶、智能座舱等产品越来越受到重视，传统以 Matlab 为核心的模型开发局限性越来越明显，车企需要不断引入新的开发语言和工具。随着车上软件的日益复杂，AUTOSAR 也面临越来越大的挑战。尽管 AUTOSAR 组织也在积极应对变化，推出了理念超前的 AUTOSAR Adaptive Platform，但在落地上仍面临诸多挑战。

与手机不同，安全仍然是智能汽车最重要的属性。尽管在软件定义汽车的上半场，传统车企受到了很大的冲击，但在下半场，鹿死谁手尚未可知。安全和体验必定是智能汽车的两个关键属性，谁能在软件开发中建立一套集各家所长的体系与方法论，谁就能在未来的智能汽车之争中真正胜出。

## 6.1.2　常见的软件开发模型

### 1. 软件开发模式：瀑布模型、V 模型与敏捷开发

（1）软件工程历史

软件工程诞生于 20 世纪 70 年代，是一个相对新兴的学科。随着计算机、互联网等信息技术的发展，软件工程展现出强大的生命力，形成了多种软件开发模式，从瀑布式开发到螺旋开发，再到迭代开发和敏捷开发。这些不同开发模式的探索旨在寻求更适合软件开发的模式，以提高开发效率和质量。

在软件工程发展的三个阶段中，20 世纪 90 年代之前主要是嵌入式开发，开发模式从瀑布式开发模式逐步发展为迭代开发模式。进入 20 世纪 90 年代后期，随着软硬件的解耦和操作系统的完善，应用软件的开发进度滞后于客户和市场需求，导致各种新的软件开发模式的涌现，其中包括 SCRUM 开发模式、XP 极限编程开发模式、RUP（软件统一过程）开发模式等。进入 21 世纪，随着软件和基础设施的进一步完善，移动互联网和云资源的出现，各种软件开发模式逐渐演变为敏捷开发模式，成为软件开发的主流，如图 6-1 所示。

（2）什么是瀑布式开发

瀑布式开发是一种管理模式，其基本流程为需求→设计→开发→测试。这种模式要求明

确的需求，按照需求逐步规划，每个阶段的工作完成是下一阶段工作开始的前提。每个阶段都需要严格的评审，确保工作做得足够好才能进入下一阶段。瀑布式开发适用于需求明确的To B端项目。在20世纪70年代，温斯顿·罗伊斯提出了瀑布式开发模式，将软件开发生命周期划分为制订计划、需求分析、软件设计、程序编写、软件测试和运行维护六项基本活动。该模式规定了这些活动自上而下、相互衔接的固定次序。项目必须严格按照预先计划的顺序进行，只有通过上一个阶段的验收审核，才能进入下一个阶段。这种模式如同瀑布流水，逐级下落，因此得名"瀑布式开发模式"。

**1970～1990年软件工程崛起**

70s：软件工程基础理论与实践开始形成，但更多是借鉴硬件实践方法。

- 1970：Winston Royce 提出瀑布模式
- 1976：Tom Gilb 全面描述了迭代开发
  - 追溯至20世纪30年代的贝尔实验室
  - 主要在 IBM 联邦系统事业部（FSD）和 TRW（美国天合）应用
  - 组织形式有 Skunkworks 等
- 1980：Barry Boehm 公布螺旋开发模式
- 1987：美国国防部发布 DOD-STD-2167

**2001～至今软件工程演化**

2001：17个软件人员发表敏捷宣言，敏捷在 IT 部门延展

2009：Patrick Debois 提出 DevOps

2010：Jez Humble 提出"持续交付"

2010：LeSS

2011：SAFe

敏捷是一种思想，而不是具体的方法或流程

**1990～2000年软件工程危机**
- 应用软件开发危机
- 新的软件工程方法井喷
  - 1991：James Martin 的 RAD
  - 1995：Jeff Sutherland 和 Ken Schwaber 的 SCRUM
  - 1994：英国的 DSDM
  - 1996：Kent Beck 的 XP (Chrysler)
  - 1997：Jeff DeLuca 的 FDD

图6-1　软件工程的发展历史

（3）什么是V模型

V模型是一种软件开发模型，由瀑布式开发模式演变而来，目前在汽车行业被广泛应用。该模型的开发流程是从上到下、从左到右，同时也是从下到上。从上到下的阶段包括系统需求、系统架构、软件需求、软件架构、软件详细设计和软件单元。从左到右表示每个层级都有相应的测试，例如系统需求对应系统测试。当一个阶段完成时，下一个阶段就会开始工作，同时相应的测试也会开始进行。从下到上的过程表示测试是逐层向上进行的，例如系统测试

的开始条件是系统集成测试、软件测试完成且没有重大 Bug。

V 模型对汽车行业有着深刻影响。汽车公司的技术部门组织架构和研发体系几乎都是参照 V 模型设置的。而且，很多汽车行业标准和规范的基石都是 V 模型。例如，汽车行业很火的 ASPICE 和 ISO 26262 标准都是参考 V 模型制定的，如图 6-2 所示。

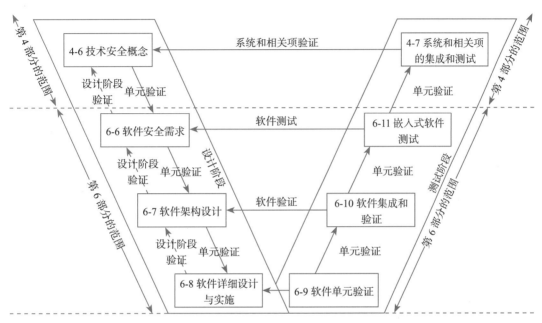

图 6-2　软件功能安全开发 V 模型

（4）什么是敏捷开发

敏捷开发是一种以用户需求进化为核心、迭代、循序渐进的开发方法。首先将用户最关注的软件原型制作完成并交付给用户，在实际场景中发现问题并获得反馈，开发人员快速修改以满足需求。这个过程不断迭代，直到用户满意。敏捷开发的特点包括迭代周期短（通常以周为单位）、人员规模小、随时响应变化、更大的灵活性、更少的投入、更高效的开发、更及时的交付、更大程度的降低风险（了解市场需求，降低产品不适用风险）。敏捷开发适用于需求不明确、创新性或需要抢占市场的项目，特别适合互联网项目。

（5）瀑布式、V 模型开发和敏捷开发的异同

瀑布式、V 模型开发和敏捷开发在工作方式上有明显的不同。

瀑布式、V 模型开发强调过程文档，以文档驱动项目，严格划分开发阶段，每个阶段结

束都有详细文档作为输出，上一个阶段的输出是下一个阶段的输入，直至完成整个开发流程。

敏捷开发更注重人的协作，团队之间以及客户与团队之间高度协作，采用迭代方式进行增量开发。客户对每次迭代的成果提出修改意见，开发人员进行调整和完善，多次迭代直至完成完整的产品交付。

图 6-3 清晰地反映出瀑布式开发和敏捷开发在研发过程中的异同。可以看到，无论是瀑布式开发还是敏捷开发，整个流程都分为设计、开发、测试三个部分，只不过各个部分的开始和结束时间节点不同而已。

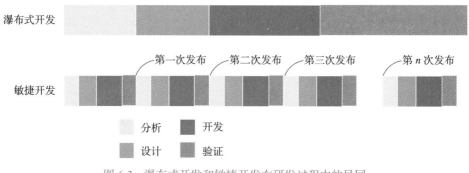

图 6-3　瀑布式开发和敏捷开发在研发过程中的异同

### 2. ASPICE

ASPICE 现在越来越多地被 OEM 和零部件供应商提及和重视。ASPICE 几乎成为汽车行业的通用标准和准则。那么，什么是 ASPICE 呢？

ASPICE 的全称是 Automotive SPICE。很明显可以看出，ASPICE 是由 SPICE 发展而来的。SPICE 是由国际标准化组织（ISO）、国际电工委员会（IEC）和信息技术委员会（JTC1）发起制定的 ISO 15504 标准，该项目名为"软件过程改进和能力测定"（Software Process Improvement and Capability Determination，SPICE）。

ASPICE 初版在 2005 年 5 月发布，经过评审和最终检查，于 2005 年 8 月正式发布。ASPICE 从最开始的 2.0 版本，不断更新（如图 6-4 所示），最新的 ASPICE 是 2023 年底发布的 4.0 版本。

ASPICE 将过程分为三个部分：主要生命周期过程、组织生命周期过程、支持生命周期过程。其中，主要生命周期过程是 ASPICE 的核心过程，也是研发人员普遍关注的过

程。这个过程又分为系统过程和软件过程，这两个过程都是按照 V 模型开展的，这也使得
ASPICE 成为 V 模型的代名词。同时，无论是功能安全标准 ISO 26262，还是网络安全标准
ISO/SAE 21434，都参考了 V 模型的开发思路。因此，很多企业往往会在构建研发体系的过程
中，将这三个部分合在一起考虑。

| | |
|---|---|
| 2.0 | • 2005-05-24<br>• AutoSIG/SUG 初版发布，未实施最终评审 |
| 2.1 | • 2005-06-24<br>• AutoSIG/SUG 实施评审意见，FDIS15504-5 中反映变更 |
| 2.2 | • 2005-08-21<br>• AutoSIG/SUG 实施最终检查，正式发布 |
| 2.3 | • 2007-05-05<br>• AutoSIG/SUG CCB 实施改版，正式发布 |
| 2.4 | • 2008-08-01<br>• AutoSIG/SUG CCB 实施改版，正式发布 |
| 2.5 | • 2010-05-10<br>• AutoSIG/SUG CCB 实施改版，正式发布 |
| 3.0 | • 2015-07-16<br>• VDAQMCWG13 变更 |
| 3.1 | • 2017-11-01<br>• VDAQMCWG13 变更 |

图 6-4　ASPICE 的发展历程

当汽车电子电器架构还处于分布式开发阶段时，ASPICE（或 V 模型）几乎是唯一的选择，
几乎没有供应商或者 OEM 使用敏捷方法去开发车上的控制器。然而，自从软件定义汽车时代
到来，大量新玩家涌入，开发逻辑出现了不同的声音。特斯拉、蔚来、小鹏等具有硅谷互联
网背景的新玩家都使用敏捷进行开发，它们的产品用户体验确实让消费者有种"诺基亚转苹
果"的感觉。这也促使众多车企（无论是传统车企还是造车新势力）开始思考 ASPICE 是否仍
能代表汽车软件开发的最佳实践。

（1）ASPICE 的优势

ASPICE 的核心思想与 V 模型开发是一致的，即 DRIFT（Do things Right In First Time）。
ASPICE 认为，软件缺陷修复的成本随着软件的开发成倍数级提升，因此 Bug 越早发现，修
复成本越低。在关键控制器上（比如动力总成的 ECU），某些 Bug 可能是致命的且难以被发现
的，因此对代码的态度必须慎之又慎。传统的车企合作关系通常是 Tier1 供应控制器，OEM

集成到车上，对于软件这种无形的资产，又是闭源交付，OEM 管控是很难的，唯一的监管对象就是交付物。ASPICE 既可作为开发过程监控，也可作为质量证据。

（2）ASPICE 的挑战

ASPICE 作为汽车行业中广泛采用的软件过程评估和改进模型，在确保汽车软件质量和安全性方面发挥了重要作用。然而，随着技术的发展和市场环境的变化，ASPICE 的一些局限性也逐渐显现出来。

首先，ASPICE 的严格流程可能导致对变化的适应性不足。在 ASPICE 中，每个阶段的输出都是基于前一阶段的输入，形成了一个紧密相连的链条。这种模式在需求稳定的情况下能够保证软件的质量和一致性。但是，当面临需求变更，尤其是与原需求存在冲突的情况时，整个项目的调整成本将变得极为高昂。这种变更可能涉及设计文档的废弃、重新设计、测试的重新执行等多个环节。这对于追求快速迭代和灵活应变的现代软件开发环境来说，无疑是一个巨大的挑战。

其次，ASPICE 对人力资源的消耗也是不容忽视的问题，例如，需要对软件的动态行为进行详尽描述，并建立双向可追溯性。这在大型软件项目中几乎是不可能完成的任务，因为模块间的交互在不同场景和条件下可能呈现不同的逻辑路径。虽然这有助于提升软件质量，但在没有合适工具支持的情况下，这一要求的实现将变得异常艰难和低效。

综合来看，ASPIC 的每个最佳实践都需要大量的人力投入。有行业专家指出，对于那些尚未建立起 ASPICE 模型的公司来说，执行 ASPICE 所需的人力资源可能是不执行的三倍。虽然在需求变化不大的情况下，遵循 ASPICE 模型开发可以降低后期发现和修复 Bug 的人力成本，但在实际工作中，客户需求的频繁变更和研发人员的快速流动使得 ASPICE 在中国等地区的实施面临诸多困难。

因此，虽然 ASPICE 在提升汽车软件质量和安全性方面具有显著优势，但在快速变化的市场和技术环境中，流程的僵化和对人力资源的高消耗也成为制约其广泛应用的因素。这要求我们在实践中不断探索和优化，以满足不断变化的软件开发需求。

3. 软件标准体系中相关软件开发框架

谈及软件标准体系，我们首先需要理解一个重要概念——质量管理体系（QMS）。质量管理体系是诸多 ISO/IEC 标准的基础。例如，ISO 26262 功能安全标准明确要求：组织需要建立符合 IAFT 16949、ISO 9001 等质量标准的质量管理体系。而 ASIL-QM 的功能安全等级也要求企业按照最基本的质量管理体系的要求来开发相应的产品。

（1）质量管理体系概述

全面质量管理的创始人费根堡姆将质量管理体系定义为：一个协调组织中人们的质量保持和质量改进努力的有效体系，该体系是为了用最经济的水平生产出客户完全满意的产品。ISO 9001 给出的定义是，在组织建立的对质量进行指挥和控制的管理体系。

所以说，质量管理体系首先是一种管理体系，与人力资源管理体系、财务管理体系类似，是各种要求和系统有机组成的一个整体，是系统化的、全局的，而不是局部的，是组织的一项战略决策。

质量管理体系是组织内部建立的，旨在协调组织内部的人力和资源，使组织能够持续满足客户需求，提高客户满意度。它通过将资源与过程结合，采用流程管理方法进行系统管理。质量管理体系通常包括管理活动、资源提供、产品实现，以及与测量、分析与改进活动相关的过程，涵盖从确定客户需求、设计开发、生产、检验、销售到交付全过程的策划、实施、监控、纠正与改进活动的要求。

软件开发作为产品设计研制的重要一环，整体上从属于质量管理体系的一部分。但是，由于其独特性，需要遵循特定的标准来规范行为。目前，软件工程方面使用较广的标准包括 ISO/IEC/IEEE 12207、CMMI。

（2）ISO/IEC/IEEE 12207

ISO/IEC/IEEE 12207 标准属于 ISO 15288 系统工程标准的一部分。该标准为软件产品的创新研发建立了一套通用的流程框架。该流程框架包含了软件产品在收购、服务提供、概念工程、开发、运营维护、退市等不同阶段需要遵循的通用流程、完成的活动及任务。然而，ISO/IEC/IEEE 12207 并不是强制标准，每家开发企业可以根据自己的实际情况进行裁剪。

ISO/IEC/IEEE 12207 标准不仅适用于软件产品的开发，也适用于包含软件的系统产品开发。典型的案例是汽车产品中的软件开发同样可以借鉴 ISO/IEC/IEEE 12207 标准。ISO/IEC/IEEE 12207 标准中的典型软件开发流程框架如图 6-5 所示。

（3）CMMI

CMMI（Capability Maturity Model Integration for Software，软件能力成熟度模型集成）是在 CMM（Capability Maturity Model for Software，软件能力成熟度模型）的基础上发展而来的。CMMI 是由美国卡内基梅隆大学软件工程研究所（Software Engineering Institute，SEI）组

织全世界的软件过程改进和软件开发管理方面的专家历时四年开发出来的，并在全世界推广
实施的一种软件能力成熟度评估模型，主要用于指导软件开发过程的改进和软件开发能力的
评估。

图 6-5　ISO/IEC/IEEE 12207 标准中的典型软件开发流程框架

CMMI 模型包括 CMMI 开发模型、CMMI 服务模型和 CMMI 供应商管理模型。其中，最常用的是开发 CMMI 模型。目前，CMMI 开发模型的最新版本是于 2018 年 3 月发布的 CMMI V2.0，2020 年 4 月起 CMMI V1.3 不再被支持。CMMI 开发模型 2.0 版本共包括四大类、九个能力域和二十个实践域（CMMI 1.3 版本称之为"流程域"，共二十二个流程域），如图 6-6 所示。

| CMMI V1.3 过程域 ->V2.0 实践域 | | 实践个数小计 | 1 级 | 2 级 | 3 级 | 4 级 | 5 级 |
|---|---|---|---|---|---|---|---|
| Causal Analysis and Resolution (CAR) | 原因分析与解决方案 | 11 | 1 | 2 | 5 | 2 | 1 |
| Configuration Management (CM) | 配置管理 | 7 | 1 | 6 | | | |
| Decision Analysis and Resolution (DAR) | 决策分析与解决方案 | 8 | 2 | 5 | 1 | | |
| Estimation (EST) | 估算 | 6 | 1 | 3 | 2 | | |
| Governance (GOV) | 治理 | 7 | 1 | 4 | 2 | | |
| Implementation Infrastructure (II) | 实施设施 | 6 | 1 | 2 | 3 | | |
| Managing Performance and Measurement (MPM) | 管理性能与度量元 | 22 | 2 | 6 | 6 | 5 | 3 |
| Monitor and Control (MC) | 监督与控制 | 10 | 2 | 4 | 4 | | |
| Organizational Training (OT) | 组织级培训 | 9 | 1 | 2 | 6 | | |
| Peer Review (PR) | 同行评审 | 6 | 1 | 4 | 1 | | |
| Planning (PLAN) | 策划 | 15 | 2 | 8 | 4 | 1 | |
| Process Asset Development (PAD) | 过程资产开发 | 11 | 1 | 3 | 7 | | |
| Process Management (PCM) | 过程管理 | 12 | 3 | 2 | 6 | 1 | |
| Process Quality Assurance (POA) | 过程质量保证 | 6 | 1 | 4 | 1 | | |
| Product Integration (PI) | 产品集成 | 10 | 1 | 6 | 3 | | |
| Requirement Development and Management (RDM) | 需求开发与管理 | 14 | 1 | 6 | 7 | | |
| Risk Management (RSKM) | 风险与机会管理 | 8 | 1 | 2 | 5 | | |
| Supplier Agreement Management (SAM) | 供应商合同管理 | 10 | 3 | 4 | 2 | 1 | |
| Technical Solution (TS) | 技术解决方案 | 10 | 1 | 3 | 6 | | |
| Verification and Validation (VV) | 验证与确认 | 7 | 2 | 3 | 2 | | |
| 合计 | | 195 | 29 | 79 | 73 | 10 | 4 |

图 6-6　CMMI 2.0 版本中的实践域

CMMI 成熟度是分级别的。CMMI 1.3 版本中共有五个级别，代表软件团队能力成熟度的五个等级，数字越大，成熟度越高。高成熟度表示团队具有较强的软件综合开发能力。而 CMMI 2.0 版本增加了一个 0 级别（见图 6-7）。0 级代表组织能力不完整，工作可能交付，也可能无法交付，甚至存在随时关闭的风险。其他五个等级由低到高分别是初始级、可管理级、已定义级、量化管理级和优化管理级。

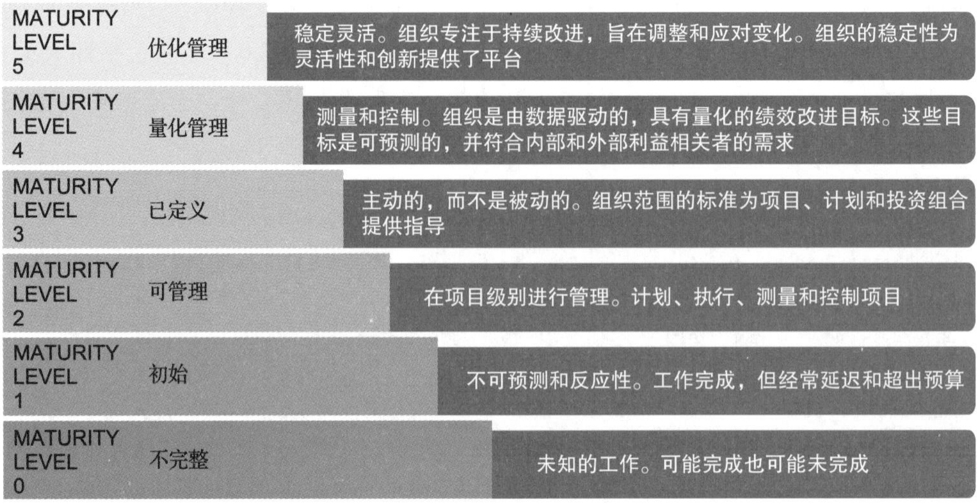

| MATURITY LEVEL 5 | 优化管理 | 稳定灵活。组织专注于持续改进，旨在调整和应对变化。组织的稳定性为灵活性和创新提供了平台 |
| MATURITY LEVEL 4 | 量化管理 | 测量和控制。组织是由数据驱动的，具有量化的绩效改进目标。这些目标是可预测的，并符合内部和外部利益相关者的需求 |
| MATURITY LEVEL 3 | 已定义 | 主动的，而不是被动的。组织范围的标准为项目、计划和投资组合提供指导 |
| MATURITY LEVEL 2 | 可管理 | 在项目级别进行管理。计划、执行、测量和控制项目 |
| MATURITY LEVEL 1 | 初始 | 不可预测和反应性。工作完成，但经常延迟和超出预算 |
| MATURITY LEVEL 0 | 不完整 | 未知的工作。可能完成也可能未完成 |

图 6-7 CMMI 2.0 版本中的成熟度分级

## 6.1.3 软件分层及典型的软件系统

### 1. 分层架构

NTCAS（汽车标准化技术委员会）推荐的车控操作系统采用纵向分层、横向分区 / 块的逻辑架构，如图 6-8 所示。纵向上，根据对业务实现的支撑，在不同的层级上进行抽象，将功能实现进行软件架构或软硬件架构层面的解耦。越向上，抽象层次越面向用户和业务的实现；越向下，抽象层次越面向基础载体。横向上，在同一抽象层级上，根据可以支持不同的业务，系统分成不同的模块（同时可以在部署时进行冗余代码 / 模块的裁剪），常见的表现形式有库或模块。

逻辑层次上可以简单分为三层：系统软件、功能软件、应用软件。系统软件包含操作系统内核、虚拟化管理、POSIX 接口软件层、系统中间件及服务，以及实时安全域。功能软件主要包含自动驾驶系统的核心共性功能模块，包括自动驾驶通用模型和功能软件通用框架。功能软件结合系统软件，共同构成完整的车控操作系统，支撑驾驶自动化的实现。一些公司将这些功能软件服务与系统中间件一起纳入自研的 SDK（如 NVIDIA® DriveWorks SDK），作为中间件向客户提供。

在整体解决方案中，开发和调试等工具链作为方案部署实现的必要元素也纳入其中。

| 应用软件 | 数据及地图 | HMI 及需求 | 感知融合 | 决策规划 | 网联云控 | 控制执行 | | |
|---|---|---|---|---|---|---|---|---|

车控操作系统架构

**功能软件**
- 算法接口 API ／ API
- 自动驾驶通用框架模块（感知、规划、控制）
- 深度学习和视觉模块 / 传感器模块 / …… / 网联模块 / 云控模块

**系统软件**
- POSIX/ARA …… 管理平面和实时控制平面 分布式通信
- Linux 等 / Linux 优化 / 其他安全实时内核
- Hypervisor 及 BSP Driver
- Safety RTOS
- AUTOSAR RTE / BSW / MCAL

安全体系

工具链（开发、仿真、调试、测试等）

**硬件平台**
- 异构分布硬件架构
- AI 单元 -GPU/FPGA/ASIC AI 芯片 + CPU ／ 计算单元 - 多核多 CPU ／ 控制单元 -MCU

图 6-8　车控操作系统典型分层架构

## 2. 常见车载 / 车控操作系统

操作系统是一组管理计算机硬件和软件资源的计算机程序。操作系统执行基本的系统任务，例如控制输入和输出设备、提供网络连接、管理文件系统、管理应用程序、分配内存、确定系统请求的优先级、任务调度等。

传统的操作系统范围仅包含操作系统内核，广义上则包含 BSP 和通用基础库（如支持 POSIX 接口的 Glibc、Pthread 库）。

### （1）QNX

QNX 是一款微内核，提供认证的 Hypervisor（QNX Hypervisor）以及支持网络安全特性的嵌入式实时操作系统。它在开发上的最大特点是写驱动程序和应用程序的方式一致，并且网络协议栈、文件系统、应用程序、驱动程序之间相互独立，与微内核运行空间也相互独立，如图 6-9 所示。

目前，QNX OS for Safety 已经通过 ISO 26262 ASIL D 安全认证，其提供的支持工具链也符合

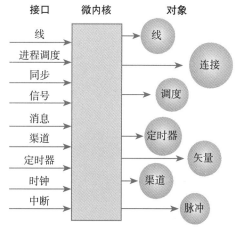

图 6-9　QNX 微内核

ISO 26262-8 关于 TCL3 的要求。C++ 库头文件和模板最高可用于实现 ASIL B 的安全目标，C++ 库运行时最高可用于实现 ASIL D 的安全目标，如图 6-10 所示。目前，QNX 在数字仪表中被广泛应用。

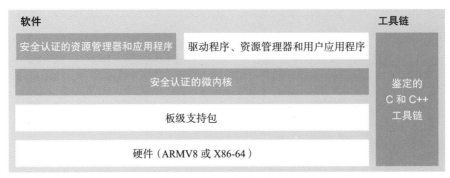

图 6-10　QNX 安全操作系统

（2）Linux

　　Linux 是一款开源、功能强大的操作系统。Linux 具有内核紧凑、高效等特点，可以充分发挥硬件性能，如图 6-11 所示。与 QNX 相比，它最大的优势在于开源和更丰富的生态，具有很强的定制开发灵活性。基于 Linux 开发新的操作系统是指基于 Linux 内核进一步集成中间件、桌面环境和部分应用软件。Linux 支持的组件更为复杂，常用于支持拥有更多应用和接口的信息娱乐系统。

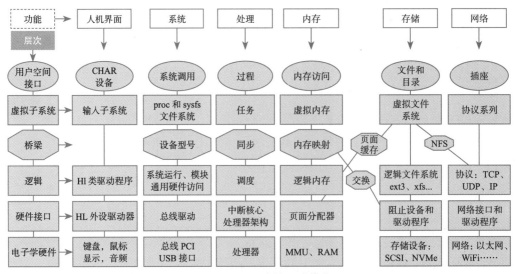

图 6-11　Linux 内核组成模块

（3）AGL

2014 年，Linux 基金会发布了开源 AGL（Automotive Grade Linux）规范 1.0 版本，如图 6-12
所示。这是业界首个开放式车载信息娱乐（IVI）软件规范。该规范对 APP/HMI 层、应用框架
层、服务层、安全服务和操作系统层等方面进行了相关说明。目前，AGL 也在尝试向仪表领
域延伸。

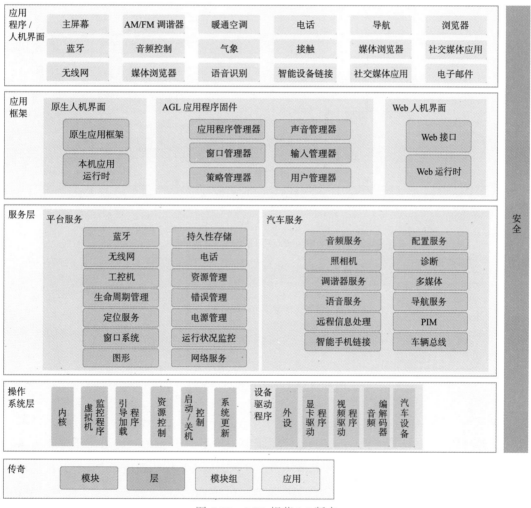

图 6-12  AGL 规范 1.0 版本

（4）GENIVI/COVESA

互联汽车系统联盟（COVESA）前身为 GENIVI，早期关注车载信息娱乐（IVI）系统技术

解决方案。当前，COVESA 关注互联车辆的通用车辆接口计划（CVII），具体如图 6-13 所示。

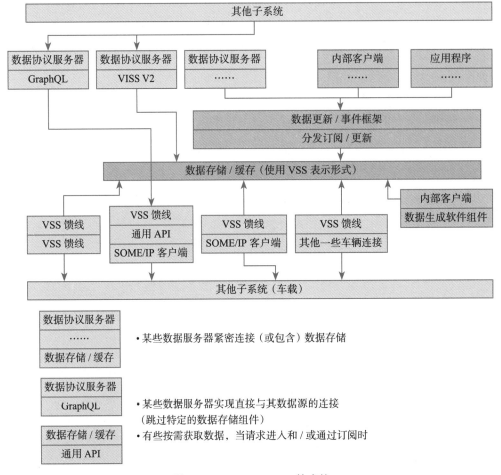

图 6-13　COVESA CVII 技术栈

（5）VxWorks

VxWorks 操作系统是美国 WindRiver 公司于 1983 年设计开发的一种适用于智能边缘的嵌入式实时操作系统（RTOS）。该产品应用范围广泛，从火星探测到地球应用，从医用输液泵和成像系统到制造机器人及其他智能边缘设备。VxWorks 当前支持 C++ 17、Boost、Rust、Python、Pandas 等开发语言，VxWorks 认证版本（Cert 版）满足 ISO 26262 ASIL D 要求。VxWorks 操作系统运行环境如图 6-14 所示。

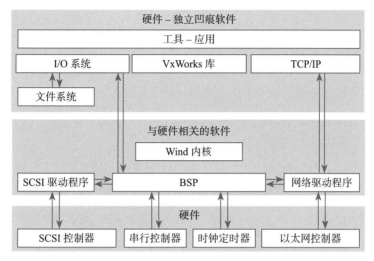

图 6-14　VxWorks 操作系统运行环境

（6）鸿蒙（Harmony）

2019 年 8 月，华为推出 HarmonyOS，这是一款基于微内核的全场景分布式操作系统。HarmonyOS 整体遵循分层设计，从下向上依次为内核层、系统服务层、框架层和应用层，如图 6-15 所示。HongMeng Kernel for Safety 和 HongMeng V1.2 分别取得 ISO 26262 最高的安全完整性等级 ASIL D 和安全领域高等级信息安全（CC EAL 5+）的第三方认证。

图 6-15　华为 HarmonyOS 系统架构示意图

（7）AUTOSAR Classical Platform

AUTOSAR 是由 OEM、Tier1、软件供应商、工具供应商等组成的一个汽车开放系统架构组织（简称 AUTOSAR 组织），致力于建立一个标准化平台，以满足当前和未来市场中不同的汽车 E/E 架构。它独立于硬件的分层软件架构，制定各种车辆应用接口规范和集成标准，为应用开发提供方法论层面的指导，以降低汽车软件设计的复杂度，提高汽车软件的灵活性和开发效率，以及汽车软件在不同汽车平台的复用性。

AUTOSAR Classical Platform（CP）包含 RTOS，主要运行在 MCU 上，抽象出三个软件层 [ 与硬件无关的应用程序、用于软件组件间通信和提供应用程序接口的运行时环境（RTE）和基本软件（BSW）]，如图 6-16 所示。BSW 由三个主要抽象层和复杂的驱动程序组成，抽象层分为用于系统、内存和通信服务基础设施的服务层、ECU 抽象层和微控制器抽象层。

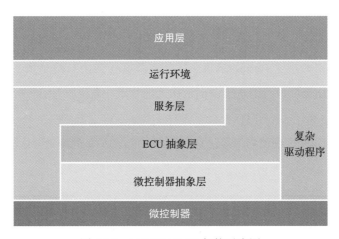

图 6-16　AUTOSAR CP 架构示意图

当前提供该解决方案的企业主要有 Vector、KPIT、ETAS、Elektrobit 等。

（8）其他实时操作系统

除了上述提到的操作系统，常见的实时操作系统还有 FreeRTOS、μC/OS、Nuclues、ThreadX、PikeOS、RT-Thread、DJYOS 等。

3. 常见车载 / 车控中间件

中间件是一类向应用程序提供通用服务和能力的软件，连接系统软件和应用软件，便于各软件部件之间的通信（包括数据和指令的交互），并抽象出应用软件常用的功能。应用软件可以借助中间件在不同的技术架构之间共享信息与资源（当中间件接口遵循相同或兼容的接口规则时可实现）。

在车规和自动驾驶实践中，各家中间件的作用范围通常涵盖通信和任务调度，但中间件的概念比该范围更广。下面举例介绍一些常见的中间件产品。

（1）SOME/IP

SOME/IP 是一种面向服务的传输协议技术标准，最早由宝马在 2012 年至 2013 年开发，并在 2014 年集成进 AUTOSAR 4.2.1 版本中。SOME/IP 在协议堆中的位置如图 6-17 所示。

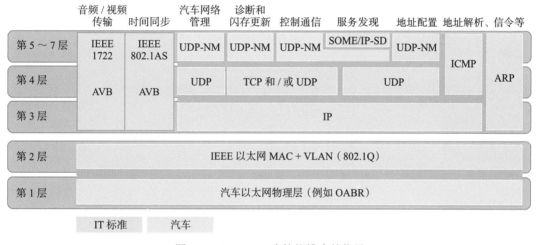

图 6-17　SOME/IP 在协议堆中的位置

（2）DDS

DDS 是用于实时和嵌入式系统发布订阅通信标准，其典型架构如图 6-18 所示。通过引入一个虚拟的全局数据空间，应用程序可以在其中简单地读取和写入某个数据对象来进行信息共享。应用程序通过主题（Topic）和键来寻址该数据对象，订阅者可以指定时间和内容筛选器，仅获取主题（Topic）上发布的数据子集，不同的 DDS 域彼此完全独立，没有数据共享，如图 6-19 所示。DDS 中间件能够将应用程序从操作系统、网络传输和低级数据格式的细节中抽象出来，允许应用程序跨操作系统、语言和处理器架构交换信息。低级数据格式的细节如数据格式、发现、连接、可靠性、协议、传输选择、QoS（包括可靠性、带宽、传送时间和资源限制）、安全性等均由中间件管理。常见的 DDS 包括 RTI Connext DDS、OPEN DDS、FAST DDS、Cyclone DDS。

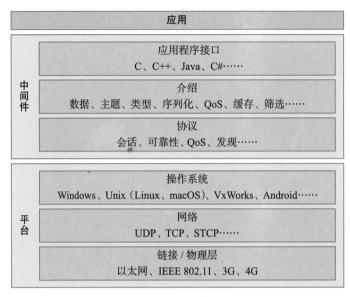

图 6-18　DDS 典型架构

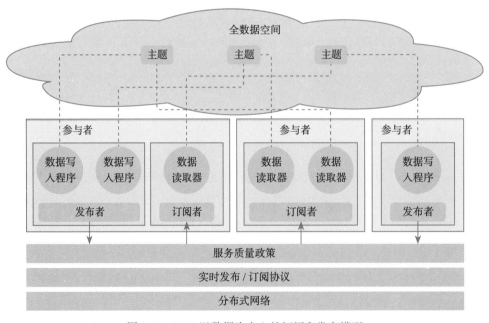

图 6-19　DDS 以数据为中心的订阅和发布模型

（3）ROS

ROS 作为最早开源的机器人软件中间件，很早就被机器人行业使用。很多知名的机器人开源库，比如基于 Quaternion 的坐标转换、3D 点云处理驱动、定位算法 SLAM 等，都是开源贡献者基于 ROS 开发的。当前，ROS2 作为 ROS1 的下一代系统，基于 DDS 通信机制，取消了 Master 节点，实现节点的分布式发现、发布 / 订阅、请求 / 响应。ROS2 支持实时性、嵌入式、分布式等多个操作系统，并且引入了 QoS 策略用于配置节点间通信，提升了 ROS2 适应于不同应用场景的灵活性。当前，受 ROS 支持的系统包括 Linux、Windows、Mac，以及其他 RTOS 等。采用 ROS2 架构的代表性中间件包括 Apex.Middleware。ROS1/2 典型架构如图 6-20 所示。

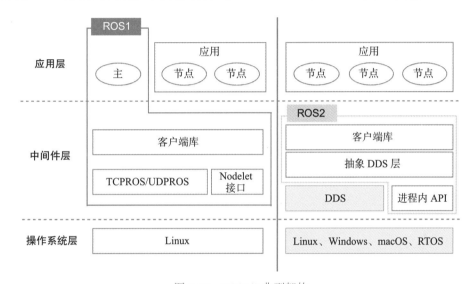

图 6-20　ROS1/2 典型架构

### （4）AUTOSAR Adaptive Application

AUTOSAR Adaptive Platform（AP）本身是一个中间件，提供 ARA（Runtime for Adaptive Application），可以在不同的操作系统上运行。它由一系列的功能簇组成，最基本的功能包含进程控制、应用状态管理。这两个功能由图所示的运行时实现。除此之外，运行时还具有日志功能。同时，AP 提供通信服务，包括通信管理、网络管理和时间同步、持久存储管理、网络安全、健康管理、软件更新和配置，以及诊断。目前的 AP 类中间件代表产品有高通 Snapdragon Ride SDK 和 EB corbos，Vector、Bosch、Visteon、Continental、Huawei 的 ADAS/AD 平台支持的 AP 中间件。

### （5）NVIDIA DriveWorks

NVIDIA DriveWorks SDK 是自动驾驶汽车软件开发的基础。它提供了具有加速算法和多功能汽车级模块。开发人员可以在自己的软件堆栈中使用单个或者多个模块来实现特定功能。NVIDIA DriveWorks SDK 提供的模块如图 6-21 所示。

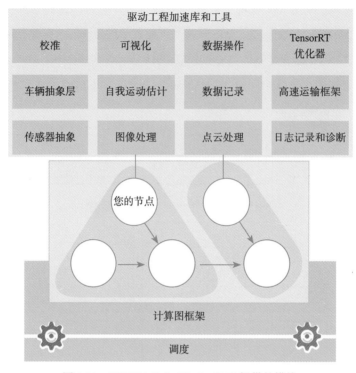

图 6-21　NVIDIA DriveWorks SDK 提供的模块

### （6）Baidu Apollo Cyber RT

Cyber RT 从下到上大概可分为基础库层、通信层、数据缓存和融合层、计算调度层，以及为算法模块提供的抽象接口。通信层使用经典的 Pub/Sub 匿名通信模式。通信层架构为 DDS，基于动态的服务发现和无中心化的节点。数据缓存和融合层基于 Observe 模式，使算法能够根据业务定义数据融合策略。计算调度层屏蔽了操作系统的底层细节，不再对应用层体现线程的概念，而是将其封装为 Processor，支持与协程结合使用，对用户空间的任务进行调度和切换。

其他中间件产品包括 Bosch 旗下子公司 ETAS 推出的针对高级自动驾驶应用的中间件 Iceoryx（冰羚），以及 TTTech 提供的跨多 SoC 或者多 ECU 的计算资源（计算、存储和通信）管理 MotionWise 等。

#### 4. 常见问题和潜在应对措施

当前，软件问题主要集中在功能安全开发方面。软件功能安全开发有许多模型指导和行业最佳实践，但要完全符合 ISO 26262 中对软件功能安全开发的要求，仍然存在一些难点和问题。

第一个是开源软件的问题。开源软件指的是由一些编程者基于非商业目的开发，但其源码可以被公众使用的软件，并且此软件的使用、修改和开发不受许可证的限制。源代码的开放是软件行业的新趋势。随着软件代码逻辑越来越复杂，软件代码量越来越大，使用开源软件可大大提高软件开发效率，因此在汽车行业中，开源代码的使用也是非常普遍的。常见开源软件有 GCC、OpenCV、zmq 等。

开源软件基本都未按照 ISO 26262 的要求去开发。基于 ISO 26262 Part 10 表 4 中对各种软件组件的管理要求（如表 6-1 所示），我们需要对开源软件做软件组件鉴定或者提供再用证明，以说明所使用的开源软件是可靠的，风险是可接受的。但是，以下因素导致证明使用的开源软件满足功能安全要求是非常困难的。

1）开源软件代码量十分庞大，比如 GCC 代码量有 150 万行。

2）开源软件代码一般没有按照一定的流程去开发，若按照软件组件鉴定的步骤去验证其可靠性，工作量将非常巨大。

3）行业内缺少对开源软件代码的数据支撑。

表 6-1　ISO 26262 Part 10 表 4 中对各种软件组件的管理要求

| 软件组件分类 | 在项目上下文中<br>（见 ISO 26262-6） | 软件组件鉴定<br>（见 ISO 26262-8） | 作为 SEooC<br>（见 ISO 26262-6） | 在用证明<br>（见 ISO 26262-8） |
|---|---|---|---|---|
| 新开发的 | 适用 | 不适用 | 适用 | 不适用 |
| 更改后重用 | 适用 | 不适用 | 适用 | 适用 |
| 无须更改重用 | 不适用 | 适用 | 适用（若最初开发为 SEooC） | 适用 |

目前，为了解决这个问题，行业内有几个可接受的措施。

1）做开源软件合规扫描，证明其没有风险。

2）对于开源代码开发，参考相关标准。

3）提供出货量和 PPM 等值，作为再用证明的依据。

第二个是关于 AI 的功能安全问题。随着自动驾驶的发展，AI 技术开始越来越多地被引入汽车开发中，使用 AI 技术让车辆更智能也渐渐成为自动驾驶的主流。

AI 类似于人类脑中的神经网络，输入经过一连串的神经元处理后得到输出。AI 内部的变化多种多样，微小的变化都可能导致不同的输出。就如同人脑深不可测一样，AI 内部的运行原理也无法给出明确的解释。软件功能安全开发中很重要的一点是，软件需要是可以解释、可以评审的，测试覆盖度可以达到 100%。但这个要求明显不适用于 AI，因此我们无法用 ISO 26262 中的方法去证明 AI 的可靠性。

AI 安全现在也受到越来越多的人的重视，也有很多致力于提高 AI 安全的相关标准推出。比如 ISO 4804 附录 B，从需求定义、数据选择、数据标注到 AI 架构开发和部署监控，定义了整个 AI 安全开发过程中如何更可靠地开发 AI 算法。ISO 5469 和 ISO 8800 也从各个方面介绍了如何从不同的安全领域实现 AI 安全。这些标准都还在修订和讨论中，相信在不久的将来，AI 安全问题可以得到解决。

## 6.2 软件安全的意义与原则

无论是功能安全还是网络安全相关的标准，都对软件提出了诸多需求。那么，这些需求背后的逻辑是什么？为什么会有这些需求？回归本质看安全标准背后的东西，我们才能更好地理解需求，更好地落实需求。本节将尝试从原理出发，为大家阐述什么是软件安全。

### 6.2.1 软件安全的含义

#### 1. 经典软件事故

回顾刚刚过去的几年里，软件事故发生的频率越来越高。软件事故是指软件出错造成不可恢复的系统故障。在汽车领域，常见的软件事故包括功能安全事故和网络安全事故。下面通过两个例子来分别介绍经典软件事故。

（1）Case 1：功能安全事故

2013 年 10 月 24 日星期四，俄克拉荷马州的一家法院对丰田公司不当加速导致乘客死亡的案件做出了判决。此案件的核心是发动机控制模块（ECM）的固件。

最终结论是：

❑ 丰田汽车的电子节气门控制系统（ETCS）源代码不合理。

❑ 丰田汽车的源代码存在缺陷和错误，包括可能导致意外加速的错误。

❑ 代码质量指标预测存在其他错误。

❑ 丰田汽车的失效保护机制存在缺陷和不足。

❑ 丰田汽车 ETCS 的不当行为是意外加速的原因。

在技术调查中，ECM 软件构成了调查的核心。关于堆栈溢出方面，丰田声称仅使用了分配的堆栈空间的 41%，但专家的调查显示，实际使用的堆栈空间高达 94%。除此之外，在代码中还发现了堆栈终止、MISRA C 规则违反递归等问题，并且 CPU 没有结合内存保护来防止堆栈溢出。

内存中的单个位控制着每个任务，因此硬件或软件故障会导致暂停对应的任务或启动无关的任务。车辆测试证实，某一特定的停滞任务将导致油门控制失效，驾驶员必须在意外加速事件期间将脚完全从制动器上移开，才能结束意外加速。在代码中发现了一系列其他错误，包括缓冲区溢出、不安全的构建，以及任务之间的竞赛条件。

此外，凯美瑞 ETCS 代码还被发现有 11 000 个全局变量。专家将该代码描述为"意大利面条"（圈复杂度）。丰田宽松地遵循了广泛采用的 MISRA C 编码规则，但专家组发现有 80 000 处代码违规。丰田公司自己的内部标准仅使用了 11 条 MISRA C 规则，其中 5 条在实际代码中被违反。专家还发现，同行代码审查不充分且未经跟踪，丰田也没有任何缺陷跟踪系统。

（2）Case 2：网络安全事故

腾讯科恩实验室在 2016 年和 2017 年对 Tesla 汽车进行了两次引人注目的远程攻击，成功利用多个高危安全漏洞（包括内核、浏览器、MCU 固件、UDS 协议，以及 OTA 更新过程中的漏洞），攻入了 Tesla 汽车的关键系统，如 CID、IC、网关和自动驾驶模块。这些攻击不仅展示了车联网系统的脆弱性，也促使 Tesla 加强了其安全防护措施，包括及时发布安全补丁和更新。同时，这些案例也引起了汽车行业对网络安全的广泛关注，推动了相关标准和法规的制定与完善。

1）Tesla 汽车车联网系统攻击案例分析

首先介绍远程攻击面。Tesla 在每辆汽车中都内置了一个 WiFi TeslaService，其密码以明文形式保存在 QtCarNetManager 中，正常模式下不会自动连接。

TeslaGuest 是特斯拉 4S 店和充电站提供的 WiFi 热点，这一信息被保存在汽车中，以便自动连接。研究人员可以制作一个钓鱼热点，当 Tesla 用户使用 CID 搜寻充电桩时，可以将 QtCarBrowser 的流量重定向到自己的域名，从而达到远程攻击的目的。

除了 WiFi 技术，在蜂窝网络下，攻击者如果建立足够多的网站，利用网络钓鱼技术或用户失误，也可以达到入侵的目的。

其次介绍浏览器攻击。从 Tesla 车载浏览器的 user-agent 得到 "Mozilla/5.0 (X11；Linux) AppleWebKit/534.34 (KHTML，Gecko)likeQtCarBrowser Safari/534.34"，可以得出 QtWebkit 的版本是 2.2.x。这是一个比较老的版本，存在许多漏洞。腾讯科恩团队利用了其中两个漏洞，实现了任意代码执行，从而攻击浏览器。

2）语音控制系统破解案例

"海豚音攻击"的原理是将语音命令的频率转换为超声波频率信号，由于该信号超出人耳接收频率的范围，无法被人听见，但可以被手机、智能家居以及智能汽车等智能设备的语音控制系统接收到。

由于麦克风的非线性特性，原本被调制的语音命令会被解调，恢复到调制之前的状态。之后，滤波器会过滤掉人耳不可听到的部分，这样语音指令可以无声无息地被语音识别系统识别到，最终实现攻击。

汽车制造商在面临上述功能安全或网络安全问题时，通常会采取批量召回措施来作为事故后的处理。召回的目的是解决这些问题，确保消费者的安全，并维护企业的声誉。图 6-22 展示的是我国 2021 年缺陷涉及总召回数量的分布。从缺陷涉及的总成来看，发动机和电子电气系统是主要的缺陷产生部件，占总召回数量的 84.3%。因发动机总成缺陷实施召回 50 次，涉及车辆 371.3 万辆，占总召回数量的 42.5%；因电子电气系统缺陷实施召回 54 次，涉及车辆 365.0 万辆，占总召回数量的 41.8%；因制动系统缺陷实施召回 21 次，涉及车辆 51.0 万辆，占总召回数量的 5.8%。

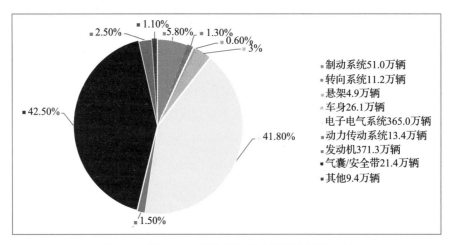

图 6-22  我国 2021 年缺陷涉及总召回数量的分布

一直以来，发动机都是主要缺陷产生的部件。近年来，因发动机问题，无论是合资品牌还是自主品牌，都曾发布过大规模召回公告。随着电动化和智能化的发展，电气设备的安全问题也逐渐凸显，如今其缺陷占比已经接近发动机缺陷的比例。

值得关注的是，近两年的召回趋势向新能源动力特征变化，软件、电池等的召回逐步增多，类似传统车的发动机缺陷特征。从表 6-2 可以看出，软件性召回在 2023 年爆发式出现。软件性召回的增多，也说明了无论传统车还是新能源车的软件问题都逐步显现。同时，召回政策和标准也需要不断完善，规范车辆软件设计、编码和测试，从而阻止软件事故的发生。

表 6-2　近五年 1～2 月全国汽车召回状态

| 问题组件 | 近五年 1～2 月全国汽车召回数量 | | | | |
| --- | --- | --- | --- | --- | --- |
| | 2019 年 | 2020 年 | 2021 年 | 2022 年 | 2023 年 |
| 车身 | 2 369 | | 3 099 | | 130 199 |
| 发动机 | 75 238 | 120 280 | 179 056 | | 27 358 |
| 气囊安全带 | 307 054 | 22 169 | 11 184 | | 20 410 |
| 软件 | | | | | 8 913 |
| 电气设备 | 113 341 | 10 955 | 462 778 | 480 206 | 5 897 |
| 动力电池 | | 4 000 | 15 309 | 10 104 | 249 |
| 转向 | 21 242 | 3 183 | 246 | | 84 |
| 制动 | 237 678 | | 4 | 5 280 | |
| 悬架 | 8 671 | 82 791 | | 10 366 | |
| 传动 | 3 164 | 81 | 24 914 | 122 034 | |
| 座椅 | | 11 166 | | | |
| 轮胎和车轮 | | | 510 | | |
| 其他 | | | | 295 | |
| 总计 | 769 207 | 254 625 | 697 100 | 628 285 | 193 109 |

软件安全是软件开发和运行过程中的一个重要问题，它涉及网络安全、功能安全和性能安全等多个方面。

随着软件性召回事件的日益增多，这一趋势凸显了在软件开发过程中安全性问题的重要性。这需要考虑功能安全，确保车辆关键系统的可靠性和稳定性，也需要考虑网络安全，防止潜在的远程攻击和数据泄露，另外也要考虑汽车系统在规定的条件下和规定的时间内，完成既定功能的能力（即性能安全）。

网络安全是软件安全的核心内容之一，主要涉及数据和隐私的保护。网络安全包括防止非法访问、防止数据泄露、防止数据篡改等。为了保证网络安全，软件需要采用加密技术、身份认证技术、访问控制技术等。

功能安全是指软件在正常运行和故障情况下都能保证其应有的功能服务。它主要涉及软件的可靠性和安全性。确定性虽然没有被功能安全标准提及，但我们认为确定性是 ISO 26262 标准的核心思想。为了保证功能安全，软件需要进行充分的测试和验证，包括单元测试、集成测试、系统测试等。

性能安全是指软件在高负载情况下仍能保持稳定运行。它主要涉及软件的性能优化和高负载能力。为了保证性能安全，软件需要进行性能测试和负载测试，以确保其在高负载情况下仍能正常运行。

软件安全覆盖了软件生命周期的各个阶段，包括需求分析、设计、实现、测试和维护等。在软件安全的生命周期中，软件设计和开发是保证软件安全的基础，测试是检验软件安全性的关键，维护是保障软件安全的重要手段。

## 6.2.2 影响软件安全的因素

从安全的角度看，影响软件安全的因素可以分为运行硬件环境失效、软件自身失效、恶意入侵。

对于运行硬件环境失效，一般可以归为功能安全中的"硬件随机性失效"与"硬件系统性失效"，以及预期功能安全中的"硬件性能局限"。此部分内容已在第 5 章展开介绍。

对于软件自身失效，一般可以归为功能安全中的"软件系统性失效"以及预期功能安全中的"算法性能局限"。此部分内容是本章的关注点。

对于恶意入侵，一般可以归为网络安全的软件威胁。此部分内容是本章的关注点。

### 1. 软件自身失效来源及分类

软件系统性失效是指软件系统中出现的一系列相似或相关的错误或缺陷。这些错误或缺陷通常不是由单个错误引起的，而是由系统中的多个因素相互作用而导致的。从整个软件开发生命周期的角度看，软件系统性失效主要来源如下。

1）软件需求不合理：软件需求不合理是软件系统性失效的主要来源之一。针对传统系统来说，需求传递不一致（如客户需求和系统需求不一致，软件需求与软件模块需求不一致）是导致软件需求不合理的主要因素。对于自动驾驶或一些复杂系统而言，需求不合理还源于难以识别用户需求或场景需求。由于一些 Corner Case 的存在和用户误用的可能，软件需求往往很难考虑周全，这部分属于预期功能安全的范畴。

2）软件设计错误：软件设计错误通常是指在软件设计过程中出现的一系列问题或缺陷。这些问题或缺陷通常不是由单个错误引起的，而是由设计过程中多个因素相互作用导致的。导致软件设计错误的最大问题是软件的复杂性和不确定性，比如，多个设计决策之间的冲突、错误之间的串扰、资源（如内存、CPU）的非预期占用等。

3）编码错误：编码错误是软件系统性失效的另一个常见来源。编码时的疏忽或者错误的代码逻辑，导致软件不能正常运行或者出现异常。

4）软件测试不充分：软件测试不充分是软件系统性失效的另一个重要因素。如果软件测试不够严格，漏洞和错误可能不被发现，导致软件系统性失效问题出现。

5）软件算法能力不足：预期功能安全会引入机器学习技术问题。机器学习因算法能力不足或训练数据质量问题会引发软件系统性失效，例如未选择最合适的算法、样本特征选择不当或硬件资源的限制导致的算法性能局限。训练数据的质量问题通常源于数据集的不完整性或数据标记的不准确性。

### 2. 常见的软件威胁及分类

近些年，由于汽车智能化、网联化、电动化和共享化的发展，汽车软件代码量不断增加。2016 年，主流车型约含 1.5 亿行源代码。预计到 2025 年，汽车软件使用的代码量将达到 2 亿行。随着软件代码量的不断增加，对应的软件安全威胁也呈指数级增长。软件层级主要包括"设计阶段的软件威胁及漏洞"和"实施阶段的软件威胁及漏洞"。

（1）设计阶段的软件威胁及漏洞

根据微软的 STRIDE 威胁模型，软件的安全威胁主要分为六类，分别为 Spoofing、Tampering、Repudiation、Information Disclosure、Denial of Service 和 Elevation of Privilege。

1）Spoofing。这种威胁主要指攻击者假冒合法有效的系统用户来访问系统，从而危及系统安全。

示例：在车云通信场景中，恶意冒充者伪造正常的 IP 数据包，劫持与服务器的连接。这里的威胁及漏洞是由于通信协议在设计时未考虑保密性和完整性。

在车云通信或车内通信场景中，不正确使用密钥或密钥泄露可能导致攻击者窃听网络交互的敏感数据，进而冒充合法用户。这里的威胁及漏洞是由于密钥等数据没有被有效防护。

2）Tampering。这种威胁主要指攻击者对软件或数据在使用、存储、传输过程中进行恶意修改，以达到对系统破坏或数据篡改的目的。

示例：在车内或车外通信场景中，对发送的数据进行篡改，例如将车窗控制指令由开更改为关。这里的威胁及漏洞是由于在通信链路上发送的数据缺乏完整性。

在未授权的情况下修改系统的关键配置文件、用户数据等。这种威胁及漏洞是由于缺少访问检查、没有进行完整性检查等。

3）Repudiation。这种威胁主要指攻击者否认其行为，系统缺乏追踪、日志和溯源的能力，无法证明其行为。

示例：用户恶意删除系统中的敏感文件，或攻击者频繁使用用户账号登录的行为。这种威胁及漏洞是由于缺少对用户登录行为的有效审计，或对异常登录状态的日志。

4）Information Disclosure。这种威胁主要指泄露用户的敏感信息或关键业务信息给非授权用户。用户能够获得未被授予访问权限的数据，以及攻击者能够在网络传输过程中获取数据等行为，都属于信息泄露威胁。

示例：通过使用一些工具（例如 CANOE），可以获取车内通信的 CAN 报文，并从未加密的数据包中轻松地得到车辆的控制指令，或者传输的用户数据、OTA 数据包等敏感信息。

5）Denial of Service。这种威胁主要指攻击者将系统资源耗尽，导致系统不可用或无法提供正常服务，进而影响用户的正常使用，损害整体功能。

示例：在 HTTP 通信场景中，SYN 泛洪攻击会导致正常用户无法连接服务器，甚至可能导致服务器崩溃。

薄弱的软件设计或配置，导致一个进程占用了几乎所有的 CPU 资源。

6）Elevation of Privilege。这种威胁主要指普通用户获取了系统的访问权限，从而拥有足够的权限达到损害或破坏整个系统的目的。

示例：在未经授权用户同意的情况下运行可执行文件来实现攻击。

（2）实施阶段的软件威胁及漏洞

正如上文所说，在设计阶段存在多种威胁及漏洞，但是即使对"设计阶段的软件威胁及漏洞"采取了措施，也无法完全避免在软件具体实现过程中出现安全威胁及漏洞。同时，安全编码不完善导致的实施阶段的威胁及漏洞可能会引发严重的损害。根据 CWE 披露的安全缺陷 CWE TOP 25，常见的软件安全漏洞类型如下。

1）越界写入。越界写入即缓冲区溢出，指当应用程序在预期输入缓冲区的边界之外写入数据时出现这种安全漏洞。当应用程序执行指针运算或更改索引以引用内存缓冲区之外的位置时，也可能导致该弱点，通常会导致意外执行非预期的代码、程序崩溃或数据损坏。

2）越界读取。越界读取指的是当应用程序读取超出预期输出缓冲区边界之外的数据时出现这种安全漏洞。攻击者可以通过读取越界内存中的敏感信息，获取绕过身份验证机制的信息，并利用其他弱点进一步获取敏感数据。

3）输入验证不当。输入验证是一种常用技术，用于检查潜在的危险输入，确保在代码处理或与其他组件通信时输入是安全的。当软件不能正确验证输入时，攻击者能够以应用程序其他部分不期望的形式设计输入。这将导致系统接收到意想不到的输入，可能引起控制流的改变、资源的任意控制或任意代码的执行。

4）释放后使用。释放后使用主要指的是相关内存在被释放后的某个时间点被重新分配给另一个指针。指向已释放内存的原始指针再次被使用，并指向新分配内存的某处。数据被更改时，将破坏有效使用的内存，导致不确定的异常事件发生。

5）NULL 指针取消引用。NULL 指针取消引用是指应用程序解引用一个它认为有效的指针，但该指针实际为空，这通常会导致程序崩溃或退出。NULL 指针取消引用问题可能由多种缺陷引起，包括竞争条件和简单的编程遗漏。NULL 指针取消引用通常会导致进程失败，尽管某些平台具有异常处理机制，但即使使用异常处理机制，也很难将软件恢复到安全的运行状态。

## 6.2.3　功能安全软件的核心要求

### 1. 功能安全软件与非功能安全软件的差异

在软件层面，相比于非功能安全软件，功能安全软件在开发过程中的差异主要体现在以下几个方面。

（1）需求分析

在功能安全软件的需求分析过程中，我们需要将安全性作为重要的考虑因素，并制定相应的安全性要求。而在非功能安全软件的需求分析过程中，我们则更加注重用户需求和技术实现等方面的考虑。

（2）设计过程

在功能安全软件的设计过程中，我们需要采用相应的安全设计原则，例如防御性编程、安全架构设计等，以确保软件的安全性。而在非功能安全软件的设计过程中，我们则更加注重功能实现和性能等方面的考虑。同时，为了进一步减少软件的系统性失效和硬件随机性失效，功能安全软件往往设计了许多用于故障检测的诊断功能。故障检测的颗粒度和时效性要求，往往是非功能安全软件不具备的。例如，针对单点失效，功能安全软件要求故障诊断和处理的时间需要小于故障可能造成危害的时间，这就导致功能安全诊断往往是实时的且间隔时间非常短（如小于500ms）。

（3）测试流程

功能安全软件的单元测试需要涵盖所有的安全性要求，并进行全面的测试覆盖，以确保软件的安全性。而非功能安全软件的单元测试则更加注重功能的实现和代码的正确性。功能安全软件的集成测试需要测试软件各个部分之间的交互和协作，以确保整个系统的安全性。非功能安全软件的集成测试则更加注重系统的性能和用户体验。功能安全软件的嵌入式测试需要进行各种可能的场景测试，包括异常情况和故障恢复等方面的测试，以确保软件的安全性。非功能安全软件的嵌入式测试则更加注重系统的可靠性、可维护性和可扩展性。

总的来说，功能安全软件和非功能安全软件在开发过程中存在较大差异。为了保证功能安全软件的安全性，我们需要进行更加严格的开发和测试，并采用相应的安全设计原则。

2. 软件安全论证方法

安全论证是实施功能安全的重要环节。论证方法多种多样，从形式上来看，可以通过非形式化的测试确认、过程确认等，也可以通过形式化的验证方式。其中，常用的形式化方法是 GSN（Goal Structuring Notation）。

它通过图形化的结构，更好地展现某个论点在不同应用场景中的真实性及支持证据。GSN 广泛应用于安全性非常重要的行业，例如汽车、航空飞行器等。它是撰写安全案例的有力工具，可以以图形化的方式系统性地论证安全案例的正确性。

使用 GSN 图式化的验证方法，可以有效改善对安全案例的论证与理解，使关键项目团队成员（如系统开发工程师、安全工程师、独立安全评估师），全面理解安全案例的有效性，减少争执，缩短达成一致的时间。

GSN 中的安全论证模型可以清楚展现证明文件中的论据及其相互之间的逻辑关系。每一个建立的安全论证模型都有完善和规范的体系，为后续第三方评估提供全面参考。

安全论证方法论总体思想见图 6-23。简而言之，安全案例的论证需要做到"有理有据"。"理"指的是要有道理，采用的标准、原理依据、必要的假设等；"据"指的是有证据，用真实、具体的证据证明安全目标。

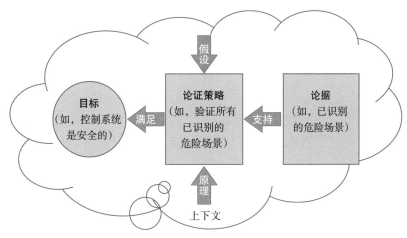

图 6-23 安全论证方法论总体思想

GSN 相关的语法及语义如表 6-3 所示。

表 6-3 GSN 相关的语法及语义

| 名称 | 功能描述 | 图形化形状 | 编号代码 |
|---|---|---|---|
| 目标 | 安全论证中的目标 | | $Gk\ (k=0,1,\cdots,n)$ |
| 环境 | 阐述定义目标成立所处的环境 | | $Ck\ (k=0,1,\cdots,n)$ |
| 策略 | 上下两层间的论证关系 | | $Sk\ (k=0,1,\cdots,n)$ |
| 论证依据 | 目标或策略的原理、标准 | | $Jk\ (k=0,1,\cdots,n)$ |
| 假设 | 论证目标成立的假设信息 | | $Ak\ (k=0,1,\cdots,n)$ |
| 安全证据 | 代表具体安全证据 | | $Snk\ (k=0,1,\cdots,n)$ |
| 目标还需完成 | 目标还需进一步论证 | | $Gk\ (k=0,1,\cdots,n)$ |
| 环境或条件连接线 | 补充说明背景 | | |
| 证据支持连接线 | 递进支持关系 | | |

图 6-24 是典型的 GSN 示例。将 GSN 的各主要要素连接在一起，构成树状架构（即 Goal Structure）。GSN 通过对安全目标的一步步分解和论证，直达叶子节点，即真实、具体的证据

（又称 Solution）。在论证过程中，展现论证的策略以进行定量或定性分析、全量或部分分析，采用的原理和标准，必要的假设等，真正体现安全观点的有理有据。

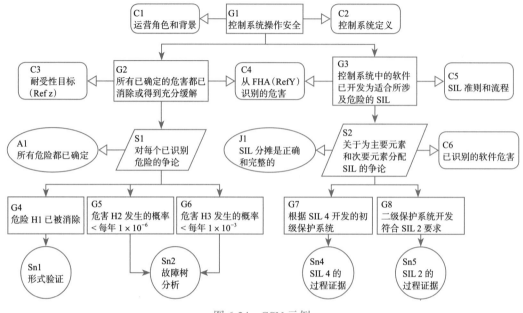

图 6-24　GSN 示例

## 6.2.4　网络安全对软件的核心要求

随着汽车中嵌入的软件数量的增加，网络安全对于汽车软件变得越来越重要。广义上讲，汽车软件分为支持智能网联服务的云端软件和车端软件。作为移动的主体，随着网联化的进一步发展，汽车暴露的外部端口及信息也在增多。同时，随着世界各国对个人隐私数据保护的重视和各种法规的出台，车端软件的网络安全成为关注的重点。

为保障车端软件的合规性以及网络安全性，车端软件需要满足以下核心要求。

❑ 信息的机密性保护：车辆必须保护所有敏感数据，如用户隐私、车辆位置、个人信息、账号密码等。车辆必须使用加密技术来保护这些敏感数据，以避免被非法获取。常用的方法是使用 TEE 分区，实现敏感数据和非敏感数据的隔离。

❑ 通信安全的保障：伴随车载以太网的部署，车辆软件必须使用安全的通信协议来与其他设备和服务进行通信。这些协议必须提供加密和身份验证功能，以确保通信的机密性和完整性。安全通信协议需要覆盖 OSI 的物理层、数据链路层、网络层、传输层、会话层、表示层、应用层。每一层都需要根据实际的汽车电子电气架构，采用合理的安全协议，例如网络层的 IPSec 和传输层的 TLS1.0 等。

❑ 软件和数据的完整性保障：确保汽车软件不被恶意软件或黑客篡改。使用数字签名、数字证书和其他技术来验证软件和数据的完整性。当然，带来的新挑战是如何有效管理数字证书的有效性。

❑ 车辆的可用性防护：车辆必须保护其软件和数据的可用性，以确保它们不受到拒绝服务攻击或其他形式的恶意攻击。车辆必须使用安全的网络协议和硬件来防止此类攻击。

❑ 安全的软件更新：车辆软件必须能够安全更新，以免受已知漏洞攻击。安全更新必须能够安全下载和验证，以避免恶意软件注入。

❑ 安全的系统启动：车辆软件必须通过安全启动过程来确保启动的软件没有被篡改或入侵。安全启动可以使用数字签名和硬件保护来实现。

❑ 安全事件预警：车辆软件需要通过内嵌的安全探针实时监控车辆安全漏洞，并能够远程上报至 VSOC 平台，实现智能化的预警及安全事件反馈。

在工程落地实践中，网络安全与功能安全会出现交叉，需要负责网络安全与负责功能安全的工程师密切配合。当然，也必须意识到，网络安全是无止境的。过度的安全防控会导致汽车性能和使用便捷性下降。因此，网络安全做什么，如何做，以及如何实现网络安全与整车性能的均衡，是汽车工程实践的核心工作。

## 6.3  软件开发与测试

为了让开发的汽车软件符合被分配的功能安全要求，在工程实践中，最佳的参考方式是采用 V 模型，这是 ISO 26262 推荐的方式。同时，由于 ASPICE 的核心思想与 V 模型开发一致，因此以 ASPICE 为基础的软件开发体系能够满足汽车安全软件开发的要求，这是当前业界的共识。

在不考虑功能定义不充分和性能局限的情况下，软件失效主要由系统性失效造成。避免系统性失效的最佳手段就是提升软件过程能力。因此，ISO 26262 以 ASPICE 为基础，在如何避免系统性失效的具体措施方面，对软件开发的阶段和过程定义，针对不同等级的安全要求，分别给出行业内的最佳实践推荐。

下面参考 ISO 26262 标准分别从软件开发环境、软件安全需求、软件架构设计、软件单元设计和实现、软件单元验证、软件集成和测试、软件需求 / 合规性 / 网络安全测试几个环节，对如何实现安全软件的开发和测试以避免系统性失效进行说明和介绍。

## 6.3.1 软件开发环境

工欲善其事，必先利其器。因为软件环境在保证安全软件开发的质量、提高可追溯性、实现半形式化验证等方面都具有重要的意义，所以安全、可靠和高效的软件开发环境及支持流程是避免软件开发系统性失效的基础。

### 1. 软件开发环境应解决的典型问题

参考 ISO 26262，为了避免系统性失效，选择的软件开发过程和软件开发环境应解决以下典型问题。

- ❏ 与开发安全相关的嵌入式软件相适应。
- ❏ 在软件开发生命周期中，确保各跨阶段的工作成果的一致性，如软件需求与架构设计之间，架构设计与单元设计之间。
- ❏ 确保系统和硬件开发阶段的交互和信息交换的一致性。

### 2. 软件开发环境应考虑的范围

为解决上述提到的问题，软件开发环境需要涉及软件开发过程的方方面面，包括但不限于以下方面。

- ❏ 符合资质的软件工具；
- ❏ 编程语言的选择；
- ❏ 建模与编码指南；
- ❏ 工具使用指南；
- ❏ 软件开发基本流程和指南。

### 3. 安全相关的建模和编码指南主题

为了满足功能安全的开发需求，建模和编码指南应涵盖的主题包括以下方面。实际应用中，我们应参考 ISO 26262 Part 6 Table 1，结合不同的 ASIL 等级选择合适的组合。

- ❏ 强制低复杂度：由于 ISO 26262 并没有明确定义什么是低复杂度，因此由用户自行定义适当的复杂度级别，并在系统层面进行适当的平衡。

❑ 语言子集的使用：主要针对编程语言。有些语言结构可能会被模糊地理解，或者很容易导致错误，因此要尽量避免。比如：编码时要遵守 MISRA C 规范。

❑ 强制使用强类型：要么强制强类型是所使用的编程语言所固有的，要么就需要在编码指南中添加一些原则来支持这一点。强类型的优势是在设计和审查期间，软件的行为更容易理解，因为行为是必须明确的。当强类型在编程语言中是固有的时，一个值有一个类型，用这个值做什么取决于这个值的类型，例如，不可能在文本字符串中添加数字。

❑ 防御性实施技术的使用：目的是提升代码的鲁棒性，使代码即使在出现错误或者是不可预见的情况下也可以继续运行，比如通过捕获或防止异常。

❑ 使用值得信赖的设计原则：重新使用已知设计良好的原则，但要重点关注基本假设的验证，以及适用范围和条件的有效性。

❑ 使用无歧义的图形表示：描述软件处理过程的工具分为图形、表格、语言三类，其中使用未定义的图形容易引起歧义，因此要求必须使用更有约束性的方式来表示过程细节，例如使用经典的统一建模语言（UML）建图。

❑ 风格指南的使用：良好的编码风格可以使代码具有可维护性、组织性、易理解性和可读性。因此，当使用良好的风格指南（如 C 代码风格指南 MISRA C 时），错误的可能性会降低。

❑ 命名惯例的使用：重点强调通过使用相同的命名约定，代码变得更容易阅读。

❑ 并发：因为在支持并发的系统中，软件运算可以在运行时彼此交互，系统实际可运行的路径会有很多，产生的结果具有不确定性。如果并发时使用共享资源，可能使共享资源变成一个不确定的资源，并导致诸如死锁和资源匮乏等问题出现，造成系统性失效。

4. 常见的功能安全软件开发工具

如表 6-4 所示，目前业界许多功能安全软件开发工具已通过各家机构的功能安全认证。

表 6-4　常见的功能安全软件开发工具示例

| 适用的开发阶段 | 功能 | 工具举例 |
|---|---|---|
| 设计实现 | 软件开发 | Green Hills、IAR Embedded Workbench |
| 软件测试 | 静态代码分析 | Helix QAC、LDRA、Coverity、PolySpace |
| 软件测试 | 单元测试 | Tessy、LDRA |

### 5. 编码和建模指南列举

MISRA C 作为 C 语言的安全子集，是应用最广泛的功能安全编码规范代表。它起初主要是针对汽车行业，后来在其他安全相关的行业也逐渐被广泛使用，包括航天、电信、国防、医疗设备、铁路等行业都有使用 MISRA C。C++ 语言对应的标准为 MISRA C++。

在基于模型开发时，我们也需要遵守一些建模规范。MAAB（MathWorks Automotive Advisory Board）是制定 MATLAB、Simulink、Stateflow 以及 Embedded Coder 使用规范的组织。MAAB 控制算法建模规范正是该组织的重要输出物，主要适用于汽车行业的基于模型的控制策略开发。

CERT C 和 CERT C++ 是分别针对 C 和 C++ 语言的安全编码标准，均广泛应用于汽车电子软件开发领域。这些标准列举了需遵循的编码规则和建议，旨在帮助开发者消除诸如语言未定义行为导致的程序异常或可被利用的漏洞等不易察觉的编码错误。

需要注意的是，开发安全的软件系统不仅需要遵循合适的编码规则，还需要进行安全可靠的设计。只有将正确的设计与强健的编码相结合，才能构建出安全、可靠和抗攻击的高质量系统。

## 6.3.2 软件安全需求

### 1. 软件需求的来源

参考 ISO 26262，可以认为功能安全软件需求的来源与通用软件需求类似，源自系统设计阶段的技术安全需求。与功能安全软件和通用软件需求类似，产品和系统层面的网络安全目标和需求，是网络安全软件需求的来源之一。然而，当上游没有定义具体的产品或系统层面的网络安全目标和需求时，并不意味着没有网络安全软件需求。根据 ISO/SAE 21434 的定义，在产品开发阶段需要进行 TARA 分析，而该活动的输出物是网络安全软件需求的另一个来源。

尽管 ISO/SAE 21434 没有明确描述网络安全需求在产品开发各个阶段的细化分解过程，但推荐参考 ISO 26262 相同的方式进行需求管理和追溯性设计。

### 2. 软件需求分析

软件需求分析一般指需求分析（软件工程学术语）。参考 ASPICE，在工程实施过程中，应通过需求分析将分配给软件的技术安全要求，从软件工程的角度细化和完善成具体的软件安全需求。当然，这个过程也适用于其他软件需求的细化、完善和定义。

　　然而，在现实的工程实施过程中，基于具体需求的颗粒度和完善程度，有些技术安全需求可以直接转化为软件安全需求。考虑到需求分析有助于识别并完善软件安全需求，提升其完整性，这个过程通常不建议裁剪。

　　从系统分析的角度出发，我们可将需求分析方法大致分为功能分解方法、结构化分析方法、信息建模法和面向对象的分析方法等。

### 3. 软件安全需求定义和管理

　　软件安全需求作为软件开发中极为重要的部分，在开发过程中为了避免安全需求传递错误，需要有规范的方法。值得注意的是，ISO 26262 为了解决这方面的问题，对各种类型的安全需求进行了定义和管理，并针对不同的 ASIL 等级提出了更为严格的通用要求。详细内容可以参考 ISO 26262 Part 8 Chapter 6.4，主要包括以下三个方面的明确要求。

- ❑ 安全需求标记方法：包括非形式化、半形式化及形式化方法。
- ❑ 安全需求属性和特性：例如清晰无误的、可理解的、可实现性、可验证性等维度。
- ❑ 安全需求的管理：例如通过结构化层级管理、追溯来保障完整性等。

### 4. 软件需求的内容要求

　　软件需求应基于系统设计的输入（包括技术安全需求、技术安全概念、系统架构设计规范）等来制定，如从软件功能性需求（如配置、启停、错误处理等）和软件非功能性需求（如性能、可维护、可移植、相关流程操作等）两方面考虑。以虚拟机软件为例，它的功能性需求为在分区模式下，虚拟机为用户操作系统提供对核心、内存、缓存和外围设备的独占访问。

　　非功能性需求如下。

- ❑ 系统指令响应时间小于 20μs。
- ❑ 代码行数不超过 3 万。
- ❑ 支持不同 ARM、x86 平台移植等。

　　需要注意的是，参考 ISO 26262，在制定软件安全需求的过程中，还应该考虑如下内容。

- ❑ 安全需求的规范和管理。
- ❑ 特定的硬件和系统的配置。
- ❑ 软件、硬件接口的相关要求。
- ❑ 硬件设计规范的要求。

❑ 时间的约束。

❑ 与外部连接的接口。

❑ 对软件有影响的车辆、系统或硬件的工作模式，以及这些工作模式之间的状态迁移关系。

**5. 常见软件功能安全需求的属性参考**

通常，软件安全需求的通用属性如表 6-5 所示。

表 6-5　软件安全需求的通用属性

| No | 属性 | 说明 |
|---|---|---|
| 1 | SW Requirement ID | 软件需求的 ID |
| 2 | Derived from | 上一级系统需求 |
| 3 | ASIL | 安全完整性等级 |
| 4 | Description | 功能描述 |
| 5 | Input | 输入信息 |
| 6 | Output | 输出信息 |
| 7 | Performance | 性能指标 |
| 8 | Verification Criteria | 验证准则 |
| 9 | Rationale | 这条需求设计的理由是什么，分析指定的软件需求，包括它们之间的相互依赖关系，以确保需求正确性、技术可行性和可验证性。分析软件需求对系统元素接口和操作环境的影响 |
| 10 | Other | 其他方面的要求 |

## 6.3.3　软件架构设计

**1. 概述**

从学术角度来说，软件架构是一系列相关的抽象模式，用于指导大型软件系统各个方面的设计。从本质上来看，软件架构属于一种系统草图。

常见的嵌入式软件架构设计从采集输入信息开始，考虑各种设计约束，如软件输入、输出、初始化、关闭、与硬件相关的约束和依赖、诊断和代码量等；进行设计选择与论证，形成架构设计方案，包括静态架构设计（包括层次结构、软件组件定义、依赖与交互等）、动态架构设计（包括进程识别、中断、任务、实时性、共享资源、操作模式等）、序列管理、存储（内存）管理、软件集成约束等方面。

因此，软件架构设计是一个过程。从安全设计的维度考虑，需要通过这个过程形成满足软件安全需求和其他软件需求的软件架构。这个架构能将软件安全需求和其他软件需求分配到具体的软件元素中。

从功能安全要求的角度来看，软件架构设计必须考虑安全软件设计特有的设计约束。通过在软件架构层级的应用安全分析或相关失效分析，以便检查或确认嵌入式软件能够按照所分配的 ASIL 等级的要求，提供指定功能、行为和特性的能力。通俗来说，就是下面三点。

- 识别软件中可引发因果链而导致违反安全要求的设计缺陷、条件、故障或失效（例如，使用归纳或演绎的方法）。
- 分析可能出现的故障、失效或因果链对软件架构要素的功能和特性的影响，并实施必要的改进（软件安全架构设计）。
- 分析软件架构设计的相关失效，检查软件架构要素之间的独立性或免于干扰的程度，是否符合安全设计要求，进而实施必要的改进（相关失效分析和软件安全架构设计）。

因此，软件架构层级的应用安全分析或相关失效分析可以在软件架构设计过程中不断与架构设计成果进行迭代，直至形成既满足安全需求又满足非安全需求的软件架构。这个过程既是支持设计的活动，也是设计验证的活动。

2. 网络安全对软件架构设计的影响

从网络安全的维度考虑，软件架构设计主要需要考虑如何实现网络安全所产生的功能性需求，例如，采用何种模式对众多的软件模块授权，是否需要增加对应的 HSM，软件安全启动的流程如何设计等。总体上，这些功能性需求的实现属于典型的架构设计应完成的工作，并未产生新的显著影响，也并不需要在软件架构层面开展网络安全分析。

3. 软件开源组件

开源软件早期广泛应用于计算机行业，但随着汽车智能化以及人工智能技术的发展，如今在汽车行业，尤其是自动驾驶领域，越来越多地使用开源软件。

开源代码和闭源代码有很大不同。闭源代码对应普通的商业版权软件，是封闭的，只有作者能够查看和修改。出了问题也只能由作者来修正。而开源代码则允许任何人查看和修改。然而，开源并不等同于免费。开源软件的作者享有版权，并且有对应的开源软件协议对其进行限制，例如 GPL 许可协议。国内也有一些开源软件项目，比如百度的阿波罗。

总的来说，开源软件组件达到功能安全要求的特别少，但也有少数项目，比如 ACRN 是一款轻量级开源虚拟机软件，由 Linux 基金会于 2018 年 3 月发布，2021 年通过 TUV 南德的功能安全认证。

目前在汽车智能化领域，由于存在多种操作系统共存的情况，虚拟机软件已经成为汽车软件的必备组件之一。目前，全球大部分汽车客户都在使用 QNX 公司提供的商业虚拟机软件。

ACRN 是一个灵活、轻量级的参考 Hypervisor，在构建时考虑了实时性和安全性的重要性，并通过一个开源平台优化了嵌入式开发。ACRN 定义了一个设备 Hypervisor 参考堆栈和一个体系结构，用于在使用虚拟机管理器（VMM）的整合系统上运行安全管理的多个软件子系统，可以替代 QNX 商业虚拟机软件。

ACRN Hypervisor 是一个 1 型参考 Hypervisor，直接在裸机硬件上运行，适用于各种物联网和嵌入式设备解决方案，如图 6-25 所示。ACRN Hypervisor 解决了数据中心 Hypervisor 和硬分区 Hypervisor 之间目前存在的差距。ACRN Hypervisor 架构将系统划分为不同的功能域，为物联网和嵌入式设备专门设计的。

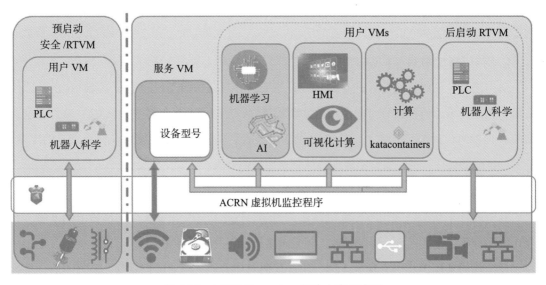

图 6-25　ACRN Hypervisor 解决方案示意图

### 4. 开源组件的风险应对

当系统规模大到一定程度时，软件设计将不可避免地使用开源组件。一方面，开源组件极大地提高了软件开发效率。另外，由于开源的特性，无法论证其严格满足安全软件的开发流程，从而存在引入安全漏洞的隐患。

为了更好地利用开源组件，并消除其可能存在的安全影响，通常在架构设计阶段进行开源组件选型，建议做到以下几方面。

- □ 评估该组件的社区活跃度、文档完善度与代码管理流程规范度。通常在这些方面做得较好的开源项目，意味着更易获得技术支持和资料，并且漏洞修复更及时。否则，开发团队需要具备自己维护这些组件的能力和资源。

- □ 检查该组件是否有广泛的应用历史。得到广泛应用的开源组件，通常意味着软件成熟度更高，并且更有可能经历过更多的黑客研究或攻击，因此漏洞暴露得更加充分，从而具有更少的未知（0day）漏洞。

- □ 优先选择由社区（或供应商）承诺的最新长期支持版本，并分析待选版本是否包含已知漏洞的补丁。

选择了合适的开源组件和版本，并不意味着可以高枕无忧。在编码实现阶段，我们需要确保以下几方面工作。

- □ 正确地使用与该组件相关的安全编译选项，并评估和修复工具链提示的潜在问题。

- □ 充分配置该组件，尤其要评估默认配置，防止启动不必要的服务和端口，避免留下未注意到的攻击面。

- □ 开源组件的代码包含在持续集成的流程中，并评估和修复代码分析工具提示的潜在问题。

- □ 建立并维护软件物料清单（SBOM）。该清单应包括产品中使用的所有开源组件的名称、许可证、版本，以及是否存在已知的安全漏洞等内容。

- □ 建立漏洞监控机制。应持续关注 SBOM 中所列开源组件是否有新的漏洞披露，并对新漏洞进行评估确认。

- □ 建立漏洞修复机制和流程。当确认使用的开源组件存在新增漏洞，并通过 SBOM 明确了受影响的产品和范围时，应及时完成修复，以降低漏洞的影响。

开源组件的风险应对，不应是事发后的救火式抢救，而应依赖健全的网络安全风险管理流程，在设计和实施阶段排除安全隐患。通过对网络安全事件的持续监控，做到在事故未发生或刚发生时，迅速确定目标和范围，并采取相应的应对措施，将可能的负面影响降到最低。

### 5. 软件安全分析和相关失效分析

由于软件具有特殊性质（例如，不会因磨损或老化引发随机故障，缺乏成熟的概率方法），所以系统或硬件层面的安全分析方法通常无法直接应用于软件，否则难以得出有意义的结论。

应当注意，软件架构设计是安全分析和相关失效分析的基础，其内容至少应包括描述相关软件的静态方面（例如，显示功能要素及其接口 / 关系的框图表示）以及动态方面（例如，顺序图、时序图、调度图或状态图表示）。

可以明确的是，软件架构设计的安全分析和相关失效分析可以遵循功能和 / 或处理链，同时考虑静态和动态方面。在具体分析过程中，我们可以使用软件故障模型或问题，例如，源自或影响此软件组件的何种特定故障或失效可能导致违背指定的安全要求，来识别设计中与安全相关的薄弱点。软件架构设计的细化可以支持充分详细的安全性分析和相关失效分析，以获取足够详细的信息，从而识别较低级别的故障或失效。

根据失效的类型，我们可以把软件的系统性失效的故障分为几类。

1）数据错误，如数据完整性错误、数据处理错误、数据交换错误。

2）时序错误，如违反执行程序特定的时序行为造成的错误。

3）程序执行顺序错误，如错误的序列或执行顺序造成的错误。

4）硬件错误，如由于失效的硬件零部件造成的软件错误。

采用归纳分析法的软件安全分析是自下而上，从假定特定的故障或初始条件，尝试确定对系统运行的影响。典型的业界方案有 HAZOP 和 FMEA。但是对于复杂的系统，特别是十分复杂的软件架构，定义所有可能的软件单元的失效模式，是一个十分巨大且几乎不可能完成的任务。同时，由于软件设计的快速迭代，也很难有效利用已经完成的工作成果，效率低下。

采用演绎分析法的软件安全分析是自上而下，假设系统在某些方式 / 情况下失效，找出什么样的行为能够引起或影响这种失效。典型的业界方案是 FTA。然而，即使是有经验的工程师，也很难找出全部原因序列。

（1）FMEA

FMEA 本身是基于归纳的分析方法，是开展安全分析的常用手段之一。在软件上，我们可以利用 SW FMEA 识别哪些失效模式需要纳入功能安全管理范畴，以及设计对应的在线安全机制。具体实践中可参考如下实施步骤。

步骤一：实施软件架构分析。软件架构的分析粒度以程序最小调度单元为对象。

步骤二：实施功能分析。梳理分析对象（软件单元）的功能和上一层级系统模块的功能。

步骤三：实施失效模式和影响分析，具体如下。

❑ 系统模块信息获取：获取对应系统模块及其失效模式。

❑ 软件潜在失效分析：可以根据 HAZOP 引导词对软件单元进行失效模式枚举。如针对 More 引导词，软件单元输出对应潜在的失效模式有：软件单元输出 $X$ 信号值超出预定义值域 [2, 50]，以及软件单元输出 $X$ 信号值在值域 [2, 50] 范围内但相对预期值过大。

❑ 软件失效影响分析：如果只分析一层软件架构，软件失效模式可以映射或对应到系统模块的失效模式。

❑ 软件失效模式是否存在缺失或者冗余识别：当软件失效模式无法映射到系统失效模式时，应考虑软件失效模式是否冗余，或者系统失效模式是否有缺失。

❑ 软件失效模式是否需要纳入功能安全管理范围识别：软件失效模式直接继承系统失效模式是否为安全相关的属性（一般，违背交通法规也会纳入安全相关的范围）。

步骤四：设计安全机制或软件安全需求。针对识别为影响安全问题的软件失效，设计安全机制和措施。

步骤五：问题闭环和追踪。将设计的新安全机制或措施转换为安全需求，并将其纳入需求管理中，同时制定行动项以追踪和关闭，确保落实风险避免或减轻措施。

需要注意的是，对于软件或系统较复杂的情况，FMEA 也会进行多个层级上的展开，但必须确保上下层级失效模式和失效影响之间的一一对应关系，以确保分析结果的完整性、一致性和正确性。

（2）CPA

CPA（关键路径分析）是通过混合归纳和演绎的方法迅速判断软件中的关键路径，从而提高安全分析的效率，但不能覆盖软件运行时的程序调度、资源使用和上下文切换等方面。

通常情况下，软件 CPA 与架构设计的交互包含以下几个步骤。

1）构建关键路径图。关键路径图实际上是关键信息流图，展示了连接软件的输出和相关输入的关键途径。该图的目的是识别在处理一个或多个关键软件输出时涉及的与安全相关的软件组件，以及它们之间的关键数据 / 控制流。此图还应包括 ISO 26262 要求的 ASIL C 和 ASIL D 的数据和控制流分析。

2）更新直接干扰关键路径的软件组件的 ASIL 等级，主要完成以下工作。

①在上一步生成的关键路径图中，可能会发现与安全相关的组件在架构设计中被标识为 QM（因为它们没有直接分配任何安全需求）。

②识别并避免影响上一步生成的每个关键路径图上的每个非 QM 软件组件的信息交换干扰，为此需要调查可能的故障（信息交换干扰），这些故障可能从 QM 或较低的 ASIL 等级的组件传播到较高 ASIL 等级的软件组件，并导致其故障。

③通过恰当的安全机制和架构设计调整，避免信息交换干扰的风险。

3）识别有 ASIL 等级要求的软件组件的关键内部故障，并制定安全措施。基于前面的工作，得到一个完整的有 ASIL 等级要求的软件组件列表，然后开始识别可能导致一个或多个 ASIL 组件输出失败的内部故障。通常，内部故障是控制逻辑故障，源自未发现的场景，可能导致错误条件下的不确定性行为，例如，配置 / 校准参数故障，未经处理的运行状况，可能的激活锁死情况，公共资源没有保护或没有完全保护，故障容错时间间隔规则没有遵守，设计错误（实施的安全机制与被保护的 QM 软件组件之间存在共因失效）等。

4）识别对有 ASIL 等级要求的软件组件有影响的间接干扰，并制定安全措施。通常从共享内存（如 RAM 数据、代码数据、EEPROM 数据）、共享外设（如是否允许相互访问、是否允许更改配置和运行模式）、实时行为（如关键任务、中断、实时的时间约束）三个方面进行设计。

5）验证并分析结果和架构设计更新，并确认最终设计与分析结果的一致性。

（3）软件相关失效分析

由于以下因素，我们需要实现软件要素之间的独立性和免于干扰。

❑ ASIL 等级分解在软件层面的应用。

❑ 软件安全要求的实现，例如，提供软件安全机制有效性的证据——被监控要素与监控器之间的独立性。

❑ 所需软件架构要素的共存情况。

为此，我们需要分析以下软件架构设计的相关失效（即实施软件相关失效分析）。

❑ 可能导致多个且相互独立的软件要素功能异常表现的单一事件、故障或失效（例如，级联失效和 / 或共因失效，包括共模失效）。

❑ 可能从一个软件要素传播到另一个软件要素，引发因果链，导致违反安全要求的单一事件、故障或失效（例如，级联失效）。

关于级联失效、共因失效和共模失效的概念，可参考 ISO 26262 Part1 术语部分。

针对软件架构要素之间的免于干扰，参考 ISO 26262 Part 6 附录 D 避免软件要素间的干扰，实施相关失效的分析，重点从以下几个维度检查。

❑ 时序和执行方面，包括执行受阻、死锁、活锁、执行时间分配不当或软件要素间的同步不正确。对应的处理机制包括循环执行调度、固定优先级调度、时间触发调度、处理器执行时间监控、程序执行次序监控和到达率监控。

❑ 存储方面，包括内容损坏、数据不一致、堆栈上溢或下溢，或对已分配给其他软件要素的内存进行读或写访问。对应的处理措施包括存储保护、奇偶校验位、纠错码（ECC）、循环冗余校验（CRC）、冗余存储、内存访问限制、内存访问软件的静态分析、内存静态分配。

❑ 信息交换方面，包括信息重复、丢失、延迟、插入、次序不正确、损坏、信道阻塞等。对应的处理机制包括通信协议、信息回送和信息确认等。

针对软件架构要素之间的独立性，在实施了有效的软件安全分析和架构改进之后（级联失效和 / 或共因失效，包括共模失效），参考 ISO 26262 Part 9 表 C.1 系统、软件、硬件和半导体层面的示例，实施软件相关失效的分析，可重点从以下几个维度检查。

❑ 共享资源，如存储器。

❑ 共用的输入信息。

❑ 内部通信。

❑ 系统性耦合，如开发工具。

（4）软件安全分析在项目中的应用

既然各种分析方法各有特色，如何在工程落地中选择最合适的分析方法或方法的组合，是对软件安全开发组织能力的考验。

需要注意的是，不同于系统和硬件层面的安全开发，ISO 26262 在软件开发阶段并没有对安全分析方法的选择与 ASIL 等级的相关性提出要求。这也在一定程度上说明，软件安全分析在业界并未有非常好的最佳实践推荐。

实际落地过程中，对于安全分析方法论在软件层面如何具体实施，我们需要根据软件的特性、组织的软件开发流程、安全分析的完整性，甚至软件开发的组织形式等多个方面综合考虑，具体如下。

❑ FMEA/FTA 方法都可以发现共因失效，甚至级联失效，但是完成了软件 FMEA 后，是否还需要实施软件相关失效分析，要根据软件 FMEA 实际过程中，是否重新根据软件安全架构实施迭代分析，识别了影响安全组件与非安全组件之间的相关失效来决定。

❑ CPA 最好基于初始化后的软件安全架构开展。CPA 在软件开发的具体某个架构层面开展效果最佳，依赖于具体组织内的工程实践总结。

❑ 针对非常成熟的安全软件设计，在应对设计变更的过程中，为了进行风险评估，或许仅实施一个简单的 FMEA 方法就能达到影响分析的目的。

6. 复杂软件的架构设计

ISO 26262 明确要求软件架构设计时应将其开发到能够识别出软件单元的程度，同时，软件安全要求应按层次分配给软件组件，直至软件单元。

随着智能汽车的发展，软件定义汽车的时代已经到来。自动驾驶相关软件的复杂度相比传统汽车急剧增加，软件架构设计面临的挑战也越来越大。为了满足安全软件架构设计要求，一方面需要利用合理的安全设计规则，例如合理的安全机制设计和部署、ASIL 等级分解，以减少因安全设计带来的软件复杂度提升和工作量增加；另一方面需要坚持按照标准要求，完整地实现软件架构设计，避免系统性失效。

通过平台化的软件架构设计，实现模块化和高度可复用，是平衡安全软件开发的安全性和高效性的有效解决方案。

7. 软件架构设计的要求和常见问题

ISO 26262 Part 6 Chapter 7 部分关于软件架构设计的工作成果的要求，是所有软件方面工作成果要求最多的部分，具体如下。

❑ 软件架构设计的标记法。

❑ 软件架构设计的描述应具备的特性要求，如可理解性、一致性、简单性、模块化、抽象性、封装性等。

❑ 在软件架构设计开发中，应考虑软件架构设计的可验证性、可配置软件的适用性、软件单元设计与实现的可行性、软件集成测试中软件架构的可测试性，以及软件架构设计的可维护性。

❑ 软件架构设计原则包括软件组件应有适当的分层结构，限制软件组件的规模和复杂度，限制接口规模，每个组件内应保持强内聚，软件组件之间应保持松耦合，具有恰当的调度特性，限制中断的使用，软件组件应有适当的空间隔离，适当管理共享资源。

❑ 软件架构设计应描述要素的静态设计方面，包括分级层次的软件结构、数据类型及特征参数、软件组件的外部接口、嵌入式软件的外部接口，以及全局变量。

❑ 软件架构设计应描述要素的动态设计方面，包括事件和行为的功能链、数据处理的逻辑顺序、控制流和并发进程、通过接口和全局变量传递的数据流，以及时间的限制。

❑ 软件架构设计中识别到需第三方开发的软件组件应进行软件组件鉴定。

❑ 确保软件组件免于干扰。

❑ 对软件所需资源进行上限预估，包括执行时间、存储空间、通信资源。

❑ 进行软件安全分析、相关失效分析。

❑ 进行架构验证等。

不难理解，上述要求的目的在于一方面避免在软件架构设计和后续开发活动中出现系统性故障，另一方面确保因安全要求而延伸出的设计约束被有效实现。

在实践中，软件架构安全设计常见的问题如下。

❑ 仅关注软件安全架构，而不关注完整的软件架构（需要落实的软件单元层面），忽略了安全需求在更多架构层级正确合理的细化和分配。

❑ 未经仔细评估便选择采用软件组件鉴定的方式来证明其安全合规。事实上，完整的组件鉴定所需的努力并不一定比重新按照 ISO 26262 开发所付出的努力少。

❑ 软件安全机制的合理性、有效性和可实现性不佳，生搬硬套标准中的安全机制，造成安全机制难以实现落地，或者实现后频繁误报。例如，在异构冗余中，冗余设计的性能与本体性能差别太大，导致要么无法有效检测故障，要么频繁误报。

## 6.3.4　软件单元设计和实现

### 1. 概述

软件单元指软件中的最小可测试单元。至于"单元"的大小或范围，并没有一个明确的标准。"单元"可以是一个函数、方法、类、功能模块或者子系统。在传统的结构化编程语言中，要进行测试的单元一般是函数或子过程。在像 C++ 这样的面向对象的语言中，要进行测试的单元是类。ISO 26262 对软件单元的定义是软件架构中的最低层级且可被独立测试的软件组件。

软件单元设计和实现是指根据软件架构设计、设计准则和所分配的支持软件单元的实施和验证要求进行软件单元设计，并实现所定义的软件单元。

由于 ISO 26262 在架构设计部分强调架构设计应被开发到能够识别出软件单元的程度，

因此这里直接从软件单元设计的层面进行要求，没有采用 ASPIE 的软件详细设计和单元构建的命名方式。但是 ISO 26262 也明确说明，应基于软件架构设计开发软件单元的详细设计，与 ASPIE SWE.3.BP1"开发软件详细设计（开发软件架构设计中定义的各软件组件的详细设计，该设计基于软件功能性需求和非功能性需求定义软件单元）"并无冲突。

需要注意的是，开发每一个软件单元设计时，我们必须实现软件安全要求和非安全相关的要求。因此，在单元设计和实现的过程中，安全相关的和非安全相关的要求都应按照同一个开发流程来处理。

2. 安全相关的软件单元设计要求和常见问题

安全相关是指单元执行安全需求，或者不满足单元与其他单元共存的标准。因此，这样的软件单元需要按照合适的 ASIL 等级开发。

为避免系统性故障，软件单元设计的标记方法应按照 ISO 26262 的要求，根据对应的安全等级选择合适的标记方法，以保障单元描述的一致性、可理解性、可维护性和可验证性。同时，ISO 26262 推荐了 12 个设计原则，确保单元设计的结果具有如下特性。

- □ 基于软件架构设计，软件单元内的子程序和函数执行的次序正确性。
- □ 软件单元间接口的一致性。
- □ 软件单元内和软件单元间的数据流及控制流的正确性。
- □ 简单性。
- □ 可读性和可理解性。
- □ 鲁棒性。
- □ 软件修改的适宜性。
- □ 可验证性。

实际上，12 个设计原则基本上都能被编码指南覆盖，这些特性也是软件质量维度的关注点。

在实践中，安全软件开发在单元设计层面的常见问题如下。

- □ 设计原则和编码指南被违背，是否不可接受？实践经验表明，需要提供恰当的理由、风险评估和验证结果，以证明风险是可接受的。
- □ 非安全相关的软件单元有没有要求？非安全相关的软件也应按照组织制定的软件开发流程（如 ASPICE）进行开发，以满足质量体系的要求。

## 6.3.5　软件单元验证

### 1. 软件单元验证目的

通常来说，软件单元验证的目的是提供证据，证明软件单元设计满足分配的软件需求实现且适于实施。软件单元验证包含设计验证和测试验证两个方面。对于安全相关的软件单元，我们还需要通过符合安全要求的验证，从以下三个方面提供证据，证明有效避免了系统性失效。

❑ 通过安全分析（参考 6.3.3 节）得出的安全措施得到了适当实施。

❑ 所实现的软件单元符合单元设计要求，并满足根据所需的 ASIL 等级分配的软件要求。

❑ 软件单元不包含与功能安全相关的非预期功能和特性。

### 2. 软件单元测试

软件单元测试是指对软件中的最小可测试单元进行检查和验证，实践中往往由程序员自己完成，最终受益的也是程序员自己。

软件单元测试通常与白盒测试联系在一起。单从概念上讲，两者是有区别的（白盒测试的范围更广，不仅限于单元测试）。不过，我们通常所说的"单元测试"和"白盒测试"都是与代码有关的，因此在某些语境下也认为这两者是一样的。还有一种理解认为，单元测试和白盒测试就是对开发人员所编写的代码进行测试。

单元测试的实现方式包括静态检查、动态检查。

❑ 静态检查：检查代码逻辑的正确性以及编码规范性。

❑ 动态检查：将程序代码运行起来，检查实际运行结果和预期结果是否一致。通常来说，动态检查需要编写测试脚本，调用业务代码进行测试。为了更好地管理和维护测试脚本，我们一般会采用单元测试框架。不同语言有不同的单元测试框架。

静态检查又分为人工检查以及工具检查。人工静态检查主要工作内容如下。

❑ 检查算法的逻辑正确性。

❑ 检查模块接口的正确性。

❑ 检查输入参数正确性。

❑ 检查调用其他方法接口的正确性。

❑ 异常错误处理。

❑ 检查表达式、SQL 语句的正确性。

- ☐ 检查常量或全局变量使用的正确性。
- ☐ 检查程序风格的一致性、规范性。
- ☐ 检查代码注释是否完整。

工具静态检查主要工作内容如下。

- ☐ 检查代码编码规则符合性。
- ☐ 检查内存使用正确性。
- ☐ 数据流分析。

### 3. 单元验证策略

为避免系统性失效，ISO 26262 Part 6 表 7 提供了基于行业最佳实践推荐的单元测试方法要求，ISO 26262 Part 6 表 8 给出了软件单元测试用例的得出方法。在项目中，我们需要根据 ASIL 等级选择合适的方法组合和测试用例得出方法。此外，ISO 26262 Part 6 提供的测试环境选择基本原则为在验证策略或规范中定义具体的测试环境提供了指引。

ISO 26262 Part 6 表 9 要求在测试中评估验证覆盖率 [ 包含语句覆盖率、分支覆盖率和 MC/DC（修改条件 / 判定覆盖）率 ]，但没有给出具体量化指标。我们需要结合经验和项目实际情况，在验证策略或规范中明确具体的量化指标。原则上，覆盖率测试都需要达到 100%。如果没有理由，没有目标值或结构覆盖的低目标值被认为是不够的，需要进行相应的风险评估。

实际操作中，通常这些要求都体现在制定的单元验证策略或规范中。此外，我们还应制定测试结果收集和测试异常处理的规则，以支持测试完成后形成汇总结果的测试报告，并对测试过程中发现的缺陷进行跟踪、回归验证和关闭处理。

### 4. 验证覆盖率原理和实例说明

ISO 26262 对软件单元验证提出如下要求。

- ☐ 语句覆盖测试是指在测试时将程序中全部语句覆盖执行。
- ☐ 分支覆盖测试是指在测试时将程序中每个判定的真分支和假分支至少执行一次。

分支是指程序中控制流的分支点。在程序的控制流中，分支通常是指由条件语句（如 if-else、switch-case 等）产生的路径分叉。

- ☐ MC/DC 测试要求在一个程序中每一种输入 / 输出至少出现一次。每一个判定中的每一个条件必须产生所有输出结果至少一次，每一个判定必须产生所有可能的输出结果至少一次，并且每一个判定中的每一个条件必须能够独立影响判定结果。

实践中，在设计 MC/DC 测试用例时，我们可以采用以下技巧。

1）若判定中仅包含"‖"运算符，达到 MC/DC 最小测试集的方法是，控制其他条件为 F，依次将当前关注条件设置为 T、F。

2）若判定中仅包含"&&"运算符，达到 MC/DC 最小测试集的方法是，设其他条件为 T，依次将当前关注条件设置为 T、F。

3）若判定中既包含"‖"又包含"&&"运算符，先将条件分块，然后按照上述方法进行排列组合。

以判断条件 A‖(B&&C) 为例，为了实现 MC/DC 测试，必须设计以下测试用例，如图 6-26 所示。

|  | 输入 | | | 结果 |
| 序号 | A | B | C | A‖(B&&C) |
| --- | --- | --- | --- | --- |
| 1 | F | F | F | F |
| 2 | F | F | T | F |
| 3 | F | T | F | F |
| 4 | F | T | T | T |
| 5 | T | F | F | T |
| 6 | T | F | T | T |
| 7 | T | T | F | T |
| 8 | T | T | T | T |

图 6-26　MC/DC 测试用例定义示例

注：在这个示例中，MC/DC 测试的主要目的是防止组合条件表达式产生副作用。当 A、B 或 C 函数条件产生副作用时，进行 MC/DC 测试是非常必要的。

### 5. 软件静态代码分析简介

通俗地说，静态代码分析就是在代码编写的同时找出编码错误，不需要等待所有代码编写完毕，也不需要构建运行环境和编写测试用例，而是通过分析源代码来达到质量、可靠性和安全性保障的目的。因此，静态代码分析是一种验证方法。它能在软件开发流程的早期发现代码中的各种问题，从而提高开发效率和软件质量。

例如，C 语言的静态分析工具具有的功能包括捕捉潜在的错误、实施编码标准、支持严格遵守 C 标准、执行强类型检查、尺寸检查、支持基本堆栈分析、辅助线程检查。这些功能在对软件缺陷检测有很大帮助的同时，也能帮助功能安全开发和网络安全开发解决系统性失效问题。

因此，静态代码分析可以在安全相关软件的开发中广泛应用。市场上的静态代码分析工具有很多，选择一个还是多个工具各有优劣。研究表明，有时单个工具的性能优于最佳工具组合。不过，这也不能否定工具组合的价值。因地制宜，因时制宜，在具体实践中建议多尝试，看看哪种方式最适合当前的环境。但是需要注意，不管使用单个工具还是工具组合，都必须按要求进行软件工具鉴定。

### 6.3.6　软件集成和验证

#### 1. 软件集成和验证目标

软件集成是按照定义的集成步骤，对应着软件的分层架构，集成软件要素，直至嵌入式软件完全集成。在这个过程中，应按照软件架构设计，对软件要素之间特有的集成层次和接口进行验证。

通过软件集成和验证，可以证明集成的软件单元和软件组件符合软件架构设计的要求。从安全维度来看，可以证明从软件架构层面安全分析得出的已定义安全措施得到适当实施，并且集成软件不具备与功能安全相关的非预期功能和特性。

为了避免软件集成和验证过程中的系统性失效，ISO 26262 Part 6 部分提出了许多具体要求。这些要求在项目实际落地过程中，通常体现在集成测试策略（规范）中。

#### 2. 集成测试策略

从安全角度来说，集成测试策略制定至少要考虑以下四个方面。

❑ 软件集成测试方法。

❑ 软件集成测试用例设计方法。

❑ 软件集成测试完整性度量。

❑ 软件集成测试的测试环境。

集成测试方法的选择应与测试目的一致，通过验证集成的软件单元、软件组件和嵌入式软件符合软件架构设计要求和软硬件接口规范的一致性，证明已定义的功能和特性，提供支持功能所需的足够资源，并有效实现安全措施。

#### 3. 软件架构层级的结构覆盖率原理

在软件架构层面，ISO 26262 功能安全标准对结构覆盖率要求如下。

❑ 函数覆盖率：函数覆盖测试是针对系统或者子系统的测试。函数覆盖率表示在该测试中，有多少函数被测试到了。由于在单元测试时主要关注函数功能是否正确，那么当软件集成的时候，我们需要关注是否所有函数都被覆盖到，是否存在一些多余的未使用的函数，从而造成某些非预期的功能失效。

❑ 调用覆盖率：调用覆盖率是统计所有的函数每一次调用是否都至少执行过一次，从而帮助发现需求错误、低使用率代码等问题。

原则上，覆盖率测试结果应达到 100%。如果未达到，需要进行原因分析并提供合理理由。

### 4. 软件集成测试的注意事项

如果集成测试没有在目标环境中执行，应分析源代码和目标代码之间的差异以及测试环境和目标环境之间的差异，以定义后续测试阶段在目标环境中的附加测试。测试环境与目标环境之间的差异可能出现在源代码或目标代码中，例如，不同处理器的数据字和地址字的不同位宽引起的差异。

在实际操作过程中，对于功能安全的故障探测和响应链路的完整测试，是软件集成测试中的关键环节。必须严格控制该环节，以确保整个链路的完整性、稳定性和可靠性，避免频繁误报对产品可用性的影响，以及漏报带来的安全风险。

## 6.3.7 软件需求 / 合规性 / 网络安全测试

### 1. 软件需求 / 合规性测试

软件需求 / 合规性测试目标是验证嵌入式软件在目标环境中是否满足其要求，从安全角度考虑，应证明软件在目标环境执行时满足安全相关要求。

从软件需求 / 合规性测试目标来看，明确测试环境的定义是至关重要的。从安全需求角度考虑，硬件在环和台架测试是基本的测试环境要求。对于 ASIL C 和 ASIL D 级别的软件安全需求，应考虑在整车环境中进行相应的测试验证。

实际操作中，为了确保有效实施软件需求 / 合规性测试，我们在软件测试策略中还应该明确 ISO 26262 的基本要求，包括软件安全需求测试方法、软件安全需求测试用例设计方法，具体内容和要求本文不再详细介绍。

### 2. 软件网络安全测试

按照 ISO/SAE 21434 的要求，除了常规的需求符合性测试外，根据项目不同的网络安全等级，我们还可使用以下网络安全测试方法。

#### （1）漏洞扫描

漏洞扫描是指基于漏洞数据库，通过扫描或评审等手段，对指定系统进行安全脆弱性分析，从而发现可利用漏洞的安全检测行为。通常，漏洞扫描包括以下几个方面。

❑ 静态代码分析：指在代码运行之前，基于编码规范或指南，分析源代码中存在的错误的方法。这是一种基于规则的分析方法，分析结果的质量通常取决于分析规则的好坏。典型的工具有 Coverity、Klocwork 等。

❑ 动态代码分析：指在代码运行期间，在真实或模拟的环境中，发现诸如内存泄漏、线程并发、未定义行为等问题的方法。这种方法通常需要在代码的编译过程中插入桩函数或替换某些标准库函数，会导致程序执行变慢，并且只能检测到运行时执行到的代码。它是静态扫描的补充。典型的工具有 VectorCAST、Google Sanitizers 等。

❑ 操作系统加固测试：指通过分析和测试操作系统中的服务和配置，发现潜在漏洞的方法。典型的工具有 Lynis、OpenSCAP 等。

❑ 开源软件的已知漏洞扫描：指通过自动生成 SBOM，并检查相应开源组件是否存在已知漏洞或安全脆弱性的方法。

❑ 网络协议漏洞扫描：指基于特定的网络协议和已知漏洞，对服务和端口进行扫描，从而发现系统中存在的漏洞的方法。典型的工具有 Burp Suite、NMap 等。

其中，静态代码分析和动态代码分析也常用于常规的软件开发流程以保证软件质量。

（2）模糊测试

模糊测试是指向目标系统自动注入不合法的、非预期的或随机的数据，并监控该系统的异常反应，进而发现其未知漏洞的安全检测行为。通常，模糊测试包括以下几个方面。

❑ 单元模糊测试：指基于软件单元测试模板，使用模糊器（如 VectorCAST）生成对软件库、接口等的模糊测试用例，通过运行并监控测试用例的执行结果来发现软件漏洞的方法。这种测试方法可以方便地合并至持续集成流程，在软件开发过程中尽早发现漏洞，属于动态代码分析方法，也是一种白盒测试方法。

❑ 接口模糊测试：指基于通信接口协议，通过生成器产生模糊测试数据包，注入器插入数据包至目标系统的通信接口，监控器观测系统是否出现非预期行为，并在系统死机的情况下使用复位器重启系统以继续的方法。该方法通过大量注入、监控并记录导致系统异常行为的数据来发现系统漏洞。这种测试方法是一种灰盒/黑盒测试方法，耗时从几天到几周不等（取决于通信协议的复杂度），根据漏洞修复情况，可能需要执行多次。

❑ 系统模糊测试：指在真实的硬件或车辆上，以单元模糊测试和接口模糊测试发现的漏洞为基础，设计测试用例并验证实际系统是否仍然存在漏洞的方法。

（3）渗透测试

渗透测试是指安全测试人员（道德黑客或白帽子）使用与恶意黑客相同的工具和方法，对车辆或零部件进行攻击，以识别在设计、开发过程中未考虑到的网络安全漏洞的安全检测行为。通常，渗透测试包括以下几个方面。

- ❑ 白盒渗透测试：指测试人员可以使用系统的所有源代码和内部数据进行测试。通常，这种方式需要消耗大量的时间和精力对系统进行全面测试，但可以发现最多的有效漏洞。
- ❑ 黑盒渗透测试：指测试人员在未被提供系统内部信息，只了解公开的信息和标准的情况下进行测试。通常，黑盒渗透测试需要进行测试的系统功能较复杂。为了覆盖大量信号和场景的排列组合，这种测试需要执行很多步骤先去发掘系统，再构建攻击树，因此会消耗更多的时间和精力。而且由于缺乏系统内部信息，测试人员可能会漏掉不同的架构配置和威胁场景，因此无法确保覆盖所有漏洞和攻击路径，并且通常不能首先发现风险最高的漏洞。
- ❑ 灰盒渗透测试：指测试人员可以使用系统架构和来自网络安全需求分析阶段的 TARA 结果进行测试。相较于黑盒渗透测试，这种测试方式能够创建更准确的攻击树，以覆盖所有可能的攻击向量，并且能够避免创建大量无效的威胁场景以及遗漏一些重要的攻击路径。对比上述两种渗透测试方式，灰盒渗透测试可以在投入较少时间和精力的前提下，更快、更准确地获得更有价值的有效漏洞。

## 6.4　软件风险管理

软件设计开发过程中会引入各种各样的网络安全风险。软件的风险管理环节包括安全监控、风险评估、漏洞分析及漏洞管理，如图 6-27 所示。

网络安全漏洞信息的收集要求建立长效的网络安全信息收集机制，通过内外部多种渠道（如订阅威胁情报服务、供应商上报、监测互联网漏洞平台、定期漏洞扫描等）收集和识别与项目相关的网络安全事件。

在风险评估阶段，应首先定位安全事件影响的功能和组

图 6-27　软件的风险管理环节

件，识别脆弱点。然后，业务部门和安全部门对脆弱点进行分析，判断其是否应作为漏洞进入漏洞管理流程。

对于已查明的漏洞，需分析其风险等级并制订处置计划。针对不同严重等级的漏洞，应设置对应的关闭时间，跟踪处置进度直至漏洞关闭。

### 6.4.1　安全监控

人们常说要有发现美的眼睛，在产品设计开发过程中也是一样。软件的风险识别是管理最重要的一环，或者说是前提，即通过"发现美的眼睛"发现和识别软件的安全风险。

在安全监控中，首先要确定网络安全信息来源。确定网络安全信息来源的目的是在前期确认信息的准确性，以防后期出现相应的风险。网络安全信息主要来源如下。

- ❏ 政府部门或行业组织：这些部门或组织通常有专业的安全漏洞平台（包括 NIST NVD、Vulnerability Database、Auto-ISAC、CAVD、CNNVD 等），不间断收集和识别网络安全相关的漏洞或问题。
- ❏ 商业或非商业的一些组织：一些商业或非商业的组织会在每年梳理并总结当年最严重的网络安全漏洞，例如：CWE TOP25，OWASP TOP10。这些组织包括 CWE、CVE、Openssl 等。
- ❏ 供应商：众所周知，汽车的供应链非常长，可能包含上百个不同层级的供应商。Tier2 或 Tier1 的一个软件安全问题很有可能被引入 OEM 的软件中，进而造成更严重的漏洞及问题。因此，我们需要把供应商作为网络安全信息的来源。
- ❏ 客户：对于 Tier1 来讲，客户来源于不同的 OEM；对于 Tier2 来讲，客户来源于不同的 Tier1 或者 OEM。可以从不同客户获取网络安全的信息。
- ❏ 组织内部：组织内部可以通过定期的网络安全攻防演练和渗透测试，利用工具识别和发现内部系统或软件的安全风险隐患。

单有可靠的信息来源是不够的，还需要明确哪些信息与自身产品相关，哪些信息与网络安全事件有关。因此，我们需要明确相应的事件触发条件，以对网络安全信息进行分类。分类可以依据关键字、配置信息的参考，以及组件或供应商的名称，例如，可以使用恶意软件、操纵、逆向工程和侧信道攻击等关键字，还可以定义某些组件的名称，如 ARM、Linux 和 Hypervisor。

## 6.4.2　风险评估

对网络安全事件进行风险评估的主要目的是识别项目和组件中的弱点。评估可以从对系统功能的影响、安全资产属性的破坏、敏感信息泄露等方面进行。

一般来讲，常见的评估场景有两种。

1）对于来自 CWE、CVE 等公共漏洞数据库的网络安全事件，或者通过工具扫描出来的 CVE 事件，不需要进一步分析，可以直接将网络安全事件视为弱点。例如：使用 Blackduck 工具扫描某个项目中的源码库，发现使用的 Openssl 三方库存在漏洞，可以直接对漏洞进行分析及处理。

2）对于未公开的漏洞或通过其他途径获取的网络安全事件，评估主要考虑两个层面：一是受影响的产品或软件组件，二是安全事件的弱点或缺陷。

对于网络安全事件评估的结果，对应的处理方式如下。

1）如果网络安全事件没有弱点，就不需要处理。

2）如果存在弱点，并且有可用的补救措施，则可以采用补救措施进行处理，而不需要其他任何活动。

3）如果存在缺陷且没有可用的补救措施，则应进一步分析缺陷。

## 6.4.3　漏洞分析及管理

脆弱性分析主要是进一步检查弱点并评估其是否可被利用。弱点通常分为两种：一种是在公开漏洞库中带有 CVSS 评分的，另一种是不带 CVSS 评分的。

对于带有 CVSS 评分的弱点，且 CVSS 评分在 7.0 至 10.0 之间的高危漏洞和严重漏洞，不需要进一步分析。根据相关法规标准及行业统一要求，这类漏洞都需要进行修复。对于 CVSS 评分小于 7.0 的中危和低危漏洞，可以将 CVSS 评分作为影响等级，并结合当前系统的实际情况进行攻击可行性分析。攻击可行性分析可以采用 TARA 中的攻击潜力方法。

对于不带 CVSS 评分的弱点，可以参考 TARA 方法，从影响评估和攻击可行性评估方面来展开对漏洞的分析。影响评估主要从安全（S）、金融（F）、操作（O）、隐私（P）四个方面进行；攻击可行性评估可采用攻击潜力方法，从时间、经验、对系统的了解、机会窗口、设备几个方面进行。

漏洞管理主要是在系统或产品开发全生命周期，跟踪和监督项目软件组件中漏洞从发现到处理完成的整个流程，包括漏洞发现、漏洞信息记录、漏洞验证、漏洞补救、漏洞报告、漏洞跟踪等，如图 6-28 所示。

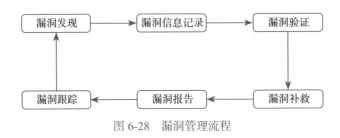

图 6-28　漏洞管理流程

对于主要流程的说明如下。

1）漏洞信息记录：对于已经确认是漏洞的事件，需要对其进行记录。记录内容应至少包括 CVE 编号、漏洞名称、漏洞描述、漏洞类型、CVSS 评分、漏洞涉及的组件及版本信息、漏洞来源、发现时间等基本信息。

2）漏洞验证：漏洞验证的主要目的是将漏洞的信息传达给研发人员，并进行漏洞复现，以进一步表明此漏洞在当前系统及环境中确实存在。同时，漏洞验证也有助于更好地了解漏洞是如何产生的，从而更好地进行修复。如果漏洞验证后没有发现漏洞现象，则表明该漏洞不存在，可以不进行后续修复操作。

3）漏洞补救：对于漏洞而言，有不同的处理策略，一般包括以下几种方式。

❑ 修复：完全修复或修补漏洞，包括对软件进行升级或打补丁，使其无法被利用，这是最理想的选择。值得注意的是，如果是一些三方开源组件且没有官方补丁，直接修复可能还会有开源许可证的问题。

❑ 缓解：降低漏洞被利用的可能性和影响。在尚未对已识别漏洞提供适当的修复或补丁时，缓解漏洞风险十分必要，这一步将为最终修复漏洞争取时间。

❑ 接受：不采取任何行动来修复或以其他方式降低漏洞被利用的可能性和影响。当漏洞被确定为低风险时，这么做是可以的，因为修复漏洞的成本远大于漏洞被利用所产生的成本。

4）漏洞报告：对于发现的漏洞，要进行报告。报告的对象是客户或监管部门。漏洞报告时需要注意以下内容。

❑ 在对漏洞进行补救之前，不发布任何漏洞信息。

❑ 不公布操作者使用的漏洞信息、网络、系统和设备的详细情况。

❑ 发布网络产品安全漏洞时，应当同时发布预防或者补救措施。

❑ 未披露的漏洞信息不得提供给产品提供商以外的组织或个人。

## 6.5　基于模型的开发方法

基于模型的开发（MBD）是一种先进的软件开发方法，它将系统建模作为软件开发的核心。本节将介绍 MBSE（基于模型的系统工程）的应用、MBD 的应用，帮助读者深入了解创新的软件开发方法。

### 6.5.1　MBSE 的应用

MBSE 发展过程中出现了许多建模语言，其中 DSL（领域特定语言）也呈现出百花齐放的局面。MBSE 强调以模型为中心进行系统开发，是使用约定好的符号语言、图形及对应的方法论来构建对系统描述的一种开发方式，目标是实现工程整体模型化。MBSE 在汽车领域的工程化实践现阶段只在少数的 OEM 和 Tier1 范围内落地，大多数公司还处于探索阶段。

MBSE 尚未在汽车行业内全面落地的原因有多种，典型的原因有如下几种。

❑ 企业缺少具有建模能力的人员。该人员既要熟悉并能抽象出准确的系统模型，又能熟练掌握对应的 MBSE 工具。

❑ 企业内部在各开发阶段（系统、硬件、软件）尚未形成统一的建模语言认知，各开发阶段模型交互存在语言壁垒。

❑ 公司在数字化转型战略上存在路线之争，对于选用何种 MBSE 方法论进行项目开发和落地尚未下定决心。

我们来看一下 MBSE 开发的三大支柱（见图 6-29），可以看到方法论、建模语言、工具构成了 MBSE 的成功三角形。若开发人员对任一支柱不能很好地掌握和使用，MBSE 在项目开发中都很难获得成功。然而，从目前的情况来看，其中任意一支柱都对现阶段国内汽车行业的开发能力提出了挑战。

图 6-29　MBSE 开发的三大支柱

我们来看看这几个支柱都代表着什么以及它们之间的关系。

1. 方法论

方法论对应于公司在开发项目时的工作模式，即需要做什么和怎么做。每个能在市场竞争中存活下来的公司有已经跑通的工作模式，选用模型化开发的方法论可能意味着需要对现有的开发模式进行大规模改造，具体形式则取决于原有的工具和开发模式与选用的数字化工具之间的差异有多大。选用了方法论往往意味着确定了建模语言、工具及对应领域的工作流，示例如下。

❑ 以 UML 为建模语言，参照 OOSEM（Object Oriented Systems Engineering Method）方法论来实施 MBSE，侧重点在于接口化描述和复用性。

❑ 以 SysML/UML 为建模语言，以 Rhapsody 为工具，参照 Harmony 方法论（见图 6-30），结合代码生成工具，可以进行全域模型化。

❑ 以 SysML/UML/DSL 为建模语言，以 Capella 为工具，按照 Arcadia 方法论（见图 6-31），可以进行全域模型化。

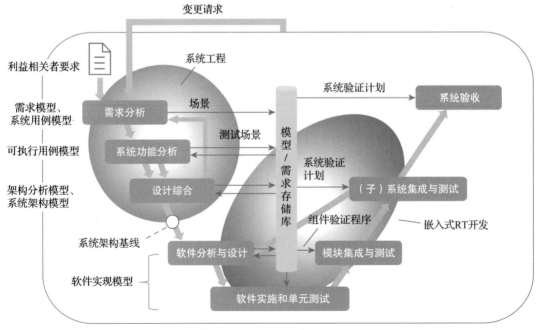

图 6-30 Harmony 方法论

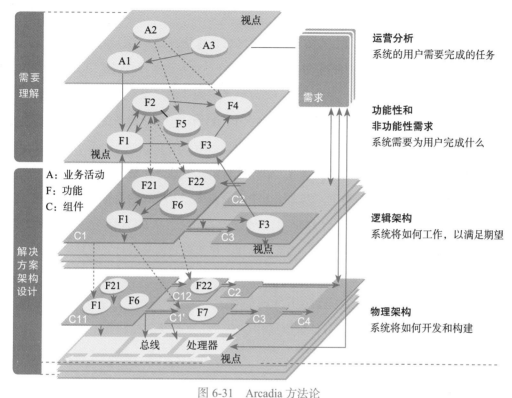

图 6-31　Arcadia 方法论

### 2. 工具

在采用 MBSE 方式进行开发时，方法论往往与工具绑定。或者说，为确保工程的完全模型化，某些工具在开发时会与方法论共同发展。选择某一方法论往往意味着确定了工具链。而在方法论导入企业（即工具链导入企业）时，决策往往受到多方面因素（例如企业的总体投入预算、工具链是否能打通、人员培训等）的影响。

### 3. 建模语言

众所周知，建模过程是对系统的抽象过程。对建模语言和符号的掌握与理解，往往对开发人员的能力提出了不小的挑战。比如，UML 中约定的各种线条和箭头，以及它们组合的含义，需要开发人员理解和记忆，并使用这些模型语言结合方法论对系统进行抽象化描述，更不用说一些混入了 DSL 的方法论和工具。UML 标准预留了扩展空间，从而产生了一些比较优秀的 DSL，甚至有些成了新的标准。例如，SysML 作为 UML 语言的继承和发展，已经成为系统描述语言的标准。

工具是落地的最后一环。往往在方法论选定之后，建模语言和工具就已经被框定了，这时考虑的通常是工具的兼容性和费用问题。然而，这往往也是企业路线选择的决定性因素。

随着 E/E 架构的逐渐演进，"软件定义汽车"逐渐成为业内共识。而 SOA（面向服务的架构）也成为汽车软件革命的一个重要方向。许多汽车上已有的功能被重新整合，更多新增功能被定义在整合后的控制器上。功能架构和逻辑架构变得越来越复杂。在软硬分离、算法供应商多元化的分布式开发模式里，域控制器、中央计算单元等复杂控制器的开发参与方越来越多。在国内快速迭代开发的节奏下，以文档为中心的传统开发模式的沟通成本非常高，甚至已经逐渐超过使用 UML 的方法所付出的学习成本。我相信部分从业者已经能从无穷无尽的会议中感受到这一点。建立无歧义、统一的系统描述，形成对当前开发对象的共同理解，对成功完成项目至关重要。

所以，可以看到 MBSE 主要是通过建立统一的、无歧义的系统描述来防止系统性失效，同时也可以利用多种描述视角，方便理解域控、中央计算等复杂控制器，并对其进行安全分析。

从内容上看，MBSE 侧重于对系统进行描述或仿真验证，主要用于系统开发人员建立对系统的统一描述。MBSE 用于软件的开发中，我们通常简称为"基于模型的开发"（MBD）。MBD 的定义和相关工具在国内的汽车零部件开发中也是最早推广开来的，尤其以 MATLAB/Simulink（包括在此基础上开发的 TargetLink）最为大家所熟知。对于软件开发人员来说，他们希望看到模型化开发带来的更直接的好处，而软件 MBD 这种从模型自动生成代码的开发模式，可以大大减少与编码有关的开发活动，提高开发效率。实际上，MBD 方法在过去十年里已经在各大 OEM 和大型零部件公司蓬勃发展。从国内实际应用情况来看，Simulink 或 TargetLink 在汽车软件开发中所占的比例正逐年快速增高。我们将在后面的章节以 Simulink 工具为载体，阐述功能安全实践中如何满足安全要求及其注意事项。

## 6.5.2　MBD 和功能安全

### 1. MBD 在新形势下的优势

在国内整车开发周期大幅缩短的背景下，反向倒推开发时间大大压缩了控制器系统、硬件、软件的开发时间，开发变得容错性极低，系统、硬件开发几乎同时开工，硬件、软件几乎同步迭代。如何在提高开发效率、满足交付时间要求的同时，又能使各阶段产物符合功能安全要求？这个问题几乎是每个国内汽车功能安全从业者的必考题，也是所有汽车行业从业者的挑战。常用的软件开发模型中有瀑布式 V 模型和敏捷开发模型（见图 6-32），这两者在开发中各有优势。

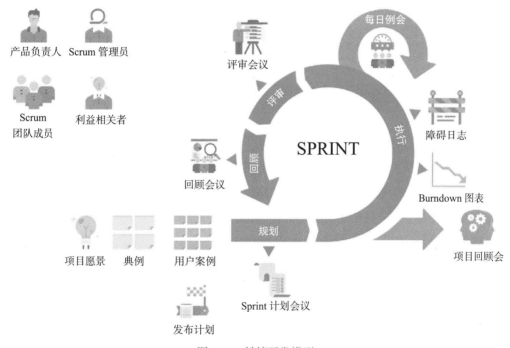

图 6-32　敏捷开发模型

对于功能安全而言，它讲究证据确凿、闭环自证。瀑布式的开发模式的产出物更容易符合功能安全要求，但面对极短的开发周期和极低的容错要求，显然敏捷开发响应较快，也可以及时对项目行进方向进行纠偏。不过，敏捷开发的缺点也很明显，在项目前期无法给出合理的规划和设计，开发过程粗放，难以收敛，到项目后期难以对上层的设计问题进行有效修正。所以，综合来看，相对可行的方法是边开发、边设计、边修正，使每个或每两个冲刺（Sprint）中至少包括一个小 V 模型的过程。MBD 可以采用测试驱动模式（TDD）在设计阶段引入测试用例，通过设计、仿真验证的循环，快速适应快节奏的开发（见图 6-33）。

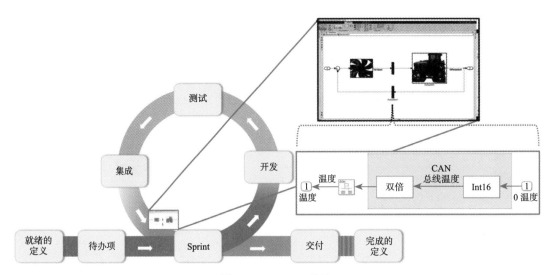

图 6-33    MBD 工作流

有没有什么方法可以平衡敏捷开发模式下文档低需求和功能安全要求下文档高需求之间的冲突？文档自动化生成也许是一条可行的路径，比如，采用手写代码的开发方式，使用注释自动生成文档的工具、代码转流程图的自动化工具、函数调用关系图形化生成工具等。如果采用模型化开发，模型本身具有易于理解的图形化特性，依据建模准则进行模型化开发，在设计层面上能够很好地自我解释，或者利用建模工具的自动化文档生成功能来生成相关文档。这些工具可以最大化地减少重复劳动，降低理解设计的门槛，减小完整性开发的阻碍。

MBD 模式在国内汽车行业的快速推广大约始于 2011 年。随着行业的发展，我们知道架构设计、应用逻辑设计、算法开发等偏向架构设计和应用的开发比较适合用 MBD 方法，而底层复杂驱动、硬编码等比较适合用手写代码的方法。

随着技术的进步和项目的广泛应用，一些工具逐渐跟不上行业发展的脚步，而另一些工具则越来越符合业内的发展趋势。总体而言，模型化开发在汽车软件开发中占据了越来越重要的地位。根据 ISO 26262 Part 6 单元验证的方法中表 7 1n 的要求（见表 6-6），我们知道，对于自动生成的代码仍需保持一定的怀疑态度。因为工具也是由人开发的，无法完全保证不出错，且使用工具的人也可能出错。这些问题都可以归类为系统性失效。针对系统性失效，我们需要制定相应的预防手段。为了预防模型化开发中的错误，我们可以从两个方面采取措施：一是对工具进行评估和鉴定，二是采用背靠背验证等措施来最大限度降低风险，防止生成的代码行为与模型设计意图不一致。

表 6-6　单元验证的方法

| 方法 | | ASIL | | | |
|---|---|---|---|---|---|
| | | A | B | C | D |
| 1l | 故障注入 | + | + | + | ++ |
| 1m | 资源使用情况评估 | + | + | + | ++ |
| 1n | 背靠背模型和代码之间的比较测试（如果适用） | + | + | ++ | ++ |

　　MBD 模式在实践中给我们带来了许多便利，例如设计即代码、前期仿真验证等。它的好处显而易见，快速原型代码的生成弥合了设计与代码实现之间的鸿沟，大幅减少了向软件开发工程师解释架构设计的情况。在代码产出阶段，它相较于传统的软件架构设计，展示了更显著的优势，即模型化开发的单元设计可以自动生成可编译的代码，大大提高了项目的开发效率。便捷的仿真操作还能够快速暴露架构设计和单元设计中的问题，方便在项目推进中联动迭代。

　　我们知道，功能安全项目最大的挑战在于安全活动的推进及良好的实施。在传统开发过程中架构的抽象设计、安全分析文档的结论报告、架构抽象设计的改动、详细设计的改动，这样一个巨大的行动环路涉及跨部门协调、沟通，人员对工作变化的质疑等，都会给功能安全落地带来了巨大的阻力。更不要说在敏捷化开发的新形势下，架构设计和详细设计的并行开发工作中一旦涉及返工，灾难性抱怨更会成为功能安全无法有效落地的负面因素。一个高效、即时的工作模式，有助于将功能安全的方法论有效地在项目中推进和落地。

　　模型化开发的一大优点就是图形化，符合人们认识世界的一般方式。虽然模型并非仅限于图形化，但图形化在功能安全分析方法中的好处体现在：软件元素的控制流和数据流传递过程直观。

　　控制流和数据流的清晰传递对于识别涉及安全的关键模块至关重要。它有助于在架构设计和概要设计阶段进一步优化安全机制，以便预防软件失效。此外，明确的控制流和数据流有助于在设计中实现权限管理、空间和时间隔离等安全措施，为软件设计奠定坚实的基础。

　　在软件设计审查过程中，一个主要难点在于处理架构设计中定义的软件元素之间的耦合性。高耦合可能导致相关的软件元素必须按照所有耦合元素中的最高安全等级进行开发和设计，或者难以充分证明这些元素之间满足免于干涉的要求。低耦合和高内聚是软件架构和单元设计的基本准则。

　　从架构优化的角度来看，无论是通过建模还是设计抽象，都可以对这些问题进行论证和缓解。然而，一个显而易见的事实是，如果无法实现解耦，这通常意味着开发过程不够规范，或者开发团队缺乏能够有效掌控整体设计的领导人物。在这种情况下，系统性失效几乎是不可避免的。

因此，模型化开发的引入带来了明显的好处，降低了软件开发阶段系统性失效的风险。这使各个模块的开发者能够更加自信地面对安全分析，无须承受因设计更改而带来的巨大心理压力，同时也让功能安全经理对软件的功能安全性能有更明确的把握。

### 2. MBD 和功能安全的联系

在介绍 MBD 和功能安全要求的联系之前，我们先看一下功能安全在 V 模型下的映射。系统阶段的设计对应技术安全概念，系统阶段的验证对应系统和相关项的集成和测试。软件层面的开发阶段包括软件安全需求、软件架构设计、软件详细设计与实施，软件阶段的验证映射在软件单元验证、软件集成和验证、嵌入式软件测试几个主要活动阶段。那么，从功能安全的角度来看，我们需要注意在采用 MBD 开发时是否能较好地覆盖这些阶段的安全要求。

我们先来看一下采用 MBD 方法带来的工作形式转变有哪些。

❏ 设计（架构设计、详细设计）采用半形式化/形式化方法来描述，架构设计文档对模型化的内容做必要的补充说明。

❏ 设计相关的数据（配置、标定数据）集中化管理，数据类型、有效数据范围及物理意义在模型中定义。

❏ 代码由模型自动生成。

❏ 设计验证对象主要是模型。

根据以上这些工作形式的转变，我们很自然地会有以下疑问。

❏ 对架构和详细设计的描述方法是否能满足功能安全的要求？

❏ 设计相关的配置数据是否可以得到有效管理和验证？

❏ 模型生成的代码是否值得信赖？是否和设计一致？

❏ 只对模型验证是否充分？是否有更可靠的验证手段？

针对这些问题，我们将在随后的小节中以 MATLAB 和 Simulink 为例进行介绍。

我们来看一下采用 Simulink 作为工具建模时与 V 模型的对照关系。可以看到，Simulink 在模型化开发的方法下对软件开发的全流程都有相应的工具覆盖（见图 6-34）。在这里，我们重点介绍软件架构设计、软件详细设计、软件单元验证、软件集成和验证四个阶段在 MBD 方法下与功能安全的对应情况。其他阶段由于涉及工具链的选择和工具间的集成（如软件需求描述及定义）等多方面因素暂不做过多讨论。

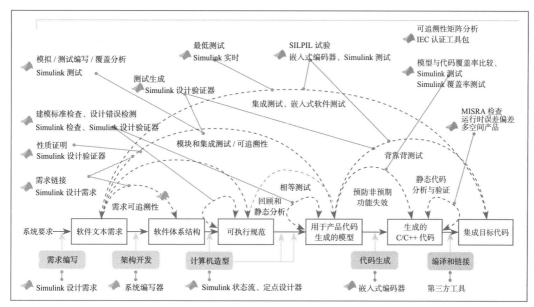

图 6-34　Simulink 的工作流和工具链

从软件的架构设计、详细设计到软件的验证过程中，我们可以全部或部分通过模型的开发工具链实现。在详细介绍基于模型的设计和开发之前，我们需要先了解一下 ISO 26262：6—2018 对软件架构设计及单元设计的要求。这里不详细罗列标准的内容，只针对部分较为抽象的内容或与当前主题关联度较大的部分进行展开。

## 6.5.3　MBD 和软件架构设计

在展开介绍之前，让我们对功能安全在软件架构层面的要求做一个汇总。如果说在架构设计阶段，我们最重要的目标是防止系统性失效，那么架构层面的系统性失效主要表现在哪些方面？除了架构设计中的一般要求，在安全设计中我们主要关心以下几点。

❑ 架构设计意图是否可以清晰、无歧义地传递给其他设计阶段，能被关联方充分理解。

❑ 架构设计是否充分考虑防止故障传播的问题。

❑ 架构设计是否有足够的鲁棒性来确保安全相关要素的正常运行。

我们简单看一下 ISO 26262：6—2018 针对软件架构设计的要求。

❑ 架构设计的表达方式。

❑ 易于理解。

❑ 一致性。

❑ 简单。

❑ 可验证。

❑ 模块化。

❑ 抽象化。

❑ 封装。

❑ 可维护。

架构设计的描述方法如下。

❑ 自然语言。

❑ 非形式化描述。

❑ 半形式化描述。

❑ 形式化描述。

对于表达方式的要求，我们通常理解为绝对正确但没有现实指导意义的要求。设计人员能够理解这些要求，但其落地及执行的判定较为主观，既没有统一标准，也难以形成统一标准。只能依赖设计人员的主观能动性和自我提高的内驱力，尽量逼近这样的要求。一个很有意思的现象是，在安全需求的写法中有这样的建议——避免使用形容词，因为形容词不客观，无法无偏地评定。然而，我们可以看到，功能安全标准对于架构设计的表达方式则有较多形容词，例如，易于理解、简单、可维护等。

在这种情况下，我们再看一下 MBD 方法能给我们带来什么。

❑ 图形化的表达方式对应于易于理解、简单这样的要求。

❑ 架构设计和详细设计皆模型且需要相互关联的特点满足了一致性、模块化、封装这样的要求，示例见图 6-35。

❑ 描述方法符合"非形式化描述"及"半形式化描述"的定义。

❑ 可使用数学公式进行建模，以满足形式化的要求，示例见图 6-36。

看完了对架构设计表达方式的要求以后，我们看一下架构设计要求。架构设计既要有静态设计来体现软件的结构化形态（如层级结构、数据类型、内外部接口、架构和依赖的约束等），又需要通过动态设计来展现结构化元素中的关联关系（如功能链、时序、控制流、数据流等）。

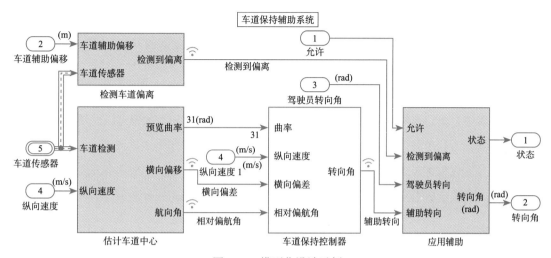

图 6-35　模型化设计示例

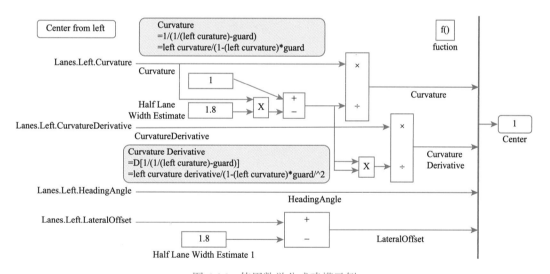

图 6-36　使用数学公式建模示例

这些设计要求在传统架构设计中也比较容易实现，那么 MBD 方法的优势是什么？我们知道，按照传统方式进行的软件架构设计，通常采用"非正式的符号记法"或"半形式化的符号记法"进行描述。例如，通过一些自定义图形对架构进行简单描述，或通过 UML 等来对架构进行抽象化描述。因此，传统架构设计方法通常能满足架构的静态设计要求，但对于动态设计，通常会存在"非形式化描述"或"半形式化描述"的优劣之争。在这里，我们需要引用架构设计描述的要求来比较出一个较为容易接受的形式。

UML 作为一个业内公认的标准，其图形记法虽然大体上统一了描述方法，但有些符号想要快速理解和识别还是很不容易的。例如，仅箭头和线的类型就有四五种，再加上箭头和线的组合型，对于使用者来说，学习曲线还是比较陡峭的。

另外，UML 标准本身预留了语言扩展空间，因此基于 UML 可能会产生很多延伸。所以，在项目开发中，我们需要确保 UML 建模的语言统一性，防止理解上的偏差。而领域特定语言（DSL）的生命力相对较强。从项目开发中易于使用、简单易于理解的要求来看，Simulink 定义的有限符号形式和清晰且足够的约束条件，降低了掌握难度，也减少了架构和开发人员的沟通成本，同时能满足功能安全项目中对安全开发的要求。常用 Simulink 模块及工具箱见图 6-37。

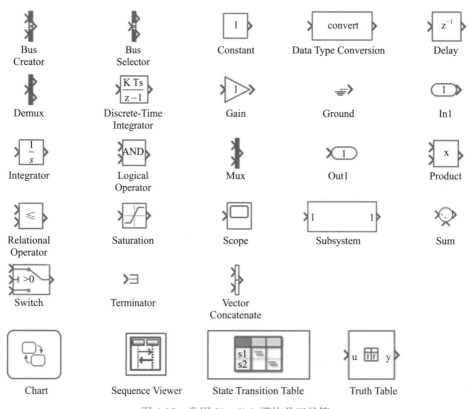

图 6-37　常用 Simulink 模块及工具箱

说完了架构设计描述层面的要求，我们来看一下功能安全中最重要的部分——如何从设计上防止系统性失效，如错误的扩散、级联、安全机制的独立性，从而确保安全相关的功能可靠运行。

从 ISO 26262 标准要求中可知，我们可以通过安全分析的手段，从分区、元素共存的原则和免于干涉等方面来考虑安全设计。可以借鉴的手段包括 FMEA 和 HAZOP 等方法，对架构元素进行定性考量。然而，软件设计中的具体情况往往较为复杂，能够清晰直观地体现软件要素之间关系和要素间信号流向的工具显得十分有效。那么，有什么手段可以较容易地分析软件中的关联关系呢?

在手动代码的开发方法中，我们可以使用工具通过对抽象语法树（AST）的静态分析得到函数的调用树来追溯模块间的关系（如通过 SCI Toolworks Understand 工具可以轻易地输出函数调用关系树）。但是，从功能安全分析的角度来看，这种方法有所不同。安全分析通常是从输入到架构要素，再到软件单元，最后到输出的思路。因此，这种方法往往只能作为一种快速的辅助手段来进行安全分析，得到受影响的软件元素。而 MBD 的图形化描述往往较为直观，可以以信号为中心，通过信号流向在图形化界面（见图 6-38）定位安全相关的模块。这样就可以轻松弥合安全人员和设计人员对于理解软件的鸿沟，让软件架构设计和开发人员知道功能安全层面关注的内容，便于最重要的安全分析工作和独立性分析工作的顺利开展和结果确认。

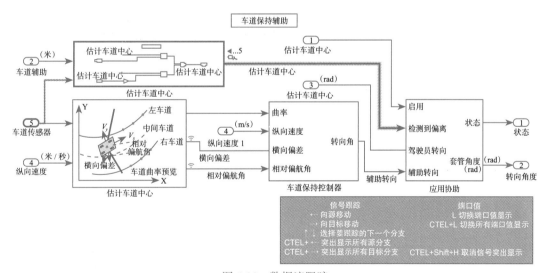

图 6-38    数据流跟踪

来源：MathWorks 公司。

所以我们看到，模型化开发的工作方法从设计语言的易于掌握和理解，到架构设计层面的层次化静态展示，架构与详细设计的一致性，再到安全分析时对链路的清晰识别，都比传统开发模式更高效。

### 6.5.4　MBD 和软件详细设计

软件详细设计要求在设计描述方法上（自然语言、非正式的符号记法、半形式化的符号记法、形式化记法）与软件架构设计要求基本一致，这里不再赘述。在单元设计和实施层面，软件详细设计要求主要体现以下方面。

❑ 和上级需求、单元设计的一致性、完整性追溯。

❑ 设计属性上的易于理解、可维护、可验证等要求。

❑ 在单元设计文档中清楚地描述设计细节。

❑ 详细设计的设计准则。

总体来说，详细设计层面的要求较为简单，在过往的汽车软件开发中也已积累了较多的最佳实践经验。因此，达成这些要求并不是十分困难。

我们来详细看一下这些要求在通常的做法中是如何达成的。

（1）和上级需求、单元设计的一致性、完整性追溯

我们通常采用二维矩阵来展示上级需求和单元设计的追溯关系（见图 6-39）。

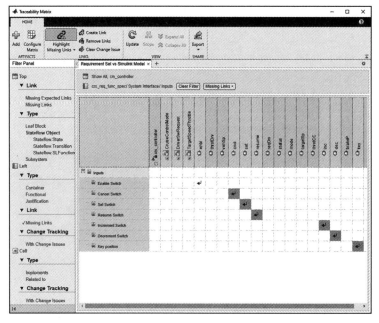

图 6-39　上级需求和单元设计追溯的二维矩阵

有些模型工具在迭代过程中可能开发出这样的功能——将需求集成进工具中，使需求和

设计保持双向追溯，也可以采用其他追溯工具来确保设计和需求的一致性和完整性。这一点在实施层面，两者的区别不是特别明显，主要的区别来源于企业数字化道路的选择和流程定义的不同。

（2）设计属性上的易于理解、可维护、可验证等要求

通常，我们采用面向接口的设计方法，对已定义的接口进行进一步封装和套壳，尽量确保接口的变化不影响设计，设计的变化也不改变原有接口，从而保证兼容性。此外，详细设计时可以根据统一命名格式定义内、外部接口，代码自解释（见图 6-40）的原则达到易于理解的要求。

```
100   /** @req SWS_WdgM_00154 */
101   /** Sets the current mode of Watchdog Manager.
102    * @param[in]   Mode One of the configured Watchdog Manager modes.
103    */
104   Std_ReturnType WdgM_SetMode( WdgM_ModeType Mode);
105
106   /** @req SWS_WdgM_00168 */
107   /** Gets the current mode of Watchdog Manager.
108    * @param[out]  *Mode Current mode of the Watchdog Manager.
109    */
110   Std_ReturnType WdgM_GetMode( WdgM_ModeType *Mode);
111
112   /** @req SWS_WdgM_00263 */
113   /** Indicates to the Watchdog Manager that a Checkpoint within a Supervised Entity has been reached.
114    * @param[in]   SEID Identifier of the Supervised Entity that reports a Checkpoint.
115    * @param[in]   CheckpointID Identifier of the Checkpoint within a Supervised Entity that has been reached.
116    */
117   Std_ReturnType WdgM_CheckpointReached( WdgM_SupervisedEntityIdType SEID, WdgM_CheckpointIdType CheckpointID);
118
119   /** @req SWS_WdgM_00169 */
120   /** Returns the supervision status of an individual Supervised Entity.
121    * @param[in]   SEID Identifier of the supervised entity whose supervision status shall be returned.
122    * @param[out]  *Status Supervision status of the given supervised entity.
123    */
124   Std_ReturnType WdgM_GetLocalStatus( WdgM_SupervisedEntityIdType SEID, WdgM_LocalStatusType *Status);
125
```

图 6-40　代码自解释

采用 MBD 方法，比较容易满足详细设计的易于理解、可维护和可验证的要求。图形化的设计方法更容易满足易于理解的要求。当然，随着模型复杂度的提高，易于理解的要求需要通过制定一定的建模规范来达成。对于可维护的要求，遵循良好的建模规范是必要条件。对于可验证的要求，MBD 方法要求单元的输入、输出接口都是确定的，并且符合上一层级架构设计的定义要求。这样可以通过输入、输出的特性设计针对性的测试用例，便于进行详尽的测试覆盖。一般可以通过 MIL 等测试手段对模型及生成的代码进行验证。

（3）在单元设计文档中清楚地描述设计细节

清楚地描述设计内容虽然是基本要求，但实践中往往存在一些阻力。首先，软件开发人

员对文档编写工作天然抵触。原因有多个方面，比如，基于上述第二条要求，代码设计原则中提倡代码是自解释的，软件开发人员对"自解释"的理解为无须额外编写文档；或者快节奏的开发导致代码变换频率较高，使得文档的维护工作量大到难以跟上发布节奏，从而变得难以实施等。因此，开发人员有时会借用一些文档自动化生成工具（如 Doxgen 等）来取代详细设计文档，或者在编写详细设计文档时，用一些工具的图形化功能（如 SCI Toolworks Understand 的控制流图等）来生成流程图（见图 6-41），以减少工作量。

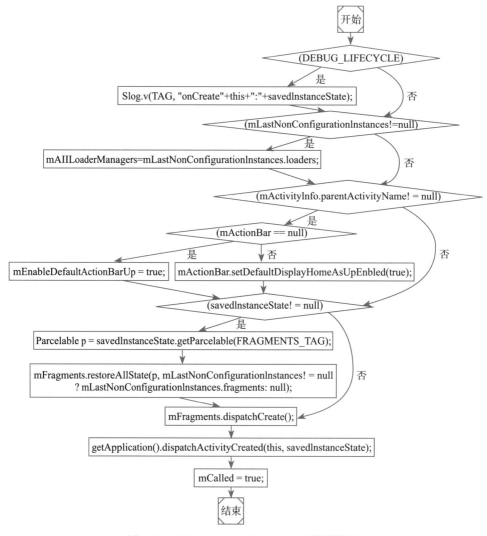

图 6-41　SCI Toolworks Understand 的控制流图

对于单元设计文档，MBD 方法本身较容易做到自解释，因为其采用有限数量的符号进行定义和设计。同时，我们也可以使用自动报告生成的方式对模型进行统计。在实际开发中，我们比较容易落入一些模型开发的常见陷阱，例如，不关注各种模块的信号排列，导致连线纵横交错呈蜘蛛网状，使模型无法阅读、理解，这通常在初次采用 MBD 的项目里较为常见。因此，我们可以根据 ISO 26262 要求，定义一个清晰的建模指南来约束建模的风格。

（4）详细设计的设计准则

详细设计的准则一般体现在编码层面，如接口一致性、正确的数据流和控制流、简单明了、可读性与易于理解、鲁棒性、易于修改和可验证性。

详细设计准则的要求看起来很多。得益于编码规范的相对统一，编码规范检查工具（QAC、Polyspace、Coverity 等）的成熟，实践相对简单。我们可以根据已制定或裁剪的统一编码要求，使用工具进行代码检查，或通过人工走查、脚本自动化检查等方法，确保代码的编写风格符合统一规则要求。

另外，我们知道功能安全对于软件开发的要求是防止系统性失效。系统性失效的来源有很多，如设计因素、开发人员因素、流程不完备因素等。设计环节未能充分考虑到的地方就容易产生系统性失效。引入的工作步骤越多，产生系统性失效的可能性就越大。自动代码生成工具通过规范化的方法和模板化的工作流程，减少了人为错误的引入，降低了系统性失效的风险。当然，引入的工具也可能产生系统性失效。针对这个问题，ISO 26262 标准已经给出了相应的措施，如通过背靠背测试方法检查从模型到可执行文件过程中产生的问题，或者通过工具鉴定的方法来识别工具产生的异常对安全的影响。

## 6.5.5  MBD 和验证

现代 E/E 架构的快速变革带来了控制器复杂程度的快速攀升，开发难度快速上升的同时测试的难度也在急速攀升，再叠加国内激烈竞争环境下带来的快速交付要求，带来前所未有的巨大挑战。我们知道测试是为了验证产品是否符合预期的一种手段。那么使用 MBD 的测试方法是否能增强我们对测试结果的信心？能否使测试的难度降低？测试用例是否更容易设计？ MBD 方法又额外引入了什么样的测试过程？

我们知道，通常针对电子零部件的验证手段和形式有负载箱、台架、实车验证等。负载箱通常只能模拟有限的 I/O 和通信链路；台架一般可以有限度地模拟控制器层面的输入 / 输出以及与周边控制器的交互；顾名思义，实车验证就是直接在整车上进行验证。每一种验证形式都是为了尽可能多地对控制器进行测试，以确保其符合我们的设计意图。而采用 MBD 方法时，适用的测试手段包括模型在环（MIL）、软件在环（SIL）、处理器在环（PIL）、快速原型（RCP）、硬件在环（HIL）等。

通常，MIL 和 SIL 并非在目标硬件（即正在开发的控制器）上执行。PIL 往往并非在我们的目标控制器上执行，而仅是在同型号或仿真型号的处理器上运行。RCP 是使用非目标控制器来快速验证算法的手段，RCP 往往与目标控制器无关（处理器、I/O 等可能都不尽相同），通常是针对特定用途控制器的标准化商用产品进行验证。HIL 通常是用工控机、机柜、板卡等设备来模拟外设及周边配件或整车其他零部件等，需要设备供应商在标准化板卡的基础上进行定制化开发。部分 OEM 或者 Tier1 会使用 HIL 来针对整个控制器及周边配件进行零部件级甚至整车级的仿真验证（见图 6-42）。

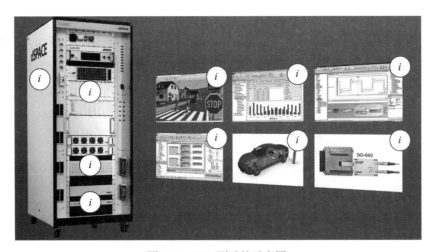

图 6-42　HIL 测试的示意图

很多人困惑的点在于：既然已经通过 MIL 测试验证了模型和我们的设计意图是否一致，为什么还需要进行 SIL 验证？

这是因为为了确保需求和模型一致，我们进行了 MIL 测试；为了确保代码和需求一致，我们进行了 SIL 测试；为了验证模型和其生成的代码是否一致，我们还需要进一步进行背靠背测试。显而易见，每一种验证方法都是为了解决特定层级可能产生的失效而设计的，避免设计方法本身可能引入的系统性失效。

### 6.5.6 MBD 建模规范

#### MDB 建模规范简介

MathWorks 汽车咨询委员会（MAAB）最初成立的目的是协调汽车行业几个关键客户的功能请求。1998 年 7 月的成立大会上，福特、戴姆勒、丰田通用汽车参与其中。MAAB 指南工作组于 2001 年发布了第一个 MAAB 建模风格指南。2020 年，MAAB 指南改名为"MAB指南"，以反映多个行业的贡献和广泛使用。最新的 MAB 指南 V5.0 已包含 JMAAB V5.1 和MAAB V3.0。MAB 指南 V5.0 的发展历史如图 6-43 所示。

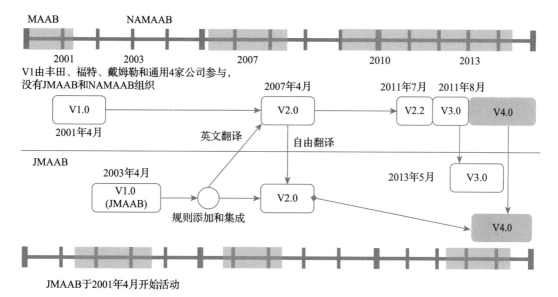

图 6-43　MAB 指南 V5.0 的发展历史

根据 MAAB V3.0 的介绍，MAAB 指南是项目成功和团队合作的重要基础，遵守准则是实现以下目标的基础。

- 模型可读；
- 模型、代码和文档的统一展示形式；
- 定义明确的接口；
- 可重复使用的模型；
- 模型交换时不出现问题；
- 快速进行软件更改；

❑ 避免系统集成出现问题；

❑ 建立简单有效的开发流程；

❑ 专业的文档；

❑ 易于理解的演示文稿；

❑ 与其他分包商的有效合作；

❑ 将研究或前期开发项目移交给产品开发。

因此，我们可以看到建模规范在防止系统性失效的目标上可以至少做到：

❑ 可读性；

❑ 清晰的接口定义；

❑ 高复用性；

❑ 易于快速迭代；

❑ 易于集成；

❑ 易于文档化；

❑ 易于进行合作开发。

MAAB V3.0 共计 110 条建模规范，虽然从 V3.0 到 V5.0 进行了较大的分类调整，但建模规范基本上从几个方面来进行约束。

❑ 开发环境；

❑ 命名方式；

❑ 架构；

❑ 配置；

❑ Simulink；

❑ Stateflow；

❑ MATLAB。

另外，为了确保高完整性，Simulink 的 IEC 工具箱给出了更多的指导性建议（见图 6-44）。

MBD 因其直观且易于修改的特点，在进行软件架构设计时，如果缺乏必要的约束，可能会导致设计缺乏规范化的表达形式，从而在设计传递时出现难以理解的后果。此外，由于控制器集成的功能越来越多，功能上的关联也越来越复杂。安全相关功能是否关联？免于干扰是否已经达成？这些问题的分析和论证变得更加困难，即便使用图形化的设计形式，也可能因为视图有限或模型庞大而无法充分复盘设计。

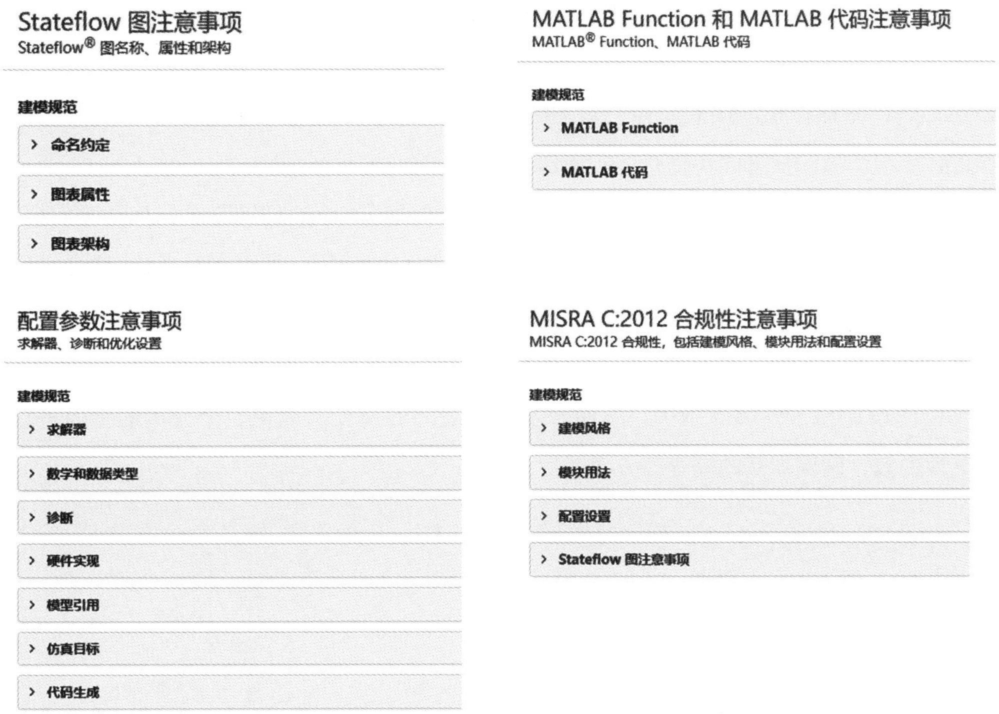

**Stateflow 图注意事项**
Stateflow® 图名称、属性和架构

建模规范
> 命名约定
> 图表属性
> 图表架构

**配置参数注意事项**
求解器、诊断和优化设置

建模规范
> 求解器
> 数学和数据类型
> 诊断
> 硬件实现
> 模型引用
> 仿真目标
> 代码生成

**MATLAB Function 和 MATLAB 代码注意事项**
MATLAB® Function、MATLAB 代码

建模规范
> MATLAB Function
> MATLAB 代码

**MISRA C:2012 合规性注意事项**
MISRA C:2012 合规性，包括建模风格、模块用法和配置设置

建模规范
> 建模风格
> 模块用法
> 配置设置
> Stateflow 图注意事项

图 6-44　Simulink 的 IEC 工具箱给出的高完整性建模建议

因此，模型设计时约定必要的模型设计规范可以避免产生系统性失效。例如，算法必须封装在模块里，模型的深度和广度要有一定的约定，如单个模块的深度不超过 3 层，单个模块的对外接口数量不超过 20 等，这里对应的是 ISO 26262-6：2018 table3 1b 方法"限制软件组件的尺寸和复杂度"，1c 方法"限制接口的多少"。往往我们可以轻易地做到限制软件组件的尺寸和复杂度，却对限制接口数量难以实现。因此，在软件架构设计的顶层蓝图中，往往会看到蜘蛛网形状的模块关系图。如果一个模块的对外接口过多，在设计阶段很难顾全模块间的耦合性问题。此时我们可以看到模型设计的好处，通过图形化的连线可以观察到被分析模块和其他模块间的耦合关系，进而对设计进行改进。

分布式开发场景中，经常涉及应用和中间件、中间件和底层服务及接口定义的问题。成熟的产品往往只在变种项目中对接口进行部分增加、废弃、兼容性改进等操作，产生问题的可能性较小。但对于一个全新开发的产品，开发的双方甚至多方在对产品的认识不一致或者在部分探索性领域经验不足的情况下，接口定义往往是跟随项目进度迭代式开发的。在设计初期，很难通过顶层设计（架构、概要设计）完全敲定软件各组件的最终形态。因此，在产品开发过程中，接口的动态调整（包括新增和废弃操作）频繁发生，这可能导致最终量产的产品与最初定义的产品存在根本性的差异。鉴于此，为了确保软件设计的安全性，安全分析等验证工作也必须与产品的演进同步进行，实现迭代开发。

快速分析模块间关系并给出分析结论，是快节奏开发模式下迫切的需求。从开发人员的角度来看，最好在定义接口时即可反馈是否满足安全要求的结论，从而在定义接口阶段形成有效的设计。通过图形化的数据流和控制流跟踪，可以较轻松地识别安全相关模块，以及识别和调整架构及详细设计中的安全设计。因此，遵守良好的建模规范与遵守良好的编码规范一样，可以使设计易于理解和维护，方便开发人员之间的协作，确保安全分析的有效进行，防止系统性失效，确保产品的安全性、完整性。

第 7 章 *Chapter 7*

# 验证与确认阶段

验证与确认是智能汽车安全设计开发的必要环节，包括验证安全相关的需求是否得到满足，确认安全相关的功能是否达到客户的预期。本章重点介绍如何开展功能安全、预期功能安全及网络安全的验证和确认工作。

## 7.1 验证与确认的基本概念

验证（Verification），即通过提供客观证据，认定规定要求已得到满足；确认（Validation），即通过提供客观证据，认定特定的预期用途或应用要求已得到满足。验证和确认都属于认定，但是，验证表明的是满足本阶段工作的规定要求，而确认表明的是满足最终交付的用途或要求。通俗一点说，验证是检查过程是否符合本过程规定的要求，确认是检查最终产品是否达到客户使用要求。

验证是贯穿安全生命周期的工作，测试是验证的一种方式。下面分析验证在安全生命周期阶段的作用。

❑ 在概念阶段，验证确保了概念是正确、完整的，并符合相关项的边界条件，同时确保定义的边界条件本身是正确、完整且一致的，以使概念可以得到实现。

- 在产品开发阶段，以不同的方式执行验证。在设计阶段，验证是对工作成果的评估。评估可通过评审、模拟或分析技术展开，并以系统化方式计划、定义、执行和记录。在测试阶段，验证是在测试环境下对工作成果、相关项和要素的评估，以确保其满足要求。

- 在生成和运行阶段，验证确保生产过程恰当地满足了安全相关的特性；验证用户手册、维修和维护指导中恰当地提供了安全相关的信息；验证生产流程中的控制措施，确保相关项目的安全特性得到满足。

前述验证活动（如设计验证、安全分析、硬件集成和测试、软件集成和测试、相关项的集成和测试）所产生的工作成果，提供了符合规定要求的证据。安全确认的目的在于基于前述验证活动为产品使用效果是否符合客户预期提供证据，并确认安全措施对一类或一组车辆的充分性。安全确认通过检查和测试，为实现安全目标提供了保证。

以智能网联汽车为例，为了全面评估其安全水平，应对智能网联汽车系统进行系统、科学、有效的验证与确认。验证的目的是论证安全措施是否被实现且确保安全措施是正确的、合理的（例如，安全措施的鲁棒性和时间约束等），并提供验收证据。确认的目的是论证智能汽车整体电子电气架构导致的风险被降到合理可接受的程度。因智能汽车产品开发遵循 V 模型，验证会在不同层级进行，包括软硬件层级、系统层级、整车层级；而确认的大部分工作是在整车层级进行的。

智能网联汽车验证的具体措施包括检查、走查、仿真、原型车辆测试、系统架构设计分析等。表 7-1 展示了 ISO 26262 标准中推荐的用于验证汽车功能安全的常用措施。

表 7-1 ISO 26262 推荐的验证汽车功能安全的常用措施

| 方法 | | ASIL 等级 | | | |
|---|---|---|---|---|---|
| | | A | B | C | D |
| 1a | 检查 | + | ++ | ++ | ++ |
| 1b | 走查 | ++ | + | O | O |
| 2a | 仿真 | + | + | ++ | ++ |
| 2d | 原型车辆测试 | + | + | ++ | ++ |
| 3 | 系统架构设计分析 | 见 ISO 26262-4 中表 1 | | | |

- 走查和检查：对开发过程中的文档和代码进行检查和走查。走查是指通过团队内部的评审来识别文档和代码中的问题，而检查是指通过一些工具来对代码进行静态分析，以检测代码中的错误和潜在问题。

- 仿真：通过模拟和仿真来验证车辆的功能安全性。这可以通过使用虚拟模型和仿真环境来实现，模拟不同的道路和环境条件，以验证车辆的安全性能。

- 原型车辆测试：通过原型车辆控制器验证车辆的功能安全性。可以将 MIL 模型移植至原型控制器上，避免直接使用量产控制器来验证功能安全性。

❑ 系统架构设计分析：对车辆系统进行故障树分析和风险分析，以确定可能的故障模式和风险，并采取相应的措施来降低风险。常用的方法有演绎分析法和归纳分析法。

除了验证工作，我们还需要在整车层级对智能网联汽车的安全进行确认，通常按照以下步骤进行。

1）确定安全性要求：制定功能安全要求，包括安全目标、安全功能、安全 ASIL 等级等。

2）进行安全性评估：评估车辆的安全性能，包括对潜在风险和危害的评估，并确定需要采取的措施。

3）进行安全性分析：对车辆的安全性能进行分析，包括潜在故障和故障树分析，以及潜在危害和风险分析。

4）进行安全性验证：进行整车层级的安全测试，以验证车辆的功能安全性。同时，可以进行仿真和实地测试。

5）进行安全性确认：确认车辆的安全性是否符合安全要求和标准，包括安全性评估、安全性分析、安全性验证和安全性确认等步骤。

6）进行认证和批准：汽车制造商需要获得各种认证和批准，例如 ISO 26262、CE 认证、FCC 认证等，以证明它们的车辆符合相应的安全性标准和法规要求。

## 7.2　功能安全的验证与确认

从 ISO 26262 整体出发，完整的产品开发过程包含系统层、软件层、硬件层三个层级。图 7-1 所示为 ISO 26262 中三个产品开发阶段的 V 模型。

可以看到，V 模型包含一大 V、两小 V 模型，并且将 V 模型抽象概括为三个步骤：规范定义、设计实现、测试验证。

第 3 ~ 6 章重点介绍了 V 模型中三个 V 左侧的规范定义与设计实现，以及两个小 V 右侧的测试验证等功能安全活动。

本节将重点对 V 模型中大 V 的右侧展开说明，介绍如何开展功能安全集成与验证、安全确认工作。

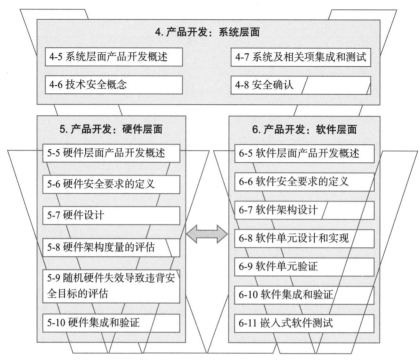

图 7-1　ISO 26262 中三个产品开发阶段的 V 模型

### 7.2.1　功能安全集成与验证的层级

功能安全集成与验证是指在汽车电子系统开发过程中，对系统逐步进行集成测试，以确保整个系统的功能安全能力。集成测试按照不同层级进行，包括软硬件层级、系统层级以及整车层级。

ISO 26262 将集成阶段分为三个子阶段。

1）各硬件和软件的集成。

2）组成一个系统的要素的集成，以形成一个完整的相关项。

3）相关项与车辆内其他系统的集成。

#### 1. 软硬件层级集成测试

首先，我们来看软硬件层级的集成测试。在这一阶段，我们需要对软件组件和硬件组件进行测试，以确保它们在功能安全方面的能力。这包括软件代码的审查、硬件电路的分析以及外部设备的验证。通过这一层级的测试，我们可以确保每个单独的组件都能正常工作，并且不会对整个系统的安全性造成影响。软硬件层级集成测试已在前文进行了详细介绍，本节重点关注系统层级与整车层级的集成测试。

通常，软硬件集成测试进行 ECU 层级的测试，由供应商来负责。首先将预期软件集成在预期硬件上，进而以软件在环（SIL）、模型在环（MIL）及硬件在环（HIL）测试为主，通过测试，验证以下几方面内容。

❏ 验证技术安全要求的正确实施。

❏ 验证接口的正确实施（包括软硬件接口）。

❏ 验证安全机制的有效性。

❏ 验证鲁棒性。

### 2. 系统层级集成测试

在这一阶段，我们将对整个开发系统进行测试，包括各个子系统和组件之间的交互测试。这有助于验证系统在整体运行过程中的功能安全性能，并确保各个子系统之间协同工作。通过系统层级的集成测试，我们可以发现并解决系统级的问题，确保整个系统的安全性能达到预期。

#### （1）ECU-level 与 Vehicle-level 系统集成测试的区别

系统层级的集成测试还可以继续细分。按照 DIA<sup>⊖</sup>（Development Interface Agreement，开发接口协议）中的约定，一般会区分为 ECU-level 系统集成测试与 Vehicle-level 系统集成测试。表 7-2 展示了它们之间的区别。

表 7-2　不同层级系统集成测试之间的区别

| 对比项 | ECU-level 系统集成测试 | Vehicle-level 系统集成测试 |
|---|---|---|
| 测试对象 - 功能架构 | 单个控制器（ECU）及控制器内部子系统间的交互 | 上下游控制器（ECU）及控制器间的交互 |
| 测试平台 - 硬件实体 | HIL 机柜 | HIL 机柜级联 /Lab Car |
| 功能开发 - 责任分工 | 供应商 | OEM |
| 测试对应的系统需求 | 技术安全需求（TSR）<br>功能安全需求（FSR） | 功能安全需求（FSR）<br>功能安全目标（SG） |

要理解 ECU-level 和 Vehicle-level 系统集成测试的区别，首先需要厘清功能安全标准中的相关项、系统和组件之间的关系。

---

⊖　DIA 指定义客户与供应商之间的开发接口，定义功能安全各个环节的交付产物的清单。

在 ISO 26262 中，相关项的解释为"实现整车层面功能或部分功能的系统或系统组合"。相关项是一个系统或多个系统的组合，从系统层面再向下分解为组件、硬件元器件 / 软件单元等下层要素。这里的组件可以指控制器，也可以指应用软件。如果组件是控制器，那么它由硬件元器件和软件单元（例如，CPU、RAM 的软件测试模块）共同组成；如果组件是应用软件，那么它由一个或多个软件单元共同组成。

各类组件集合构成一个系统。这里的系统可以是传感器系统、控制器系统，也可以是执行器系统。需要明确的是，ISO 26262 中定义的系统至少包括一个传感器、一个控制器和一个执行器。

单个或多个系统组合，形成一个相关项。图 7-2 所示为相关项的分解结构。

可以看到，整车层面的功能可以由相关项实现，也可以由单个系统实现。按照现有汽车量产开发模式，在考虑项目的系统集成测试任务的角色分配时，应依据 DIA 中的约定：汽车供应商按照 OEM 在整车功能定义时分配的控制器功能，提供实现整车功能的控制器系统（对应 ECU-level）；OEM 负责将若干个汽车供应商提供的实现部分或完整整车功能的相关项控制器系统进行整车整合（对应 Vehicle-level）。

明确了 ECU-level 的范畴后，我们以空调 TCU 系统集成测试为例来理解 Vehicle-level 和 ECU-level 系统集成测试的区别。

空调系统属于动力域控制器范畴。空调系统的输入来源于上游控制器：车身控制器（BCM）、整车控制器（VCU）、信息娱乐域控制器（IVI）。图 7-3 所示为动力域空调子系统架构。

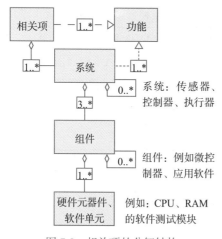

图 7-2　相关项的分解结构

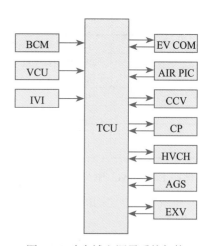

图 7-3　动力域空调子系统架构

当进行空调系统 ECU-level 系统集成测试时，BCM、VCU、IVI 控制器可以没有实物，而仅通过 CAN 工具结合通信矩阵进行 CAN 信号模拟。

当进行空调系统 Vehicle-level 系统集成测试时，BCM、VCU、IVI 控制器可以引入实物，并通过 BCM-HIL 机柜、VCU-HIL 机柜以及 IVI-HIL 机柜进行级联。从 HIL 机柜发出 BCM、VCU、IVI 控制器信号给空调系统，逐步扩大集成范围，进行 Vehicle-level 系统集成测试。除了 HIL 机柜级联之外，一般情况下，Vehicle-level 系统集成测试还可选择 Lab Car 进行测试验证。这就是 ECU-level 和 Vehicle-level 系统集成测试在测试平台实体上的区别。

（2）SEooC 系统集成测试

以 ADAS 域控制器系统集成测试为例，通常，汽车供应商会为不同的客户和应用开发通用要素。这些通用要素是在不同的组织中独立开发的。在这种情况下，汽车供应商会先对需求和设计做出假设。这些假设包括通过更高设计层级和要素的外部设计而得出的分配到要素的安全要求。这样开发出来的要素可以被视为独立于项目背景的功能安全要素（SEooC）。

例如，考虑将毫米波雷达系统作为一个独立的感知传感器进行开发。分析其系统架构（如图 7-4 所示），需要车辆或其他系统为毫米波雷达系统供电，并输入唤醒信号。同时，毫米波雷达系统通过私有 CAN、车身 CAN 和车载以太网与其他传感器或车辆域控制器等交互目标物信息和车辆信息。

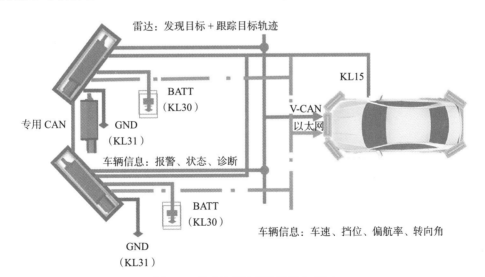

图 7-4　毫米波雷达系统边界与接口

当 ADAS 域控制器供应商进行 ECU-level 系统集成测试时，会将毫米波雷达系统作为 ADAS 域控制器的感知传感器，并借助 HIL 机柜等仿真手段，将其集成至 ADAS 域控制器。在本章中，整车功能的控制器层级被称为 ECU-level；控制器周边组件系统及子系统将被视为控制器的组件，而非独立的 ECU-level 系统。

（3）其他注意事项

ISO 26262 中有关系统集成测试的内容还提出：在整个集成子阶段，应至少对每个功能安全要求（FSR）和技术安全要求（TSR）进行一次验证；应确保来自软硬件验证的未解决问题得到处理；当一个 SEooC 系统集成到一个安全相关系统中时，开发中使用的假设有效性需要进行验证。

一般来说，ECU-level 的功能安全系统集成测试需要覆盖技术安全要求（TSR）与功能安全要求（FSR）。Vehicle-level 的功能安全系统集成测试则需要覆盖功能安全要求（FSR）与安全目标（SG）。ISO 26262 强调应至少进行一次验证，因此我们会额外关注系统集成测试用例与功能安全要求（FSR）、技术安全要求（TSR）之间的追溯关系，以确保需求被系统集成测试用例完整覆盖。

当软硬件测试发现仍存在未解决的问题时，如果直接开展系统集成测试，那么当系统层面出现异常时，异常原因会因多种因素耦合而无法准确定位。因此，确认软硬件测试阶段遗留问题的状态，是我们开展系统集成测试的必要前置条件。

SEooC 系统的假设通常为：外部提供一系列 CAN 消息输入，并假设它们的 ASIL 等级。当进行系统集成测试时，我们需要验证外部假设的 CAN 消息输入列表及假设的 ASIL 等级。当外部假设的有效性满足时，我们可以将 SEooC 系统顺利集成至上层控制系统；如果外部假设的有效性不满足，我们将分析实际环境与假设之间的差距，进行开发调整后再进行集成测试。

3. 整车层级集成测试

在这一阶段，我们将对整车进行测试，包括车辆的各种控制系统、传感器、执行器等。这有助于验证整车在功能安全方面的性能，并确保各个系统之间的协同工作。通过整车层级的集成测试，我们可以确保车辆在真实运行环境中的安全性。

（1）整车层级集成测试的意义

整车层级的功能安全集成测试的意义在于：确保在发生电子电气失效时，整个汽车系统能够保持安全的交互和协同工作。整车层级功能安全集成测试旨在验证汽车各功能模块是否能够无缝集成，以实现预期的安全机制和达到整体的安全性。通过整车层级功能安全集成测试，可以发现和解决不同功能模块之间的相互影响问题、兼容性问题和系统缺陷，确保汽车在各种条件下的可靠性、安全性和稳定性。此外，整车层级功能安全集成测试还可充分验证汽车是否符合相关标准和法规要求，是合法上市和投入使用的必经之路。

（2）整车层级集成测试的难点

在开展整车层级功能安全集成测试前，首先要确保车内通信网络与被测控制系统之间的接口符合规范，以及车内供电网络与被测控制系统之间的接口符合规范。接着，若要验证安全机制是否满足设计需求，需要从整车层面注入故障，以观察安全机制被触发后的运行情况。一般而言，按如图 7-5 所示构建故障注入方案，在实车上模拟电气、通信故障注入，检查功能安全机制是否有效执行。

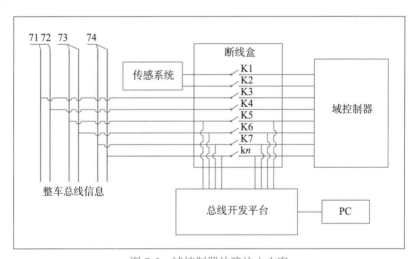

图 7-5　域控制器故障注入方案

故障注入作为整车功能安全集成测试中的必要技术手段，其灵活的故障模拟方案设计是难点所在。

4. 分层集成测试的意义

分层级进行功能安全集成测试对于系统层面产品开发（见图 7-6）具有重要意义。分层逐步进行集成测试，可以帮助我们及早发现问题，并采取相应的措施。通过逐步进行集成测试，我们可以确保每个组件、每个系统以及整个车辆的功能安全性都达到预期。

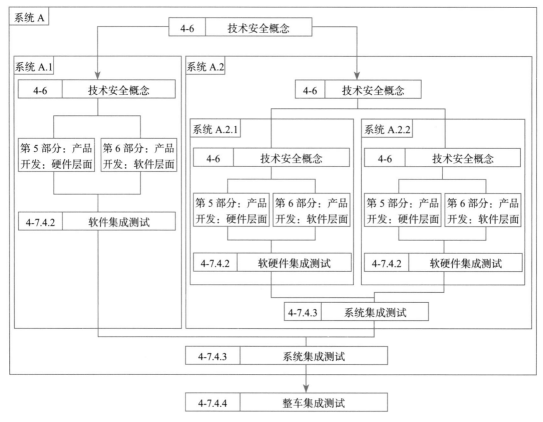

图 7-6　系统层面产品开发示例

分层级集成测试可以帮助我们优化系统的设计和开发过程。供应商与 OEM 在不同层级的集成测试交流，有利于清晰定位问题所在层级，并明确改进方案与实施职责。这有助于推进双方合作，改进系统设计，提高功能安全性，并满足日益严格的功能安全法规要求。

## 7.2.2　功能安全集成与验证的目标

本节参照 ISO 26262 标准中的定义，将功能安全集成与验证的目标划分为小目标，进一步解释说明。

### 1. 功能安全及技术安全要求的正确实施

ISO 26262 标准根据 ASIL 等级推荐了多种测试方法（例如：基于需求的测试、故障注入测试、背靠背测试以及长期测试等方法），以验证功能安全及技术安全要求是否正确实施。

对比系统层面和整车层面，功能安全要求正确实施的测试方法有相似之处，也有区别，如表 7-3 和表 7-4 所示。

在系统层面和整车层面，功能安全要求正确实施测试区别主要在于整车层面使用长期测试以及实际使用条件下的用户测试。这两类测试方法类似于现场经验测试，将普通用户当作测试者，在日常生活条件下进行。为了确保测试人员的安全，这两类测试往往包含额外的安全措施，例如紧急一键停车等。

长期测试可以使用原型控制器而非实际量产控制器，装备在原型车上进行小批量路测。例如，福特汽车公司会进行原型车辆的 MOART 测试。

表 7-3　功能安全要求在系统层面的正确实施测试方法

| 方法 | | ASIL 等级 | | | |
|---|---|---|---|---|---|
| | | A | B | C | D |
| 1a | 基于需求的测试 | ++ | ++ | ++ | ++ |
| 1b | 故障注入测试 | + | + | ++ | ++ |
| 1c | 背靠背测试 | O | + | + | ++ |

表 7-4　功能安全要求在整车层面的正确实施测试方法

| 方法 | | ASIL 等级 | | | |
|---|---|---|---|---|---|
| | | A | B | C | D |
| 1a | 基于需求的测试 | ++ | ++ | ++ | ++ |
| 1b | 故障注入测试 | ++ | ++ | ++ | ++ |
| 1c | 长期测试 | ++ | ++ | ++ | ++ |
| 1d | 实际使用条件下的用户测试 | ++ | ++ | ++ | ++ |

实际使用条件下的用户测试就是一般的实车测试，模拟用户在实际道路条件下使用功能，以验证功能安全要求是否正确实施。

基于需求的测试是指针对功能性和非功能性需求的测试，用于验证系统是否满足需求规范。因此，可以从功能安全要求和技术安全要求的正向定义角度出发，分析如何实施基于需求的测试。首先可以了解定义需求的方法，然后对测试点进行分解。

下面举例说明如何使用基于需求的测试方法验证技术安全要求的正确实施。

技术安全要求规定了功能安全要求在各层级上的技术实现，同时考虑了相关项定义和系统架构设计，并涉及潜伏失效的探测、故障避免、安全完整性以及运行和服务方面的问题。

技术安全要求考虑了系统及其要素安全相关的关联性及约束条件。约束条件可能来自环境条件、安装空间等。因此，在设计测试用例时，应充分考虑约束条件的限制。

技术安全要求在定义时考虑系统的可配置性，例如，危险报警灯被 HVIL、ADAS、VCU 等外部系统触发后，其闪烁频率在技术安全要求中会被定义为可配置值。因此，在进行系统集成测试时，仅测试一个合适的闪烁频率配置子集（例如 400ms ON/400ms OFF）就足够，并参考其他证据证明用于量产实施层面的配置符合安全要求。

最后，技术安全要求和非安全要求不应产生矛盾。因此，在对技术安全要求进行验证时，应充分考虑非安全要求验证时的注意事项。

**2. 安全机制正确的功能性能、准确性和时序**

ISO 26262 标准列出了验证安全机制在系统层以及整车层正确的功能性能、准确性和时序验证的方法，如表 7-5 和表 7-6 所示。

故障注入测试是在系统层以及整车层验证安全机制的必要手段。在正常工况下，安全机制不会起作用；模拟故障的注入是验证安全机制功能性能、准确性以及时序的前置必要条件。

系统层测试验证时，一般会基于 HIL 测试系统的故障注入板卡（见图 7-7），并配合电气故障注入管理系统（见图 7-8），在不破坏硬件的基础上，实施电气故障的模拟与注入。

表 7-5 安全机制在系统层正确的功能性能、准确性和时序验证方法

| 方法 | | ASIL 等级 | | | |
|---|---|---|---|---|---|
| | | A | B | C | D |
| 1a | 背靠背测试 | O | + | + | ++ |
| 1b | 故障注入测试 | + | + | ++ | ++ |
| 1c | 性能测试 | O | + | + | ++ |
| 1d | 错误猜测法测试 | + | + | ++ | ++ |
| 1e | 来自现场经验的测试 | O | + | ++ | ++ |

表 7-6 安全机制在整车层正确的功能性能、准确性和时序验证方法

| 方法 | | ASIL 等级 | | | |
|---|---|---|---|---|---|
| | | A | B | C | D |
| 1a | 性能测试 | + | + | ++ | ++ |
| 1b | 长期测试 | + | + | ++ | ++ |
| 1c | 实际使用条件下的用户测试 | + | + | ++ | ++ |
| 1d | 故障注入测试 | O | + | ++ | ++ |
| 1e | 错误猜测法测试 | O | + | ++ | ++ |
| 1f | 来自现场经验的测试 | O | + | ++ | ++ |

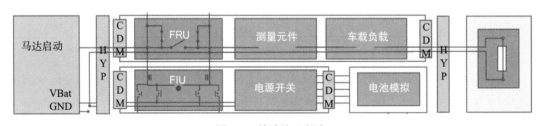

图 7-7 故障注入板卡

整车层测试验证时，一般会采用 BOB 断线盒（见图 7-9）和 CAN 通信工具，并基于域控和整车端口进行线束改造，实现电气故障以及通信故障的模拟注入。

**3. 接口的一致性和正确实施**

针对接口的一致性，我们在功能测试时也会针对接口进行测试。那么，在功能安全测试时要求接口的一致性和正确实施，究竟有何特别呢？

图 7-8　电气故障注入管理系统

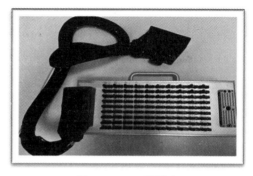

图 7-9　BOB 断线盒

如表 7-7 所示，我们总结功能测试与功能安全测试的异同。

表 7-7　功能测试与功能安全测试的异同

| 对比项 | 功能测试 | 功能安全测试 |
| --- | --- | --- |
| 对象 | 功能需求 | 功能安全需求（FSR/TSR） |
| 测试环境 | HIL+ 台架 + 实车 | HIL+ 台架 + 实车 |
| 需求实现性测试 | 验证功能需求逻辑 | 验证安全需求是否正确实现 |
| 故障注入 | 依据 DTC 或诊断策略 | 考虑信号类型及其失效模式 |
| 性能测试 | 无特殊要求 | 出现故障时，系统的响应时间测试 |
| 接口测试 | 无特殊要求 | 针对安全需求相关信号接口测试 |
| 鲁棒性测试 | 无特殊要求 | 资源占用，恶劣工况下的测试 |
| 测试用例导出 | 无特殊要求 | 依据 ASIL 给出推荐和强烈推荐的 |

可以看到，功能安全测试比功能测试更为严苛。在接口测试时，功能安全测试要求对安全需求相关接口进行针对性测试。

我们知道，接口测试指系统内组件接口数据交互测试，以及不同系统之间的接口数据交互测试。接口测试通过在不同情况下输入数据，观察相应输出，确定其是否满足接口规范所规定的功能、安全性及性能要求。

那么，功能安全测试强调的接口测试一致性，是指在不同的测试环境和条件下，接口的行为和结果保持一致。也就是说，无论在何种情况下，接口的输入和输出都应该符合预期的规范和要求。

验证接口测试的一致性非常重要，因为它确保了接口在不同环境和条件下的可靠性和稳定性。通过验证接口在各种情况下的一致性，可以确保系统的正常运行，并减少潜在的错误和故障。

例如，某条技术安全要求规定，电机电流传感器数据处理单元应正确处理电机电流传感器的压降模拟信号，并指定验证的电压范围为 0 ～ 5V。那么，当电机电流传感器压降范围在 0 ～ 5V 之间时，电机电流传感器数据处理单元应正确转换信号数值。不同单元之间输入 / 输出接口传递信号的示意图如图 7-10 所示。

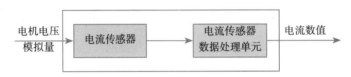

图 7-10　不同单元之间输入 / 输出接口传递信号的示意图

为了测试电流传感器及数据处理的输入 / 输出接口一致性，我们可以执行以下步骤。

1）确定接口的预期行为和结果。输入为电机电流的模拟量，输出为电流的数值。输入结果为 0 ～ 5V 范围的电压模拟量，输出为与之对应的电流数值。分辨率、采样周期参考具体规范。

2）创建测试用例，包括各种不同的输入和条件。这里不具体列举测试用例，仅说明不同的输入可以利用等价类、边界值等方式生成与 0 ～ 5V 电压模拟量对应的电流值。

3）执行测试用例，验证接口的输出是否与预期一致。执行测试用例，验证接口输出是否在预期的 0 ～ 5V 范围内，且满足分辨率、采样周期等规范要求。

4）检查接口的错误处理和异常情况是否符合预期。当接口输入不在 0 ～ 5V 范围的电压模拟量时，观察接口输出是否提示错误，或者是否激活安全机制进入安全状态。

5）在不同的测试环境中重复执行测试，确保接口在各种环境下的一致性。

可以看到，在功能安全测试中，通过测试接口的一致性，可以发现潜在的问题，并及时修复，确保系统的稳定性和可靠性。

### 4. 足够的鲁棒性

鲁棒性指一个系统在执行过程中处理系统噪声或干扰、错误，以及在算法遭遇运算异常等情况时，能够继续正常运行的能力。

鲁棒性的关注重点在于系统的稳定性，在不同场景下衍生出复杂的设计考量，且本身是一个广泛且难以具象化的特性。在汽车应用层功能设计时，我们尤为关注功能输出的鲁棒性。

　　智驾系统的感知功能采用了一种流行算法，感知准确性有所提升。然而，由于采用的感知算法较为前瞻，抗干扰性较差。智驾系统接收到大量传感器输入的噪声时，容易输出随动的运动决策，导致控制功能模块误激活或误退出。这种情况在驾驶过程中会带来安全隐患，结合风险场景可能引发危害。在这种情况下，即使感知前瞻算法的检测准确性有所提升，但相比之下，检测准确性略低但鲁棒性足够强的算法更适合量产使用。因此，我们在进行功能安全测试时，不仅要关注功能设计的实现，还要重视功能的鲁棒性。通常，我们会采用对输入信号进行模拟叠加噪声干扰的方式，进行鲁棒性测试。

　　以智驾感知系统测试验证为例，我们可以对激光雷达、毫米波雷达、摄像头等传感器进行物理建模，有效地在雷达点云、图像中加入逼近真实的干扰噪声，产生虚拟点云、图像数据集，以供感知系统进行鲁棒性测试验证。激光雷达传感器物理建模与虚拟仿真示意图如图 7-11 所示。

图 7-11　激光雷达传感器物理建模与虚拟仿真示意图

## 7.2.3　功能安全集成与验证的策略

### 1. 系统集成与验证的流程概览

功能安全系统集成与验证开展前应明确以下信息。

❑ 危害分析和风险评估报告中得出的安全目标和接受准则。

❑ 功能安全概念。

❑ 技术安全概念。

❑ 架构设计规范。

❑ 软硬件接口规范。

图 7-12 是功能安全系统集成与验证的参考流程。

可以看到，浅灰色标记的步骤是测试工程师需要负责的节点。这些节点需要测试工程师具备一定的功能安全经验进行合理判断与选择，是会影响整个测试目标达成以及测试效率的关键环节。下一小节具体展开描述。本小节重点介绍测试计划与测试用例。制订测试计划时，我们应该合理分配测试资源，确保测试的高效和有效。

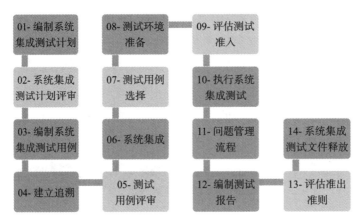

图 7-12　功能安全系统集成与验证的参考流程

系统集成及集成测试计划制订主要包括以下内容。

1）收集项目的基本信息，例如项目支付计划、进度释放计划等。

2）定义本次系统集成测试的测试范围以及集成次序。结合项目交付计划和进度释放计划，以系统架构设计为测试对象，明确定义基于系统架构设计和集成次序的系统组件。

在测试计划中，需明确定义系统组件的集成方法，按照系统架构自下而上进行集成，并考虑系统组件的可用性、重要级别及结构特点等因素。系统组件的集成次序依赖于系统架构设计中确定的系统组件之间的依赖关系以及开发计划中的系统功能开发次序。

解决了集成次序问题，接下来确定集成测试的范围。确定集成测试的范围是进行有效集成测试的重要前置条件。在实践中，我们采用以下几类方法：模块分析法、需求分析法、测试案例设计法、外部环境分析法，以及风险分析法。

❑ 模块分析法：按照系统的架构图，将系统划分为不同的模块，然后根据每个模块实现的功能，确定需要进行集成测试的模块范围。通过模块分析法，可以确保每个模块都经过集成测试，并且各个模块之间的接口都得到了有效测试。

❑ 需求分析法：对系统需求进行分析，确定需要进行集成测试的模块和功能。通过需求分析法，可以确保集成测试覆盖系统的全部需求，验证系统的完整性和准确性。

❑ 测试案例设计法：根据测试用例设计，确定需要进行集成测试的模块和功能。通过测试案例设计法，可以确保每个测试用例都得到了覆盖，并且覆盖了系统的各个模块和功能。

❑ 外部环境分析法：对系统的外部环境进行分析，确定需要进行集成测试的模块和功能。通过外部环境分析法，可以确保系统在该环境下正常工作，并达到预期的性能和安全要求。

❑ 风险分析法：对系统的风险进行分析，确定需要进行集成测试的模块和功能。通过风险分析法，可以确保集成测试覆盖系统的关键风险，验证系统的安全性和鲁棒性。

在确定集成测试范围时，我们应该综合考虑以上方法，并根据实际情况选择合适的方法，同时需要确保集成测试覆盖系统的全部功能和需求，以验证系统的完整性和准确性。

3）定义本次系统集成测试节点的准入条件、中断及恢复测试条件、准出条件。

在每次版本释放、添加新功能或新接口，以及修复缺陷，并且软硬件集成测试成功通过，确认测试结果满足项目计划要求后，我们可以进入系统集成测试阶段。

以下内容是系统集成测试节点的准入条件。

❑ 项目进度释放表；

❑ 系统需求释放；

❑ 系统架构释放；

❑ 系统集成测试用例释放；

❑ 软件合格性测试完成；

❑ 硬件需求验证完成。

以下内容是系统集成测试节点的中断及恢复测试的条件。

❑ 中断测试：致命错误导致测试无法继续；

❑ 恢复测试：添加新的功能，接口进行了修改，错误被消除。

以下内容是系统集成测试节点的退出条件。

❑ 功能测试、性能测试、接口测试等都获得通过；

❑ 其他未明确的退出条件。

4）定义本次系统集成测试的测试方法及要点。

根据系统需求以及 ASIL 等级，选择合适的测试方法。明确项目不同阶段使用的测试方法，例如基于需求的测试、故障注入测试、背靠背测试等。

5）定义/选择本轮测试用例的设计方法。

6）定义本次系统集成所需的系统、工具及其数量，包括但不限于软硬件版本、测试辅助工具及系统、测试数据/脚本等。

7）定义本次系统集成测试的环境搭建方法。

必须给出每种测试方法对应的测试环境定义，并且准备用于支持该测试环境正常运行的配置文件和数据文件。最后，测试环境配置可参考测试方案框架图、搭建方法和配置方法。

8）细化本次系统集成测试的测试范围，以及责任人。

依据系统开发流程定义的测试范围，细化接口文档中描述的所有接口，例如电气接口、通信接口，并依据通信协议、诊断协议进行测试。

系统与整车之间的接口包括与底盘域、车身域、动力总成域连接，人机交互，网关等接口。

执行功能测试时，需要同时验证组件和子系统的接口。

9）定义本次系统集成的任务项、时间计划以及产出物等。

通过以上方法制订集成测试计划，可以有效地确保测试的高效性和有效性，提高测试的质量。

除了测试计划的制订影响功能安全集成测试的目标达成以及测试效率外，测试用例的合理制定以及方法的选择同样影响功能安全集成测试的质量与效率。表7-8列出了根据不同ASIL等级导出集成测试用例的常见方法。

表 7-8  根据不同 ASIL 等级导出集成测试用例的常见方法

| | 方法 | ASIL 等级 | | | |
|---|---|---|---|---|---|
| | | A | B | C | D |
| 1a | 需求分析 | ++ | ++ | ++ | ++ |
| 1b | 内部和外部接口分析 | + | ++ | ++ | ++ |
| 1c | 软硬件集成等价类的生成和分析 | + | + | ++ | ++ |
| 1d | 边界值分析 | + | + | ++ | ++ |
| 1e | 基于知识或经验的错误分析 | + | + | ++ | ++ |
| 1f | 功能的相关性分析 | + | + | ++ | ++ |
| 1g | 相关失效的共有限制条件、次序及来源分析 | + | ++ | ++ | ++ |
| 1h | 环境条件和操作用例分析 | + | ++ | ++ | ++ |
| 1i | 基于现场工作经验分析 | — | — | — | — |

了解了不同 ASIL 等级定义的测试用例导出方法后，我们可以具体参考以下方法进行测试用例制定。

- ❑ 根据需求编写测试用例：测试用例应覆盖系统的全部功能和需求，包括正常情况下和异常情况下的测试。
- ❑ 根据系统架构编写测试用例：根据系统的架构编写测试用例。测试用例应该覆盖系统的各个模块和接口，确保系统各模块之间的协调和通信正常。
- ❑ 根据数据流编写测试用例：根据系统的数据流编写测试用例。测试用例应该覆盖系统的数据流通路，确保系统能够正常处理和传输数据。
- ❑ 根据性能要求编写测试用例：根据系统的性能要求编写测试用例。测试用例应该覆盖系统的性能测试，包括负载测试、压力测试和稳定性测试等。
- ❑ 根据故障处理编写测试用例：根据系统的故障处理要求编写测试用例。测试用例应覆盖系统的故障处理测试，包括恢复测试、重启测试和备份恢复测试等。

在制定系统集成测试的测试用例时，我们需要确保测试用例覆盖系统的全部功能和需求，并包括各种异常情况的测试。测试用例应该具有可重复性、可验证性和可测量性，以确保测试的高效和有效。

### 2. 系统集成测试效率的影响因素

测试效率是测试中的关键点，影响项目计划的开展和项目成本的计算。因此，我们从两个维度分析可能对测试效率产生影响的因素：一是测试策略的选择，二是测试管理。

从测试策略的选择来看，测试计划、测试用例的评审、测试用例的选择，以及测试的准入 / 准出条件是影响效率的重要环节。

从测试管理来看，ISO 26262 指出，开展测试验证工作前，设计专门的功能安全规则和流程是必要的前置条件。此处，专门的功能安全规则和流程是指安全文化、关于功能安全的异常管理、能力管理、质量体系管理，以及独立于项目的安全生命周期裁剪。

### 3. 系统集成测试的风险与缺陷管理

每个项目在测试执行过程中都会存在相关的风险因素，例如测试人力风险、测试完成时间风险、测试台架资源风险，以及客户关注的其他需求满足风险。这些都与项目测试计划的预先评审及测试执行时对计划的维护息息相关。ISO 26262 标准指出，功能安全集成测试期间如果识别出安全异常，要按照相关要求进行报告。

当安全异常是由系统缺陷造成时，制订缺陷管理和跟踪计划是确保及时发现和解决缺陷的关键步骤，参考如下。

- ❑ 确定缺陷管理工具：选择适合团队的缺陷管理工具，例如 Jira。这些工具可以方便地记录和跟踪缺陷，并提供缺陷状态和进度的实时报告。
- ❑ 制定缺陷分类和优先级：根据系统的需求和功能，制定缺陷分类和优先级。通常，缺陷可以分为严重、一般和轻微，根据影响程度和优先级确定缺陷处理的先后顺序。
- ❑ 制定缺陷处理流程：制定缺陷处理流程，包括缺陷的提交、分配、解决和关闭等步骤。团队成员应能够理解并遵守缺陷处理的规定，以确保缺陷得到技术处理和解决。
- ❑ 制定缺陷报告模板：制定缺陷报告的模板，包括缺陷的描述、截图、日志文件和复现步骤等。确保缺陷报告的准确性和完整性，以便团队成员能够快速理解和处理缺陷。
- ❑ 制定缺陷跟踪的指标：制定缺陷跟踪的指标，例如缺陷数量、解决时效、关闭率和回归率等。这些指标可以帮助团队成员监控缺陷的处理进度和质量，及时采取措施解决缺陷。

### 4. 系统层功能安全测试与功能测试的区别

总的来看，系统层功能安全集成和测试与功能集成测试策略的区别在于，功能安全测试需额外关注以下几个方面。

- ❑ 风险分析和评估：在进行集成测试前，需要对系统的风险进行分析和评估，确定哪些功能对安全性具有关键作用，并制定相应的测试策略。
- ❑ 安全性测试：对系统的安全性进行测试，包括对系统的故障检测、容错能力和安全保护功能等进行验证，确保系统能够在异常情况下保持安全。
- ❑ 外部影响测试：对系统外部环境的影响进行测试，包括对系统的抗干扰能力和兼容性等进行验证，确保系统能够在各种环境下正常工作。
- ❑ 可靠性测试：对系统的可靠性进行测试，包括验证系统的错误处理和故障恢复机制等，确保系统在出现异常情况时能够正常恢复工作。
- ❑ 软硬件一体化测试：针对系统的硬件和软件进行一体化测试，确保硬件和软件能够相互配合，达到预期的安全性能。

通过上述集成与验证策略的制定，可以确保系统在集成后满足功能安全要求，并达到预期的安全性。

### 7.2.4　功能安全的验证与确认案例

整车安全确认有别于整车集成测试，目的如下。

☐ 提供证据来证明集成到目标车辆的相关项实现了其安全目标，并满足安全接受准则要求。

☐ 提供证据来证明功能安全概念和技术安全概念对于实现相关项的功能安全是合适的。

对典型车辆上所集成的相关项进行安全确认，目的是为预期功能使用的恰当性提供证据，并确认安全措施对一类或一组车辆的有效性。

安全确认的方法有多种，ISO 26262 标准中也有介绍。值得一提的是，安全确认不局限于传统测试，还包括分析和评审。因此，安全确认是基于检查和测试等多种方式的结合，为安全目标的实现提供了保障。

根据 DIA 中的约定，OEM 负责整车级的安全确认；供应商负责产品级的安全确认。如果供应商是系统供应商，则需提供系统安全确认报告。该安全确认报告可利用第三方的认证评估报告来辅助证明。

以车身域控制器为例，假设雨刮功能存在表 7-9 所述的安全目标和 ASIL 等级要求。

表 7-9　雨刮功能的安全目标和 ASIL 等级要求

| 功能 | SG | 安全状态 | ASIL 等级 |
|---|---|---|---|
| 前雨刮自动控制 | SG01：避免在下雨天行驶时，雨刮自动控制功能运行时非预期退出 | 雨刮自动控制功能在 FTTI 为 1s 内恢复正常工作；<br>IVI 弹窗警报"自动雨刮功能失效" | B |

对安全目标进行分解，功能安全需求如如图 7-13 所示。

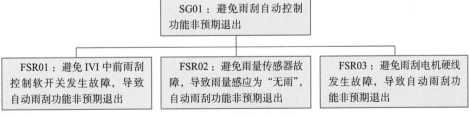

图 7-13　功能安全需求

根据 SG 和 FSR，编写整车层级的功能安全测试用例（见表 7-10）。

表 7-10 雨刮功能在整车层级的功能安全测试用例

| TC 编号 | 测试用例简介 | 初始条件 | 操作步骤 | 预期结果 |
|---------|--------------|----------|----------|----------|
| TC-AutoFrontWipers-001 | 1）雨刮通过 IVI 开关切换为 AUTO 挡，根据雨量传感器的信号（大雨），雨刮高速运行<br>2）IVI 软开关发生故障，状态为 Invalid | 1）雨刮电机高速运行（hw.HighSpeed=ConnectBAT）<br>2）BCM 检测雨刮不在初始位置（hw.ParkingSignal= Highlevel） | 1）通过改变 CAN 总线信号 Invalid，注入 IVI 软开关故障<br>2）观察 IVI 仪表报警提示<br>3）观察雨刮器工作状态 | 1）IVI_FrontWiper-Switch=0x5:Invalid<br>2）IVI 仪表报警提示"自动雨刮功能失效"<br>3）雨刮器在 1s 内恢复正常高速运行状态 |
| TC-AutoFrontWipers-002 | 1）雨刮通过 IVI 开关切换为 AUTO 挡，根据雨量传感器的信号（大雨），雨刮高速运行<br>2）雨量传感器发生故障，状态为断路 | 1）雨刮电机高速运行（hw.HighSpeed=Connect BAT）<br>2）BCM 检测雨刮不在初始位置（hw.ParkingSignal= Highlevel） | 1）注入雨量传感器断路故障<br>2）观察 IVI 仪表报警提示<br>3）观察雨刮器工作状态 | 1）RLS_Rainfall=>开发帧 CAN 消息报错<br>2）IVI 仪表报警提示"自动雨刮功能失效"<br>3）雨刮器无法正常恢复工作状态 |
| TC-AutoFrontWipers-003 | 1）雨刮通过 IVI 开关切换为 AUTO 挡，根据雨量传感器的信号（中雨），雨刮低速运行<br>2）雨刮电机断路 | 1）雨刮电机低速运行（hw.LowSpeed=Connect BAT）<br>2）BCM 检测雨刮不在初始位置（hw.ParkingSignal= Highlevel） | 1）注入雨刮电机复位装置故障<br>2）观察 IVI 仪表报警提示<br>3）观察雨刮器工作状态 | 1）hw.ParkingSignal=Lowlevel<br>2）IVI 仪表报警提示"自动雨刮功能失效"<br>3）雨刮器无法正常恢复工作状态 |

其中，以 CAN 信号为主的通信故障可以通过 CAN 工具注入故障后观测安全机制是否生效；电气故障观测一般是将电气短路 / 断路故障转化为 OEM 内部开发帧 ID，若干周期后判定探测到故障，从而触发安全机制生效。图 7-14 是通信故障的注入示例。

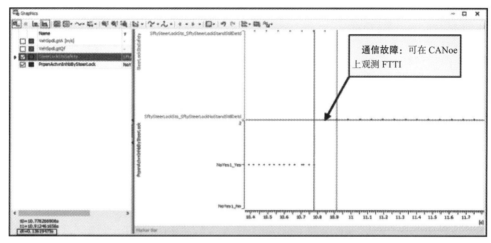

图 7-14　通信故障的注入示例

为了最大限度地利用测试资源，以上系统集成测试用例可以采用系统静态测试或系统动态测试，或两者相结合的方案，以提升测试效率。

实车安全确认时，在图 7-15 所示的实际环境中，一般采用整车动态测试方案，与系统集成测试一样实施同样的系统集成测试用例。例如，通过对实车线束的改造，能够支持在实车动态运行过程中注入雨刮自动控制功能故障。观察安全机制的触发、运行以及 FTTI 表现，确认安全目标是否良好达成；观察故障注入以及安全机制起效的整个过程，衡量对驾驶员可控性的影响，确认是否达到驾驶员常规可控水平，即 C=C0。

图 7-15　整车测试中的实车测试场景

## 7.3 预期功能安全的验证与确认

如图 7-16 所示，预期功能安全（SOTIF）的目标是缩小 2、3 象限的面积，即已知危险场景和未知危险场景的面积要足够小。这仅是一种概念性描述方法，因为这些区域的大小是不可测量的，需要汽车制造商提供论据，以证明这些场景导致的残余风险足够低，即达到或低于接受水平。

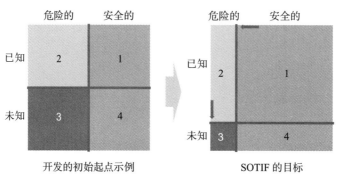

图 7-16　SOTIF 的不同场景四象限

注：　各区域的面积大小代表场景的数量，而不是这些场景导致的风险大小，这只是一种概念性描述方法。SOTIF 的任务是为预期功能的风险足够低提供论据，场景的数量是其中一个方面，但不是唯一的方面。造成伤害的严重度和危害场景出现的可能性会影响预期功能的风险大小，但这些并未在象限区域中体现。

为了确保第 2 和第 3 象限的残余风险是否足够低，我们需要对已知不安全场景和未知不安全场景进行评估。ISO 21448 标准仅给出了验证和确认过程中可以采用的测试形式，并未给出具体的测试策略及测试方法设计过程。

随着自动驾驶技术的发展，国际汽车制造商协会（OICA）基于自动驾驶的技术特性和安全特征，提出了由开放道路测试、封闭场地测试和模拟仿真测试组成的智能网联汽车"三支柱"测试认证方法。这些方法得到了行业的广泛认可。合理利用这三种测试方式可以高效、低成本地达到 SOTIF 验证和确认目的。

### 7.3.1 验证与确认策略

ISO 21448 要求定义验证和确认策略，目的是明确测试目标、测试环境、测试工具和测试方法，并体现所选验证和确认方法的合理理由，从而达成对潜在危害场景充分评估的目的。根据风险接受准则合理定义确认目标，生成必要的过程及证据。

为了实现以上目标，我们需要结合 SOTIF 的 V 模型左半边进行以下设计。

☐ 规范定义和设计应包括功能描述、ODD 清单、系统架构和接口信息，用于明确被测车辆所具备的自动驾驶功能，分析车辆的系统能力范围，选择测试平台，制定测试方法。

☐ 危害行为的风险评估主要包括安全目标达成情况评估、整车层面危害评估以及危害行为的风险评估，为后续测试明确整车危害，并指导如何从测试角度捕捉并记录整车危害。

☐ 接受准则用于评估确认目标，为确认活动提供通过准则，同时为确认终止提供基线数据。此内容通常可以和危害行为的风险评估内容合并。

☐ 功能不足和触发条件内容主要包括已经识别到的系统潜在规范不足和性能局限，以及对应的触发条件。规范不足和性能局限提供系统能力边界，触发条件为后续测试环境的设计提供了参考依据，作为泛化场景的基础。

☐ SOTIF 措施类似 SOTIF 安全概念，主要包括自动驾驶系统应对潜在安全风险的安全措施。在测试执行过程中，我们需要评判每一个安全措施的有效性。当执行测试时，若 SOTIF 措施起到积极作用，被判定为可控度 C=C0 或严重度 S=S0，那么可以说明相关的测试用例结果是通过的。

1. 测试和确认策略的设计原则

☐ 系统功能验证场景应测尽测，可以和系统测试并行。

☐ 识别功能不足和触发条件应测尽测。

☐ 功能修改有效性验证场景应测尽测。

☐ 根据确认目标，合理分配实车和仿真的测试里程和时长。

☐ 依据系统 ODD，定义测试环境比例分配及测试路线规划。

☐ 使用测试工具记录危害行为，并制定合理的终止策略。

2. 注意事项

☐ 仿真：根据被测功能 ODD，设置环境要求、交通车辆类型等分布占比符合预期功能的 ODD 设计，未知场景的仿真测试重点在于对不同场景以及场景参数的随机组合与覆盖。

☐ 实车：充分考虑项目周期、里程，覆盖不同道路类型、时间类型、天气类型、司机类型。对于未知场景测试而言，开放道路测试是必须的，且开放道路的路线需要充分覆盖 ODD 的关键要素。

## 7.3.2 已知不安全场景的评估

评估已知不安全场景的目的如下。

☐ 验证安全措施的有效性。对于已知危害场景和可合理预见的误用，系统及其要素的功能表现应符合预期行为。在危险场景下的安全策略和报警策略应是及时有效的，能确保驾驶员在危险场景下可控（即 C=0）或无伤害（即 S=0）

☐ 对已识别出的潜在危害场景应评估其是否确实具有危害性，因为危害行为分析以及功能不足和触发条件的识别都是基于主观评价或者专家经验，并不代表在真实世界一定会发生，因此要从测试角度去验证，以得到客观的结果。

☐ 对预期定义的整车层级行为导致的潜在危害行为，应评估其可接受性。例如，紧急场景下 AEB 需要激活，但即使 AEB 正确触发，仍可能引发追尾，此时驾驶员希望通过横向控制来规避碰撞；再例如，HWP 功能在潜在危害场景下触发降级策略时，需要验证 Fallback 策略本身的安全性。

☐ 根据验证和确认策略，已知危害在被测试场景中应该被充分覆盖。

☐ 验证结果应证明分配到已知危险场景的量化指标达标。

安全措施有效性的验证并非必须通过整车进行，可以根据自动驾驶系统架构分模块进行验证。自动驾驶系统架构从广义上可以抽象为感知、规控和执行三大部分。感知包括传感器和感知算法，规控包括规划和控制算法，执行包括执行器和 HMI 测试。

1. 感知的验证

感知算法指证明感知部分的预期用途，以及可合理预见的误用所表现的正确功能性能、时间、准确性和鲁棒性的方法。感知的验证方法如表 7-11 所示。

表 7-11　感知的验证方法

| 序号 | 方法 |
|---|---|
| A | 验证传感器规范定义的充分性（例如：范围、精度、分辨率、时序约束、带宽、信噪比、信干比的充分性） |
| B | 基于需求的测试（例如：分类、传感器数据融合） |
| C | 注入触发功能不足的错误 |
| D | 对选定的 SOTIF 相关用例和场景，结合已识别的触发条件进行在环测试（例如：SIL、HIL、MIL） |
| E | 对选定的 SOTIF 相关用例和场景结合已识别的触发条件进行实车测试 |
| F | 在 ODD 范围内，不同环境（例如：低温、潮湿、光照、能见度、干扰）条件下的传感器测试 |
| G | 验证传感器老化的影响（例如：加速寿命测试等） |
| H | 评估来自该传感器或此类传感器的现场经验（包括现场监控） |

（续）

| 序号 | 方法 |
|---|---|
| I | 通过对已知危害场景进行回注仿真，验证已实施的风险缓解机制的效果 |
| J | 验证架构属性，包括触发条件之间的独立性验证（如果适用） |

A 方法包括传感器组装期间的产线末端测试（EOL）（例如：雷达天线和雷达天线罩之间的安装校准、摄像头成像器与摄像头镜片的安装校准）。

对于 C 方法，在一些测试用例中，通过在仿真层面进行错误注入的方式，模拟传感器某个潜在的功能不足，同时，提供错误模型能够代表所测试现象的理由。仿真的结果可以与触发条件的分析结果相结合。

D 方法使用已经识别出的传感器模型的局限性来选择测试方式（如 HIL、SIL、MIL 测试或实车测试）。

G 方法中，在某特定传感器有行业共识的老化故障模型的情况下，传感器老化效应的验证可部分在仿真环境中完成。

2. 规控的验证

规控算法是基于感知部分提供的环境模型推导出控制动作。规控的验证是验证规控算法按要求做出反应及其避免非期望动作的能力。规控的验证方法如表 7-12 所示。

表 7-12　规控的验证方法

| 序号 | 方法 |
|---|---|
| A | 对于输入数据不受其他来源干扰的鲁棒性验证 |
| B | 基于需求的测试，包括车辆选择并实现了适当的最小风险条件的验证 |
| C | 验证架构属性，包括触发条件的独立性验证（如果适用） |
| D | 对选定的 SOTIF 相关用例和场景，结合已确定的触发条件进行在环测试（例如：SIL、HIL、MIL 测试） |
| E | 对选定的 SOTIF 相关用例和场景，结合已确定的触发条件进行实车测试 |
| F | 注入触发潜在危害行为的错误 |
| G | 验证是否正确遵守驾驶策略（例如，实现最小风险状态和超出 ODD 时的操作） |
| H | 通过对已知危害场景进行回注仿真，验证已实施的风险缓解机制的效果 |

3. 执行的验证

执行算法指验证执行器的预期用途和可合理预见的误用的方法。执行的验证方法如表 7-13 所示。

如果能论证执行系统没有任何功能不足或触发条件，那么仅根据 ISO 21448 或其他相关领域特定标准进行测试是足够的。

表 7-13　执行的验证方法

| 序号 | 方法 |
| --- | --- |
| A | 基于需求（例如：准确性、分辨率、时序约束、带宽）的测试 |
| B | 验证执行器被集成在整车环境或系统测试台架时的特性 |
| C | 不同环境（例如：低温、潮湿）条件下的执行器测试 |
| D | 不同载荷条件下（例如：从中等载荷变化到最大载荷）的执行器测试 |
| E | 验证执行器老化的影响（例如：加速寿命测试） |
| F | 对选定的 SOTIF 相关用例和场景，结合已识别的触发条件进行在环测试（例如：SIL、HIL、MIL 测试） |
| G | 对选定的 SOTIF 相关用例和场景，结合已识别的触发条件进行实车测试 |
| H | 验证架构属性，包括触发条件之间的独立性验证（如果适用） |
| I | 通过对已知危害场景进行回注仿真，验证已实施的风险缓解机制的效果 |

4. 集成系统的验证

集成系统验证算法指验证整车集成系统的鲁棒性和可控性，以及系统组件正确交互的方法。集成系统的验证方法如表 7-14 所示。

表 7-14　集成系统的验证方法

| 序号 | 方法 |
| --- | --- |
| A | 验证系统鲁棒性（例如：通过噪声注入进行测试） |
| B | 在整车集成环境或系统测试台架上进行的基于需求的测试（例如：性能目标和行为特征、可测量参数、范围、精度、分辨率、时序约束、带宽） |
| C | 对选定的 SOTIF 相关用例和场景，结合已确定的触发条件进行在环测试（例如：SIL、HIL、MIL 测试） |
| D | 不同环境（例如：低温、潮湿、光照、能见度、干扰）条件下的系统测试 |
| E | 验证系统老化的影响（例如：加速寿命测试） |
| F | 定向随机输入测试 |
| G | 对选定的 SOTIF 相关用例和场景，结合已识别的触发条件进行实车测试 |
| H | 可控性测试（包括可合理预见的误用） |
| I | 验证内部和外部接口 |
| J | 车载传感系统特性验证 |
| K | 验证架构属性，包括触发条件之间的独立性验证（如果适用） |
| L | 通过对已知危害场景进行回注仿真，验证已实施的风险缓解机制的效果 |

A 方法包括整个 ODD 和 OEDR 的鲁棒性验证，以及超出 ODD 范围的最小风险状态策略的稳健执行验证。

F 方法中，预期的现实场景通常很难重现，因此随机输入测试可以作为替代，场景示例如下。

❑ 图像传感器添加翻转图像或更改的图像块。

❑ 雷达传感器添加虚假目标以模拟多路径返回。

❑ 雷达传感器因多车雷达干扰增加虚假目标或丢失检测目标。

J 方法包括验证不同传感器在不同运行条件下的工作，以及传感器位置的误差。

对于非确定性系统的验证，可以使用统计方法或风险管理技术进行已知危害场景的评估。

驾驶策略依赖于对道路参与者的假设，特别是存在遮挡时。在某些情况下，遵循已知的非危害行为可能会导致碰撞。

## 7.3.3　已知危害场景导致残余风险的评估

接受准则定义的确认目标提供了系统运行阶段以足够的置信度实现接受准则的论据。如满足下列条件，已知的危害场景是可以接受的。

❑ 已知场景导致危害行为的概率符合确认目标。

❑ 不存在可能导致特定道路使用者面临不合理的风险的已知场景。

示例：当地的地理属性（例如某个特定路段、某条隧道或桥梁）不会导致风险的不合理性增加。

## 7.3.4　未知不安全场景的评估

本节的目的是通过确认结果，证明来自未知危害场景的残余风险以足够的置信度符合接受准则。

对于未知不安全场景残余风险的评估，可以采用表 7-15 的方法。

表 7-15　针对未知不安全场景残余风险的评估方法

| 序号 | 方法 |
|---|---|
| A | 对信噪比降级的鲁棒性的确认，可通过噪声注入进行测试 |
| B | 确认架构设计的效果和特性，包括触发条件之间的独立性确认（如果适用） |
| C | 采用随机测试用例（源自技术分析和错误猜测）的在环测试 |
| D | 随机输入测试 |
| E | 考虑已识别的触发条件，对选定的测试用例（源自技术分析和错误猜测）进行整车层面测试 |
| F | 长期车辆试验 |
| G | 车队道路测试 |
| H | 基于现场经验的测试 |
| I | 极端场景和边缘场景的测试 |
| J | 与现有系统的比较 |
| K | 随机场景集合的仿真 |
| L | 对随机使用和新手驾驶员潜在误用的测试 |
| M | 考虑极端、边缘场景下的功能敏感度分析 |
| N | 相关参数的分析 / 仿真 |

（续）

| 序号 | 方法 |
|---|---|
| O | 现实世界里的场景发掘 |
| P | 功能分解和概率建模 |
| Q | 相较于真值的确认 |

D 方法中参数选择是通过敏感性分析、统计分析等方法来论证的，以证明所选参数是相关的。

M 方法中极端场景是指两个或两个以上的参数值都在系统能力范围内，但共同构成了挑战其能力的罕见情况。边缘场景是指存在极值、一个或多个对系统能力产生挑战的参数的场景。

在 N 方法中，如果某功能的微小变化可能导致车辆在整车层面上表现出显著不同的行为，则该功能被视为对特定场景非常敏感。

O 方法可用于识别相关用例参数。

执行验证的注意事项如下。

❑ 对于在公共区域进行的测试，可能需要采取额外的安全措施（例如急停装置），以防或减轻试验车辆给公众带来的潜在风险。

❑ 所选择的一组方法足以在区域 3 中识别潜在的危害场景，关注具有挑战性或罕见的运行环境、特定的用例、情景或场景，同时提供所选方法充分性的理由。

❑ 车辆测试里程的确定可以参考以往整车项目的经验、驾驶员的可控性或选定测试路线的重要性。当使用带有错误的随机注入测试时，我们可以选择一定数量的仿真场景，以匹配代表目标地理、市场所需的测试里程和内容。

❑ 目标值可以是在一组测试场景中，遇到的以前发生的未知危害场景的最大数量。如果在执行完这些测试场景之后，遇到的以前发生的未知危害场景的数量小于定义的目标值，则可认为确认目标被满足。

❑ 每次引入变化，如算法变化、ODD 变化、OEDR 变化、在原环境中导入新车型和驾驶策略变化等，都会出现新的未知危害场景。

## 7.3.5 预期功能安全验证与确认案例

### 1. 功能定义

汽车在特定的运行区域中，当自车以 HWP 功能在本车道运行时，若前方有压速车辆、静

止障碍物或分流 / 合流变道，系统会判断变道条件（不需要驾驶员手动操作）。如果变道条件符合，则执行变道，变道期间仪表上的转向示意箭头会闪烁，车外转向灯开启；如果变道条件不符合，则抑制变道。

HWP 功能初始架构如图 7-17 所示。

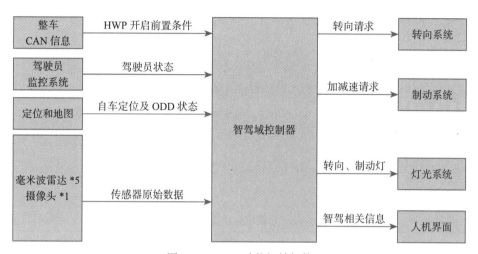

图 7-17　HWP 功能初始架构

以自动变道为例，变道的前置条件如下。

❑ 道路类型为高速公路主干道；

❑ 天气状况良好（能见度良好，且无雨雪）；

❑ 本车道前方有慢车，且前车车速低于本车车速 80%（可配置），时间持续 10s（可配置）；

❑ 虚线一侧的邻车道具备汇入条件（与后方目标车辆垂直距离＞ 20m）；

❑ 虚线一侧的邻车道具备汇入条件（与前方目标车辆垂直距离＞ 20m）。

注：以上条件仅为规范和定义的局部，针对实际场景需要全面考虑。

### 2. 危害分析与风险评估

以主动变道作为预期功能，危害分析与风险评估如表 7-16 所示：

### 3. 基于交通事故数据计算接受准则与确认目标

通过分析乘用车的人类驾驶变道事故率（如：利用 GIDAS、NHTSA、CIDAS、SHRP-2 数据库分析），得出变道引起的交通事故为平均每 2 000 000 千米发生一次事故。

表 7-16　主动变道危害分析与风险评估

| 预期行为 | 危害 | 危害事件 | S 值 | C 值 | S×C=0? | 是否需要采取必要措施（Y/N） |
|---|---|---|---|---|---|---|
| 主动变道 | 非预期主动变道 | 车辆非预期主动变道可能导致与相邻车道车辆碰撞 | 2 | 3 | N | Y |

基于 ALARP 原则，自动驾驶的事故率不高于人类驾驶的事故率。

得出自动变道的接受准则：≤ 1 次事故 /2 000 000km

基于接受准则数据，设定自动驾驶系统比人类驾驶安全 2 倍，交通数据可信度为 0.5，需要进行 150% 的修正，修正数据后得出确认目标 6 000 000km。

根据泊松分布公式计算，定义 CL=70%，得出确认目标 7 263 836km（取 7 300 000km）。

**4. 识别功能不足和触发条件**

通过 SOTIF HARA 分析，SOTIF 的目标是"避免非预期主动变道"，通过根因类型进行初步分析，如表 7-17 所示。

表 7-17　非预期主动变道根因分析

| 标准要求项 | | 输入信息 | 系统性失效 | |
|---|---|---|---|---|
| ISO 21448:7 | | HWP- 主动变道功能定义 | 整车功能定义不足 | 性能限制 |
| 识别功能不足和触发条件 | 预期功能定义不足 | 预期功能定义① | Y | NA |
| | 系统部件级的规范不足和性能限制 | 传感器（摄像头、毫米波雷达）② | NA | Y |
| | | 域控制器算法③ | NA | Y |
| | | 转向系统 | NA | NA |
| | 人为误用 | NA | NA | NA |

注：NA 表示不适用。

1）预期功能定义缺陷分析如表 7-18 所示。

表 7-18　预期功能定义缺陷分析

| 主动变道规范（变道的前置条件） | 规范不足分析 | 是否存在SOTIF 风险（Y/N） | 规范改进措施 | 是否需要测试（Y/N） |
|---|---|---|---|---|
| 虚线一侧的邻车道具备汇入条件（与后方目标车辆垂直距离大于20m） | 自车设定车速 120km/h，当前车车速低于 96km/h（120×0.8），自车开始规划变道，即当前自车速为 96km/h，当后方目标车道的车辆速度大于 150km/h，在相对距离为 20m 的情况下，相对车速为 15m/s，最差场景 TTC 约为 1.3s，后方驾驶员无法及时制动避免碰撞 | Y | ①根据高速公路变道距离要求，两车垂直距离不低于 50m。②计算垂直距离 50m 时，TTC 为 3.3s，自车已经完成变道，且后方车辆有足够的反应时间，无风险。因此，要求自车与后方目标车辆垂直距离大于 50m 才可以变道 | Y |

（续）

| 主动变道规范<br>（变道的前置条件） | 规范不足分析 | 是否存在<br>SOTIF 风险<br>（Y/N） | 规范改进措施 | 是否需<br>要测试<br>（Y/N） |
|---|---|---|---|---|
| 虚线一侧的邻车道具备汇入条件（与前方目标车辆垂直距离大于 20m） | 前方目标车辆距离 20m 时，风险同上，在变道过程中前方车辆如果急刹车，自车响应的制动距离不足 | Y | 与前方目标车辆垂直距离大于 50m | Y |

注：NA 表示不适用。

2）分析传感器的缺陷

分析方法：传感器会受场景因素的影响。根据 Pegasus 场景划分原则，细化场景要素，六层要素中的某一层要素或某几层要素的组合会成为触发条件。

传感器导致的主动变道风险有以下两种情况。

侧后方区域漏检分析如表 7-19 所示。

表 7-19　侧后方区域漏检分析

| 性能局限 | 触发条件 | | 危害事件 | S 值 | C 值 | 改进措施 | 是否执行<br>验证和确<br>认（Y/N） |
|---|---|---|---|---|---|---|---|
| 毫米波雷达漏检 | 交通参与者 | 目标车道的后方有摩托车加速驶来 | 漏检摩托车，导致产生变道风险 | 3 | 2 | SM01：增加摄像头，和毫米波雷达形成异构冗余 | Y |
| | | 异形车辆 | 漏检车辆，变道存在碰撞风险 | 2 | 1 | | Y |

侧前方区域漏检分析如表 7-20 所示。

因为当前传感器架构是 5R+1V（五个毫米波雷达和一个摄像头），侧方传感器包括摄像头和前角雷达（毫米波雷达），已经是异构冗余设计。只有当两种传感器同时受限时，才会导致漏检，但是需要对感知融合算法进行验证。

表 7-20　侧前方区域漏检分析

| 性能局限 | 触发条件 | | 危害事件 | S 值 | C 值 | 改进措施 | 是否执行<br>验证和确<br>认（Y/N） |
|---|---|---|---|---|---|---|---|
| 摄像头和毫米波雷达同时漏检 | 交通参与者 | 目标车道的前方有摩托车正在减速 | 漏检摩托车，导致变道风险 | 3 | 2 | SM02：摄像头和毫米波雷达融合算法提升 | Y |
| | | 异形车辆 | 漏检车辆，变道存在碰撞风险 | 2 | 1 | | Y |

3）域控制器算法不足分析如表 7-21 所示。

表 7-21　域控制器算法不足分析

| 失效影响（FE） | | 失效模式（FM） | 触发条件 | 安全要求 | 需求描述 |
|---|---|---|---|---|---|
| FE1 | 非预期变道请求 | FM1 | 前毫米波雷达和摄像头融合算法缺陷（不足），漏检前方目标车辆 | 小雨天气、摩托车 | SR_Algorithms_01 | 感知融合算法应确保侧前方目标融合结果漏检率低于 0.01% |
| | | FM2 | 后毫米波雷达和摄像头融合算法缺陷（不足），漏检后方目标车辆 | 小雨天气、摩托车 | SR_Algorithms_02 | 感知融合算法应确保侧后方目标融合结果漏检率低于 0.01% |
| | | FM3 | 目标融合算法丢失目标信息 | 小雨天气、摩托车 | SR_Algorithms_03 | 目标融合算法避免丢失目标信息 |

感知融合量化指标计算如下。

通过提出的安全措施，整车需要增加后摄像头以及感知融合算法的漏检率要低于 0.01%。这里举例说明如何量化漏检率。

漏检在本功能的定义是：在变道决策判断的三个感知周期内连续输出无障碍物，但实际上存在障碍物，被视为一次漏检。

根据确认目标 7 300 000km 内不发生危险事件，预估 7 300 000km 内有 10 000 次主动变道，感知融合的 10 000 次目标识别结果漏检次数小于 1，则感知融合 KPI 要求为漏检率 ≤ 1/10 000=0.01%。

分析域控制器（算法）的不足，前提是假设前摄像头和毫米波雷达的数据都是正确的，仅考虑域控制器感知算法、规控算法错误。在要求增加后摄像头的情况下，系统架构发生了变化。按照改进后的架构，分析算法的不足，即先解决整车级规范不足问题，更新功能定义后再分析系统的性能限制。

5. 功能改进

汇总以上安全策略，细化安全需求如表 7-22 所示。

表 7-22　功能改进后的安全需求

| 缺陷（不足） | 安全措施 | 安全需求 |
|---|---|---|
| 整车规范不足 | FI01：虚线一侧的邻车道具备汇入条件（与后方目标车辆垂直距离 ≥ 50m） | |
| 整车规范不足 | FI02：虚线一侧的邻车道具备汇入条件（与前方目标车辆垂直距离 ≥ 50m） | |
| 感知不足 | SM01：增加侧后方摄像头，和毫米波雷达形成异构冗余 | SM01_SR01：摄像头的 FOV 可以覆盖毫米波雷达的 FOV<br>SM01_SR02：摄像头的漏检率（三个探测周期）小于 0.01%，与目标车辆垂直距离 ≤ 50m，系统处于 ODD 内<br>SM01_SR03：摄像头与毫米波雷达数据融合，降低漏检率，融合后（三个探测周期）漏检率低于 0.01%，系统处于 ODD 内<br>SM01_SR04：后毫米波雷达的漏检率（三个探测周期）小于 0.01%，与目标车辆垂直距离 ≤ 50m，系统处于 ODD 内 |

（续）

| 缺陷（不足） | 安全措施 | 安全需求 |
|---|---|---|
| 感知不足 | SM02：前摄像头和毫米波雷达融合算法提升 | SM02-SR01：感知融合算法应确保侧前方目标融合结果漏检率低于 0.01% |
| 算法不足 | SR_Algorithms_01：感知融合算法应确保侧前方目标融合结果（三个探测周期）漏检率低于 0.01% |  |
| 算法不足 | SR_Algorithms_02：感知融合算法应确保侧后方目标融合结果（三个探测周期）漏检率低于 0.01% |  |
| 算法不足 | SR_Algorithms_03：目标融合算法（三个探测周期）避免丢失目标信息 |  |

以上所有安全需求迭代到预期功能定义中，作为功能需求传递给相关方。需求被实现后，进入定义验证和确认策略阶段。

## 6. 定义验证和确认策略

### （1）验证策略

测试方法选择见表格 7-23。"++"表示强烈推荐使用；"+"表示推荐使用；"O"表示可选。搭建场景，记录自车对触发条件的响应的可接受程度、测试结果，形成验证报告。

表 7-23　测试方法

| 安全策略 / 需求 | 测试方法 1（封闭道路测试） | 测试方法 2（MIL） | 测试方法 3（HIL） | 测试方法 4（SIL） | 开始时间 | 结束时间 | 工作产物 |
|---|---|---|---|---|---|---|---|
| FI01 | ++ | ++ | O | O | X/X/X | X/X/X | 验证报告 |
| FI02 | ++ | ++ | O | O | X/X/X | X/X/X | 验证报告 |
| SM01-SR01 | + | + | + | O | X/X/X | X/X/X | 验证报告 |
| SM01-SR02 | ++ | + | + | + | X/X/X | X/X/X | 验证报告 |
| SM01-SR03 | ++ | + | + | + | X/X/X | X/X/X | 验证报告 |
| SR-Algorithms-01 | + | + | + | ++ | X/X/X | X/X/X | 验证报告 |
| SR-Algorithms-02 | + | + | + | ++ | X/X/X | X/X/X | 验证报告 |
| SR-Algorithms-03 | + | + | + | ++ | X/X/X | X/X/X | 验证报告 |

确认方法及测试里程权重分配可参考表 7-24。

表 7-24　确认方法及测试里程权重分配

| 确认目标 /km | 确认方法 | 测试设备 | 权重 | 测试里程 /km | 开始时间 | 结束时间 | 工作产物 |
|---|---|---|---|---|---|---|---|
| 7 300 000 | 仿真测试 | SIL+ 云仿真 | 90% | 6 570 000 | X/X/X | X/X/X | 仿真报告 |
|  | 实车测试 | 实车及相关实验设备 | 10% | 730 000 | X/X/X | X/X/X | 路试报告 |

要求：确认场景至少覆盖已知危害场景、自然驾驶场景、特定条件场景和随机场景。

## 7. 评估已知危害场景

针对 FI01 选择测试方法、编制测试计划、测试用例、执行测试。

对于功能不足测试（适用于 FI01、FI02），本文只提供示例，如表 7-25 所示，表格中的 C 值填写实测值，具体测试步长、测试次数需根据实际情况决定。

表 7-25　已知场景测试：侧后方车距验证

| 测试需求<br>FI01 | 测试方法 | 侧后方目标<br>车辆速度 /<br>km/h | 与侧后方<br>目标车垂直<br>距离 35m | 与侧后方<br>目标车垂直<br>距离 40m | 与侧后方<br>目标车垂直<br>距离 45m | 与侧后方<br>目标车垂直<br>距离 50m | 测试结果 |
|---|---|---|---|---|---|---|---|
| 虚线一侧的<br>邻车道具备汇入<br>条件（与后方目<br>标车辆垂直距离<br>≥ 50m） | 封闭道路<br>测试 | 120 | C > 0 | C=0 | C=0 | C=0 | 变道距离 ≥ 45m，<br>目标车辆的 C 值为<br>0。安全阈值定义为<br>50m，符合安全要求 |
| | | 125 | C > 0 | C > 0 | C=0 | C=0 | |
| | | 130 | C > 0 | C > 0 | C=0 | C=0 | |
| | | 135 | C > 0 | C > 0 | C=0 | C=0 | |
| | MIL 测试 | 120 | C > 0 | C=0 | C=0 | C=0 | |
| | | 125 | C > 0 | C=0 | C=0 | C=0 | |
| | | 130 | C > 0 | C > 0 | C=0 | C=0 | |
| | | 135 | C > 0 | C > 0 | C=0 | C=0 | |

针对 SM01 选择测试方法、编制测试计划、测试用例，执行测试。具体测试步长、测试次数需根据实际情况决定，如表 7-26 所示。

表 7-26　已知场景测试：融合传感器有效性测试

| SM01 | 需求 ID | 安全需求描述 | 测试方法 | 测试过程 | 测试结果 |
|---|---|---|---|---|---|
| 增加侧后方摄像头，和毫米波雷达形成异构冗余； | SR01 | 摄像头的 FOV 可以覆盖毫米波雷达的 FOV | 封闭道路测试 | XXX | 摄像头的 FOV 可以覆盖毫米波雷达的 FOV |
| | | | HIL 测试 | XXX | |
| | SR02 | 摄像头在三个探测周期内漏检率小于 0.01%，与目标车辆垂直距离 ≤ 50m | 实车场景采集 +<br>HIL 回放 | XXX | 通过回放，计算得出漏检率符合要求 |
| | | | 实车场景采集 +<br>SIL+ 云端数据处理 | XXX | |
| | SR03 | 摄像头 + 毫米波雷达数据融合，降低漏检率，融合后（三个探测周期）漏检率小于 0.01% | 实车场景采集 +<br>HIL 回放 | XXX | 通过回放，计算得出漏检率符合要求 |
| | | | 实车场景采集 +<br>SIL+ 云端数据处理 | XXX | |
| | SR04 | SM01_SR04：后毫米波雷达的（三个探测周期）漏检率小于 0.01%，与目标车辆垂直距离 ≤ 50m 内。 | 实车场景采集 +<br>HIL 回放 | XXX | 通过回放，计算得出漏检率符合要求 |
| | | | 实车场景采集 +<br>SIL+ 云端数据处理 | XXX | |

针对融合算法的测试选择测试方法、编制测试计划、测试用例，执行测试。

视频数据回放，分析回放视频场景融合算法的输出结果，并将其与此刻应输出的结果进行对比，从而获得算法输出的 TN、TP、FN、FP，计算准确率和召回率，如表 7-27 所示。

表 7-27　感知准确率和召回率计算

| 需求 ID | 安全需求描述 | 测试方法 | 测试过程 | 测试结果 |
|---|---|---|---|---|
| SR-Algorithms-01 | 感知融合算法应确保侧前方目标融合结果（三个探测周期）漏检率低于 0.01% | 实车场景采集 +HIL 回放 | XXX | 通过回放，计算得出漏检率符合要求 |
| | | 实车场景采集 +SIL+ 云端数据处理 | XXX | |
| SR-Algorithms-02 | 感知融合算法应确保侧后方目标融合结果（三个探测周期）漏检率低于 0.01% | 实车场景采集 +HIL 回放 | XXX | 通过回放，计算得出漏检率符合要求 |
| | | 实车场景采集 +SIL+ 云端数据处理 | XXX | |
| SR-Algorithms-03 | 目标融合算法（三个探测周期）避免丢失目标信息 | 实车场景采集 +HIL 回放 | XXX | 通过回放，计算得出漏检率符合要求 |
| | | 实车场景采集 +SIL+ 云端数据处理 | XXX | |

综合以上测试结果，预期功能在已知危害场景中按照期望运行，已知风险被降到合理可接受的程度。

### 8. 评估未知危害场景

❑ 确认目标：确认感知系统在目标环境下的性能，评估是否实现确认目标。

❑ 确认执行：根据确认策略，执行确认活动，过程中记录异常问题。

❑ 仿真工具要求：仿真平台模拟场景应尽可能保证与真实物理世界一致。

❑ 确认要求：仿真测试场景覆盖已知危害场景、自然驾驶场景、特定条件场景以及随机场景。

❑ 软件成熟度要求：释放版。

1）仿真确认目标执行及结果如表 7-28 所示。

表 7-28　仿真确认目标执行及结果

| 仿真确认目标 / km | 仿真方法 | 仿真场景 | 里程占比 90% | 确认里程 /km | 测试异常记录 | 工作产物 |
|---|---|---|---|---|---|---|
| 6 570 000 | SIL+ 云仿真 | 已知危害场景 | 20% | 1 314 000 | 无 | 仿真报告 |
| | | 自然驾驶场景 | 30% | 1 971 000 | 无 | 仿真报告 |
| | | 特定条件场景 | 20% | 1 314 000 | 无 | 仿真报告 |
| | | 参数重组场景（等同随机场景） | 20% | 1 314 000 | 无 | 仿真报告 |

2）实车确认目标执行及结果如表 7-29 所示。

表 7-29　实车确认目标执行及结果

| 实车确认目标 /km | 测试方法 | 测试场景 | 里程占比 10% | 确认里程 /km | 测试异常记录 | 工作产物 |
|---|---|---|---|---|---|---|
| 7 300 000 | 封闭场地测试 | 已知危害场景 | 2% | 146 000 | 无 | 测试报告 |
| | | 自然驾驶场景 | 2% | 146 000 | 无 | 测试报告 |
| | | 特定条件场景 | 1% | 73 000 | 无 | 测试报告 |
| | 开放道路测试 | 自然驾驶场景 | 2% | 146 000 | 无 | 测试报告 |
| | | 已知危害场景 | 1% | 73 000 | 无 | 测试报告 |
| | | 随机场景 | 2% | 146 000 | 无 | 测试报告 |

经过仿真、封闭道路测试和开放道路测试，在总里程 7 300 000km 内，车辆未发生非预期主动变道，满足确认目标，可以论证在 70% 的置信度下，主动换道的接受准则（2 000 000km 里程内事故不超过 1 次）已被实现。

### 7.3.6　验证与确认的发展趋势

智能汽车的应用场景复杂，传统测试已经无法保障场景覆盖率和长里程等测试要求，尤其是面对自动驾驶的接受准则，所需测试的里程非常长，这给测试周期和成本带来了极大的挑战。同时，随着人工智能技术在自动驾驶领域的发展，感知测试方面可能面临黑箱难题。现阶段，很难通过传统测试方法全面、有效地验证智能网联汽车的安全性。多支柱法逐渐获得行业认可，但是如何利用三支柱法从量化角度用测试数据论证接受准则的实现，仍存在一些难点。比如，如何证明测试场景覆盖率已经足够高？如何论证仿真场景的真实度足够高？这些问题还需要行业共同继续摸索。

就 ISO 21448 标准而言，SOTIF 的验证和确认是智能驾驶产品投放市场的先决条件，只有符合接受准则的产品才允许量产。然而，随着智能网联汽车的发展，智能驾驶产品的算法需要通过 OTA 不断进化，从而引发软件的回归测试问题。如何有效权衡量产前的测试与确认工作量，以及如何打通产品量产后的数据驱动闭环流程，成为关键因素。在这种情况下，SOTIF 的测试和确认不仅仅是量产前的质量保证，更在产品量产后的迭代中起到关键作用。

## 7.4　网络安全的验证与确认

网络安全验证与安全确认活动对于智能汽车的安全保障至关重要。通过安全功能验证和攻击防御验证，网络安全验证与安全确认可以更好地发现智能汽车中的弱点和漏洞，验证智能汽车安全保障能力的实现情况，降低智能汽车漏洞被利用的可能性，将智能汽车的风险最小化。

## 7.4.1　网络安全验证的挑战及应对措施

智能网联汽车是指搭载了互联网功能和智能化技术的汽车，它们能够通过通信技术与其他车辆、基础设施以及云端进行数据交换和信息共享。然而，正是这些通信与信息化技术在汽车领域的大量普及，使得智能网联汽车也面临一些网络安全挑战。

首先，法规和标准的合规要求是挑战之一。智能网联汽车的网络安全测试需要符合相关的法规和标准要求，如 WP.29、ISO/SAE 21434、SAE J3061、GB/T 40856 等。测试人员需要了解并遵循这些标准，以确保测试的全面性和准确性。

其次，漏洞处理面临巨大挑战。大量代码的实现增加了漏洞利用和攻击智能网联汽车的软件和系统的可能性。黑客可以利用这些漏洞对车辆进行攻击。测试人员需要模拟各种攻击场景，包括远程入侵、恶意软件注入和拒绝服务攻击等，以评估车辆系统的安全性。

车辆固件和软件的安全性特别容易受到漏洞的影响。智能网联汽车的固件和软件需要经过安全测试，以确保其抗攻击性和可靠性。测试人员需要检查车辆固件和软件的代码漏洞、安全配置和授权控制等方面，以减少潜在的安全风险。同时，智能网联汽车系统通常包含大量来自不同供应商的软件和组件，软件供应链的安全也是网络安全验证的挑战之一。测试人员需要确保这些软件和组件的安全，包括验证其来源的可信性、检查是否存在恶意代码或后门等。由于漏洞爆发的不确定性，一旦发现安全漏洞，智能网联汽车需要及时进行修复和更新。测试人员需要测试车辆的安全更新机制，确保漏洞得到及时修复，同时还需要评估车辆系统在更新过程中的可靠性和安全性。

再次，车辆通信安全面临挑战。大量通信技术的普及，使得智能网联汽车通过车辆间的无线通信进行数据传输，因此需要确保通信的机密性、完整性和可用性。测试人员需要验证车辆通信的加密协议、认证机制以及防止中间人攻击等。智能网联汽车涉及与外部系统和基础设施（如云端服务器、道路基础设施和第三方应用程序等）进行数据交换和通信。测试人员需要评估这些外部系统和基础设施的安全性，以防止恶意攻击对车辆产生影响。

最后，数据隐私保护方面面临挑战。智能网联汽车会产生大量的数据，包括车辆行驶数据、用户偏好和个人身份数据等。测试人员需要确保这些数据在传输和存储过程中得到适当的加密和保护，以防止数据泄露和滥用。

因此，要完整地覆盖智能网联汽车的网络安全验证，我们需要思考以下几点。

### 1. 工具部署

智能网联汽车网络安全验证需要使用一系列专门的工具和技术来进行评估和测试。一些常用的智能网联汽车网络安全测试工具的部署如下。

（1）搭建测试环境

❑ 虚拟专用网（VPN）：在智能网联汽车的网络安全测试中，可以使用 VPN 来建立安全的通信通道，以确保测试过程中的数据传输和通信的机密性和完整性。通过使用 VPN，可以在不暴露车辆系统和网络的真实 IP 地址的情况下进行安全测试。

❑ 模拟环境和测试床：为了进行安全测试，可以建立一个模拟环境或测试床，以模拟真实的车辆系统和网络环境。这样可以更好地控制测试条件，并尽可能减少对实际车辆和网络基础设施的依赖。

❑ 模拟器和虚拟化环境：为了进行安全测试，可以使用模拟器或虚拟化环境来模拟真实的车辆环境和网络连接。这样可以在受控的环境中进行测试，减少对实际车辆和网络基础设施的依赖。

（2）配套的安全管理系统

❑ 安全评估框架：安全评估框架是一种综合性的工具集合，用于对智能网联汽车进行全面的安全评估和测试。这些框架通常包括各种工具和技术，用于执行漏洞扫描、代码审查、安全配置检查、网络嗅探等任务，以便全面评估车辆系统的安全性。

❑ 漏洞管理系统：漏洞管理系统可以用于跟踪、记录和管理在安全测试过程中发现的漏洞和问题。这些系统可以帮助测试人员对漏洞进行分类、分析和跟踪，以确保漏洞得到及时修复。

❑ 安全事件和日志管理工具：安全事件和日志管理工具可以帮助收集和分析车辆系统及网络的安全事件和日志数据。这些工具可以用于检测潜在的攻击行为、追踪安全事件的来源和影响，并支持安全事件响应和溯源分析。

❑ 实时监测和响应：智能网联汽车的网络安全是一个动态且持续的过程。测试人员应使用实时监测工具，跟踪车辆系统和网络的安全状态，并及时发现和应对潜在的安全威胁和攻击。

（3）安全技术分析测试工具

❑ 模糊测试工具：模糊测试是一种常用的安全测试方法，通过输入异常或随机数据来检
测软件或系统的漏洞。在智能网联汽车的网络安全测试中，我们可以使用模糊测试工
具来模拟攻击者发送异常数据或输入，以发现潜在的漏洞和安全问题。

❑ 安全扫描工具：安全扫描工具可以帮助检测车辆系统和应用程序中的已知漏洞和安全
弱点。这些工具会扫描系统中的代码、配置和网络通信，发现潜在的安全问题，并提
供建议和修复措施。在智能网联汽车的网络安全测试中，我们可以使用自动化的安全
扫描工具来加快漏洞发现和修复。

❑ 代码审查工具：代码审查是一种静态分析方法，用于检查车辆软件和固件中的安全漏
洞和代码缺陷。代码审查工具可以帮助测试人员识别潜在的代码漏洞，如缓冲区溢出、
代码注入和逻辑错误等。这些工具可以自动分析代码，并生成报告，指出可能存在的
安全问题。

❑ 网络嗅探工具：网络嗅探工具可以用于监测和分析车辆的网络通信，以检测潜在的安
全风险和异常行为。测试人员可以使用网络嗅探工具捕获和分析车辆与其他设备之间
的数据包，从而识别可能的攻击或数据泄露行为。

❑ 模拟攻击工具：模拟攻击工具可以模拟各种攻击场景，如拒绝服务攻击、远程入侵、
恶意软件注入等。这些工具可以帮助测试人员评估车辆系统的安全性和抵御能力，以
及验证安全措施和防御机制的有效性。

❑ 恶意软件分析工具：恶意软件分析工具可以用于检测和分析可能存在的恶意软件或恶
意代码。这些工具可以帮助测试人员分析恶意软件的行为、特征和影响，并提供相应
的修复和防御建议。

❑ 无线网络安全测试工具：智能网联汽车依赖无线通信进行数据交换，因此无线网络安
全测试工具至关重要。这些工具可用于分析无线网络的安全性能、检测无线网络的漏
洞和弱点，并提供相应的安全建议和解决方案。

❑ 日志分析工具：日志记录是智能网联汽车安全测试中的重要组成部分。测试人员可以
使用日志分析工具来检查车辆系统和网络的日志数据，以发现异常行为、安全事件和
潜在的攻击迹象。

❑ 数据流分析工具：智能网联汽车的数据流包含各种敏感信息，如位置数据、车辆识别

信息等。测试人员可以使用数据流分析工具来验证数据的完整性、加密性和访问控制，以确保数据的安全传输和保护。

□ 静态和动态分析工具：除了使用代码审查工具外，我们还可以使用静态和动态分析工具来评估车辆软件和固件的安全性。这些工具可以检测潜在的安全漏洞、代码缺陷和异常行为，并提供相应的修复建议。

□ 社会工程学测试工具：测试人员可以使用社会工程学测试工具来模拟钓鱼攻击、网络欺诈和身份伪装等攻击场景，以评估车主和用户的安全意识和反应能力。

□ 安全认证和合规性工具：智能网联汽车需要符合特定的安全认证和合规性标准。测试人员可以使用安全认证和合规性工具来评估车辆系统和网络是否符合相关的安全标准和法规要求。

□ 自动化测试工具：为了加快测试和提高效率，我们可以使用自动化测试工具来执行重复的测试任务。这些工具可以模拟车辆通信、漏洞利用和攻击，并生成测试报告和结果。

### 2. 持续更新成本控制

持续更新的目的是跟踪外部安全环境的变化，确保产品中部署的安全机制在新的安全环境下仍然有效，或者能够识别新的威胁、漏洞或风险，从而提升产品安全能力，持续保证产品的安全性。

持续更新能力的实现需要依赖于各类网络安全测试工具，这些工具会随着攻击手段和漏洞的变化不断演化，因此需要进行持续的进化和更新。部署的安全工具越多，更新的需求就越大。在不影响业务开展的前提下，如何在合理的成本控制下，有计划地按照不同层次和不同频率的更新要求对部署的工具进行更新，也是智能网联汽车网络安全测试面临的挑战之一。

## 7.4.2 网络安全合规性测试

智能网联汽车的网络安全合规性测试是对智能网联汽车 E/E 架构与网络安全有关的因素进行评估，以确保其符合相关的网络安全法规和标准。这种测试旨在防止汽车电子电气系统遭受网络攻击，并满足法规要求，确保车辆在网络连接的环境下能够安全运行。

依据图 7-18 展示的《汽车整车信息安全技术要求》整体架构，智能汽车的合规测试包括以下方面。

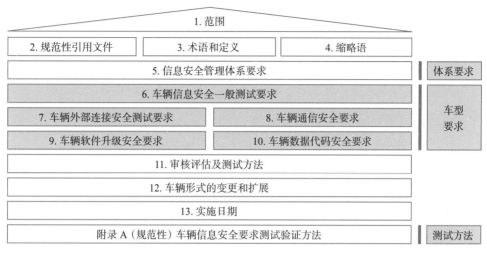

图 7-18 《汽车整车信息安全技术要求》整体架构

**1. 网络安全测试要求**

智能网联汽车网络安全合规性测试分为整车级及部件级。依据《汽车整车信息安全技术要求》，整车级的网络安全测试要求包括车辆信息安全一般测试要求、车辆外部连接安全测试要求、车辆通信安全要求、车辆软件升级安全要求以及车辆数据代码安全要求。部件级的网络安全合规性测试主要针对车辆控制器。车辆控制器是一种电子设备，用于管理和控制车辆内部的各种功能和系统。它是车辆电子架构的关键组成部分，负责与车辆的各个子系统进行通信和协调，以提供驾驶员和乘客所需的功能和体验。现代整车架构包括多种域控制器及ECU，以实现不同的车辆控制功能。截止到 2023 年上半年，我国颁布了 GB/T 40855—2021《电动汽车远程服务与管理系统信息安全技术要求及试验方法》、GB/T 40856—2021《车载信息交互系统信息安全技术要求及试验方法》、GB/T 40857—2021《汽车网关信息安全技术要求及试验方法》三部与车辆零部件相关的信息安全测试要求，覆盖了硬件安全、通信协议与接口安全等几个方面。

（1）整车级的网络安全合规性测试

1）车辆信息安全一般测试要求

出于对整车信息安全风险的考虑，车辆信息安全一般测试要求包括识别车辆的关键要素，对车辆进行详细的风险评估，并采取一定的安全措施，使车辆不受安全风险的影响。网络安全合规性测试包括采取相应的测试手段，验证安全措施的有效性。例如，当车辆采用消息验证码作为防篡改措施时，合规性测试中必须验证消息验证码的有效性。

2）车辆外部连接安全测试要求

现代整车设计中，为了增强与用户的交互以及功能的丰富性，增加了越来越多的接口，使得整车有复杂的外部连接要求，如外部介质或远程连接等。在外部连接测试中，我们需要验证通过接口访问介质的合法性，以及通过接口传输指令的真实性和完整性。

3）车辆通信安全要求

有连接必然有通信，整车的安全通信也是网络安全合规测试中不可缺少的内容。安全通信的合规性取决于整车的通信协议，如蓝牙、蜂窝通信、WLAN 等。

对于整车的安全通信测试，我们需要验证通信的身份，确保身份的真实性和完整性。对于采用证书验证身份的情形，我们需要验证证书的有效性和合法性。

4）车辆软件升级安全要求

汽车软件升级分为离线升级和在线升级。

汽车离线升级是指通过特定的方法和工具，对车辆的软件、系统或固件进行更新和升级，而不需要连接到互联网。汽车离线升级具体方法如下。

① USB 升级：一些汽车制造商提供将更新的软件或固件文件下载到 USB 驱动器上，然后将该驱动器插入车辆的 USB 端口进行升级。

② SD 卡升级：类似于 USB 升级，一些汽车可以使用 SD 卡进行离线升级。将升级文件下载到 SD 卡中，然后将其插入车辆的 SD 卡槽。

③ OTA 文件升级：有些汽车可能提供一种将离线升级文件下载到计算机，然后通过 USB 或 SD 卡将文件传输到车辆进行升级的方法。

离线升级过程中，升级包的完整性是网络安全合规性测试的重要考量部分。若车辆使用车载软件升级系统进行离线升级，车辆应对离线升级包的真实性和完整性进行校验。若车辆不使用车载软件升级系统进行离线升级，应采取保护措施，保证刷写接入端的安全性，或者校验离线升级包的真实性和完整性。

汽车在线升级主要依靠 OTA（Over the Air）手段完成。汽车 OTA 升级是指通过无线网络连接将车辆的软件、系统或固件进行远程更新和升级的方法。这种升级方式使汽车制造商能够通过互联网向车辆推送新的软件功能、修复错误或改进性能，而无需车主将车辆带到经销商处或使用离线升级方法。OTA 升级需要部署相应的升级基础设施，并构建升级管理程序。

此部分不在本节考虑范围。

车辆在线升级的网络安全合规性测试需要对车辆和在线升级服务器进行身份认证，以验证其身份的真实性，还需要对下载的在线升级包进行真实性和完整性校验，并且车载软件升级系统应记录在线升级过程中发生的失败事件日志。

5）车辆数据代码安全要求

车辆内有很多敏感数据，例如密钥信息、个人隐私信息、地理位置信息等。数据保护也是车辆网络安全合规性测试的重要部分。车辆应采取安全访问、加密等安全技术，保护存储在车内的敏感数据，防止这些敏感数据被非授权访问和获取，并采取安全防御机制保护存储在车内的关键数据，防止其被非授权删除和修改。

（2）部件级的网络安全合规性测试

1）硬件安全测试要求

部件级的网络安全合规性测试需要对控制器的硬件进行安全测试，确保调试接口被禁用或设置了安全访问控制，确保控制器不具备后门或隐藏接口，降低从硬件上获取敏感信息的可能性。

2）通信协议与接口安全测试要求

部件级的网络安全合规性测试需要对通信协议与接口进行测试安全，除了需要验证请求身份的合法性和真实性外，还需要基于通信协议验证其安全性，例如是否采用了 TLS 加密传输，是否进行了数据传输完整性校验等。

代码是控制器的灵魂，承载了控制器核心的控制逻辑。对代码的网络安全合规性测试包括安全启动验证和安全日志检测等，还应验证控制器内敏感信息的安全存储，防止未经授权的访问、修改、检索和删除。

2. 网络安全测试规范

为了保证网络安全合规性测试的有效性和一致性，我们需要制定网络安全测试规范。测试规范的编写应当包含以下基本要素。

- ❑ 制订详细的测试计划：在进行网络安全测试之前，需制订一个详细的测试计划，包括测试范围、目标、测试步骤和时间安排等。测试计划应经过相关利益者的审查和批准。
- ❑ 确保测试环境的准备：为了避免对生产环境造成影响，应该在专门的测试环境中进行网络安全测试。

❑ 选择合适的测试方法：根据实际需求选择合适的网络安全测试方法。常见的测试方法包括漏洞扫描、渗透测试、应用程序安全测试、黑盒测试、白盒测试等。

❑ 制定测试用例：根据系统需求、架构设计以及详细设计方案，制定测试用例，包含相应的测试用例标识符、测试目的、测试前提条件、测试步骤、输入/输出条件、预期结果等。

在制定相关的测试用例时，应当参考相关的法规标准，如 GB/T 40855—2021《电动汽车远程服务与管理系统信息安全技术要求及试验方法》、GB/T 40856—2021《车载信息交互系统信息安全技术要求及试验方法》、GB/T 40857—2021《汽车网关信息安全技术要求及试验方法》、GB/T 40861—2021《汽车信息安全通用技术要求》和 GB 44495—2024《汽车整车信息安全技术要求》等。

### 3. 网络安全测试策略、方法与工具

网络安全测试策略是一套用于指导和规划网络安全测试活动的计划和方法。它定义了测试的目标、范围、方法、工具和计划，以确保系统的安全性和防御能力。网络安全测试策略应当用于评估车辆的安全性，发现潜在的漏洞和薄弱点，并提供改进建议以加强系统的安全性。

（1）常见的网络安全策略

❑ 综合测试策略：综合多种测试方法，如渗透测试、漏洞扫描、代码审查等，以全面评估系统的安全性。

❑ 白盒测试策略：基于对系统内部结构和实现的了解进行测试，包括代码审查、逻辑分析和配置审查等。

❑ 黑盒测试策略：基于对系统外部行为的观察和分析进行测试，模拟攻击者的行为，测试系统对未知攻击的防御能力。

❑ 灰盒测试策略：结合白盒和黑盒测试方法，同时考虑系统的内部结构和外部行为，以评估系统的安全性。

❑ 外部安全审计策略：请第三方安全专家进行独立的安全审计，以发现系统中的潜在漏洞和薄弱点。

（2）常用的安全测试技术

❑ 渗透测试：指模拟攻击者的行为，尝试发现系统的漏洞和薄弱点，以获取未经授权的

访问或执行恶意操作。渗透测试可以包括网络渗透测试、应用程序渗透测试、无线网络渗透测试等。

❑ 漏洞扫描：指使用自动化工具扫描系统和应用程序，寻找已知的安全漏洞。这些工具会检测系统配置错误、未打补丁的软件、不安全的网络服务等。

❑ 安全配置审查：指对系统和应用程序的安全配置进行审查，确保其符合安全最佳实践。这包括检查防火墙规则、访问控制列表（ACL）、密码策略、SSL/TLS 配置等。

❑ 二进制分析：指对二进制文件（如可执行文件、固件、驱动程序等）进行深入的静态或动态分析的过程。它涉及对二进制文件的结构、行为和功能进行解析和理解，评估二进制文件的安全性、功能，并发现其中可能存在的漏洞、缺陷。

❑ 代码审查：指分析应用程序的源代码，寻找潜在的安全漏洞和编码错误。代码审查可以帮助发现常见的漏洞，如代码注入、跨站脚本、跨站请求伪造等。

❑ 社会工程学测试：指通过模拟社会工程学攻击，评估系统中的人为薄弱环节。测试人员可能尝试诱骗用户提供敏感信息、执行恶意附件、点击恶意链接等。

❑ 安全功能验证测试：指验证系统中诸如加密算法和身份验证等安全机制的安全性。测试人员可能尝试绕过身份验证、破解密码、拦截和篡改加密流量等。

## 7.4.3　网络安全渗透测试

### 1. 网络安全渗透测试对象

在选择网络安全渗透测试对象时，通常遵循以下准则。

1）已获得该对象的授权；

2）该对象包含关键业务；

3）优先选择最可能被攻击的区域，如 Web 应用程序、内部网络、无线网络；

4）该对象被攻击会产生非常大的危害；

5）之前已发现过的漏洞。

因此，当前网络安全渗透测试的对象通常包括 Web 应用程序（涉及跨站脚本、SQL 注入、权限绕过等漏洞）、移动应用程序（涉及认证和授权问题、数据存储漏洞、逆向工程等）、内部网络（如不安全配置漏洞）、无线网络（涉及密码破解、中间人攻击等漏洞）、云基础设施（包括访问控制、数据泄露、配置错误等漏洞），以及物联网设备（如默认凭据、远程攻击、不安全的通信等漏洞）。

**2. 网络安全渗透测试计划和实现方法**

网络安全渗透测试是一项系统性的工作，需要有明确的计划、合适的方法和适用的工具。以下是对一般网络安全渗透测试计划及一般实现方法的概述。

❑ 目标和范围确定：明确测试的目标系统、应用程序或网络范围。确定测试的需求，如业务逻辑漏洞还是人员管理权限漏洞，并明确渗透测试范围，例如 IP 段、域名、整站渗透还是部分模块渗透。同时，明确渗透测试规则，包括可渗透程度、是仅确定漏洞还是进行进一步测试，是否允许数据破坏以及是否能提升权限等。

❑ 信息收集：收集有关目标的信息，如网络拓扑、系统配置、应用程序版本等，旨在获取目标系统的关键信息，以便为后续测试提供基础。对于 Web 应用程序而言，我们还需要获取脚本类型、服务器类型、数据库类型以及所使用的框架和开源软件等。这可以通过公开可用的信息、WHOIS 查询、DNS 枚举、社交工程等方式实现。

❑ 漏洞探测：分析收集到的信息，借助扫描工具扫描目标程序，查找存在的安全漏洞。这可以通过端口扫描、服务识别、漏洞扫描等方法实现。

❑ 漏洞利用：对以扫描到的漏洞进行分析与验证，以确定漏洞的可利用性。这需要测试人员结合实际情况，搭建模拟测试环境对这些安全漏洞进行验证。被确认的安全漏洞才能被利用。此步骤可通过 Payloader 工具或编写自定义脚本来完成。

经过验证的安全漏洞可用来攻击目标程序，但不同的安全漏洞有不同的攻击机制。我们需综合考虑不同安全漏洞的原理、可利用的工具、目标程序检测机制、攻击是否可以绕过防火墙等因素，制订一个具体而精密的攻击计划。

在发起攻击时，往往需要用户授权。获得授权的方式分为两种：一种是社会工程学，即通过欺骗、操纵等手段获取目标系统用户的敏感信息。常见的方法有钓鱼邮件、电话欺骗和 USB 攻击等。另一种是密码破解，即使用字典攻击、暴力破解等技术尝试破解密码并获取未授权的访问权限。这种方法可应用于系统登录、数据库访问和应用程序凭据等方面。

对目标程序发起攻击，是为了达到测试的目的，如获取用户账号密码、截取目标程序传输的数据或控制目标主机等。渗透测试是一次性测试，攻击完成后需进行清理工作，如删除系统日志和程序日志等。

❑ 报告编写：编写测试报告时，需要阐述项目的安全测试目标、信息收集方式、漏洞扫描工具、漏洞情况、攻击计划、实际攻击结果，以及测试过程中遇到的问题等；此外，还应对目标程序存在的漏洞进行分析，并提供安全有效的解决办法。

### 3. 网络安全渗透测试工具

由上文可知，网络安全渗透测试通常要参照寻找漏洞、测试攻击漏洞并修复更新漏洞的思路来进行。因此，当前实现网络安全渗透测试的工具都是按照这种思路设计的。

渗透测试的标准步骤包括：目标和范围确定、信息收集、漏洞探测、漏洞利用、报告编写。下面介绍其中几个步骤应用的工具。

（1）信息收集

渗透测试的信息收集是指在进行网络渗透测试时收集有关目标系统的数据和信息。这个过程是渗透测试的关键步骤，有助于评估系统的安全性，并识别潜在的漏洞和风险。信息收集的范围可以包括但不限于以下几方面。

- ❑ 域名和子域名：收集目标组织的域名和与之相关的子域名信息。
- ❑ 网络架构：确定目标系统的网络拓扑和架构，包括服务器、防火墙、路由器等。
- ❑ IP 地址：获取目标系统的 IP 地址，以便定位和识别目标。
- ❑ 主机：确定目标主机，以及主机上运行的操作系统和相关服务的版本信息。
- ❑ 端口及服务：确定目标系统上开发的端口及服务信息等。

常见的网络信息收集工具包括著名的网络嗅探工具 Nmap（见图 7-19）。Nmap 是一种用于网络发现和端口扫描的网络映射工具。它被用来扫描电脑的网络连接端，确定服务放置情况，并推断当前运行的操作系统。系统管理员常用它来探测工作环境中未经批准使用的服务器，而黑客则用来收集计算机的网络设定。在实际操作中，我们也可采用社会工程的方式获取到目标对象的信息。

通信是收发双方交互信息、数据的过程，通信信息往往包含许多关键数据和重要信息。通过通信信息获取信息也是信息收集的重要途径。Wireshark 是一款开源的网络协议分析工具，可以帮助用户捕获和分析网络上的数据流量。它能够在实时和离线模式下捕获数据包，并以图形化界面展示捕获到的数据，同时提供丰富的过滤和分析功能。Wireshark 支持多种网络协议，包括但不限于 TCP、UDP、IP、ICMP 等。用户可以利用 Wireshark 识别网络中的问题、分析网络流量，从报文分析过程中获取诸如用户名、密码、令牌值等重要信息，如图 7-20 所示。

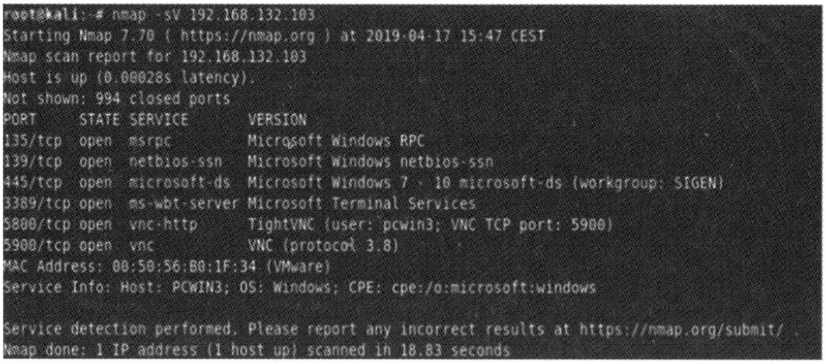

图 7-19　Nmap 示例

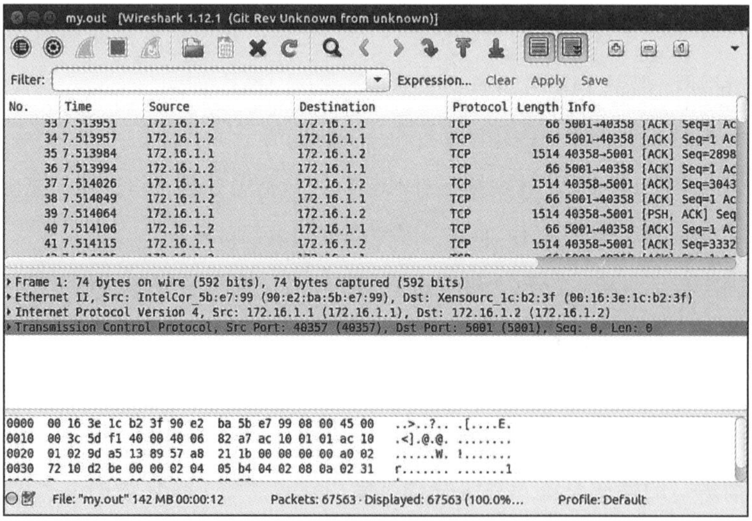

图 7-20　Wireshark 报文分析

（2）漏洞探测

在信息收集阶段之后，应当分析、过滤收集的基本信息，发现其中脆弱的地方，如不必要的端口、过时的软件版本等。对漏洞的探测可依赖各类自动化工具，通过自动化的扫描方式获取目标对象存在的漏洞。

漏洞扫描工具通过爬行和分析或交互目标 Web 应用程序，从而获取 Web 配置、表单和功能点。这类工具通常具有自己的规则库，通过扫描目标对象的规则库，发送相关的请求报文，模拟攻击和漏洞利用过程。根据反馈回来的信息，测试人员可以发现潜在的安全漏洞和风险。

OpenVAS（Open Vulnerability Assessment System）是一个基于 B/S 架构的开源漏洞扫描器，用于检测计算机系统中的安全漏洞。它是一个比较强大的工具，可用于评估网络和系统的安全性。OpenVAS 能够扫描目标系统，提供一系列的网络安全测试，包括端口扫描、服务版本检测、漏洞检测等，发现潜在漏洞，识别和解决安全问题，并生成详细的报告。它还能够执行全面的漏洞评估，帮助组织保障其系统和网络的安全性。

该工具的开源性质使得用户能够免费使用和定制 OpenVAS，以满足其特定的安全需求，如图 7-21 所示。

市场上还有多款开源及商业化的漏洞探测工具，本文不做一一介绍。

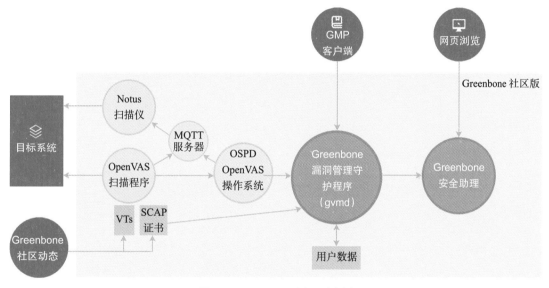

图 7-21  OpenVAS 原理示意图

（3）漏洞利用

漏洞利用是渗透测试中最为重要的一步，是对前面两个步骤发现的弱点及漏洞展开模拟攻击的测试行为。进行渗透测试的漏洞利用阶段时，测试人员可专注于利用系统、应用程序或网络的潜在弱点或漏洞，以检测其安全性。通过模拟恶意黑客的攻击，帮助组织发现潜在的安全风险。

渗透测试的漏洞利用阶段是测试过程中的关键部分，它有助于确定系统是否容易受到未经授权的访问或攻击。同时，漏洞利用还可以验证系统是否能够有效地防范潜在威胁。安全专业人员在进行漏洞利用时需要遵循道德准则，确保开展的活动不会给被测试系统造成实际损害。

在进行渗透测试的过程中，安全专业人员通常会使用各种工具和技术来尝试利用系统中的漏洞。这可能涉及利用操作系统、应用程序或网络协议中已知的漏洞，或者通过尝试常见的攻击方法（如 SQL 注入、跨站脚本攻击等）来寻找系统的弱点。

Burp Suite 是用于攻击 Web 应用程序的集成工具，包含代理服务器、漏洞扫描器和攻击工具。它是一款用于进行网络应用程序安全测试的集成平台。该平台由多个模块组成，提供了一套完整的工具，用于检测、攻击和保护网络应用程序。这些工具都共享一个能处理并显示 HTTP 消息的可扩展框架。Burp Suite 测试过程如图 7-22 所示。

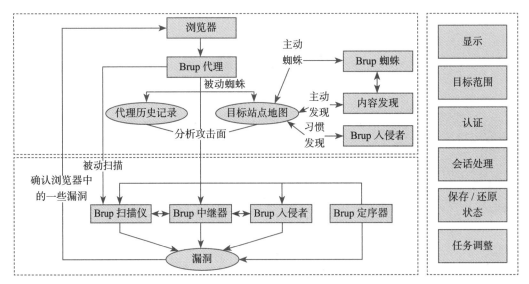

图 7-22　Burp Suite 测试过程

该平台的功能如下。

❑ 代理服务器：Burp Suite 的代理服务器允许用户拦截和修改浏览器与目标应用程序之间的通信、请求和响应，以便分析和修改请求。

❑ 扫描器：Burp Suite 包含了强大的扫描器，内置漏洞扫描引擎，用于自动检测应用程序中的安全漏洞。

❑ 爬虫：Burp Suite 还包括一个爬虫工具，以自动浏览目标应用程序并构建其站点地图，以帮助发现隐藏的页面和功能。

❑ 重放工具：Burp Suite 允许用户捕获、修改并重新发送通信请求，查看修改后的响应，以手动测试和验证漏洞。

❑ 序列器：Burp Suite 允许用户通过序列器预设一部分报文发送，以分析随机性和可预测性的影响。

❑ 解码器：Burp Suite 允许用户对各种编码和加密算法进行解码。

Metasploit 是另一款较为出名且实用的开源工具，用于渗透测试和漏洞利用，拥有世界上最大的渗透测试攻击数据库。它提供了一套工具和资源，帮助安全专业人员评估系统、网络和应用程序的安全性。它的框架结构如图 7-23 所示。

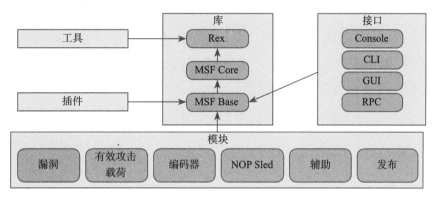

图 7-23　Metasploit 框架结构

Metasploit 的功能包括渗透测试、漏洞利用、网络发现、密码破解等，支持多种操作系统和应用程序。它还具备灵活性和可扩展性，允许安全专业人员根据需要定制和扩展功能。

Metasploit 的目标是提供一个全面且易于使用的渗透测试工具，以帮助安全团队发现和修复系统中的安全漏洞。然而，请注意，使用 Metasploit 进行渗透测试需要遵守道德和法律标准，仅在合法授权的范围内使用。

Metasploit 工作原理主要包括以下几个方面。

❑ 模块框架：Metasploit 遵循模块化架构。它由执行特定功能的各种模块组成。模块可以分为漏洞利用模块、有效攻击载荷、辅助模块、编码器、NOP Sled、侦听器和后利用模块。这种模块化设计允许用户定制和选择特定渗透测试所需的特定组件。

❑ 漏洞利用模块：漏洞利用模块是旨在利用目标系统中的漏洞的模块。Metasploit 提供了大量针对不同操作系统、应用程序和服务的攻击模块。漏洞利用模块试图利用已识别的弱点来获得对系统的未经授权访问。

❑ 有效攻击载荷：有效攻击载荷是漏洞成功利用后传递到目标系统的恶意组件。它们旨在对受感染的系统执行特定操作，例如创建反向 Shell、提升权限或窃取数据。Metasploit 支持各种有效攻击载荷，以达成不同的目标。

❑ 辅助模块：辅助模块执行除漏洞利用之外的任务，例如信息收集、扫描和侦察。这类模块通过提供有关目标网络及其漏洞的有价值的信息来帮助进行初始评估。

❑ 编码器：Metasploit 使用编码器来混淆有效攻击载荷，使防病毒解决方案更难检测到它们。编码器有助于绕过可能检查或阻止有效攻击载荷中某些模式的安全机制。

❑ NOP Sled：NOP Sled 用于确保有效攻击载荷在目标内存中正确对齐。它们由无操作（NOP）指令序列组成，充当缓冲区以引导执行流到实际有效攻击载荷。

❑ 侦听器：Metasploit 使用侦听器在攻击者和受感染系统之间建立通信通道。这有助于Metasploit 控制台和被利用系统之间的数据和命令交换。

❑ 后利用模块：在成功破坏系统后，后利用模块提供进一步探索、权限升级和维持对受感染系统持久访问的功能。

### 7.4.4 网络安全产品测试案例

本节将列举五个当前网络安全产品的测试实例，分别为 Jeep 车远程被控制事件、宝马汽车 ConnectedDrive 安全漏洞事件、中继攻击使车辆被盗事件、特斯拉门锁安全漏洞事件和斯巴鲁主机升级机制漏洞事件。

#### 1. Jeep 车远程被控制事件

2015 年，两名安全专家 Charlie Miller 和 Chris Valasek 通过 Jeep Cherokee 的系统 Uconnect 成功实现了对该车辆的远程控制。这些安全专家通过互联网连接到 Uconnect 系统，然后远程操纵车辆，例如刹车、加速、打开车门等。这件事引起了广泛关注，Jeep 公司事后也召回了所有相关车辆。控制事件的实现过程如下。

首先，黑客在研究 Jeep 车的网络架构（见图 7-24）时，发现 Jeep 的车载娱乐系统 Uconnect 同时连接到汽车的两个总线：主总线（Controller Area Network-C，CAN-C）和内部高速总线（Controller Area Network Information Handling Service，CAN IHS）上。这两个总线都是非常重要的核心线路，都连接到了汽车核心系统。例如，CAN-C 总线连接到发动机控制、变速箱换挡控制、ABS 制动、电子手刹、转向、自适应巡航（Adaptive Cruise Control，ACC）、改变收音机频率等系统，而 CAN IHS 连接到了车门驱动、座椅加热、空调制热、盲点警告系统（BSW）、调节收音机功放等系统。由于 Uconnect 具有无线通信接口，因此只要入侵 Uconnect 系统并获取写权限，就能入侵汽车核心系统，实现远程控制汽车。

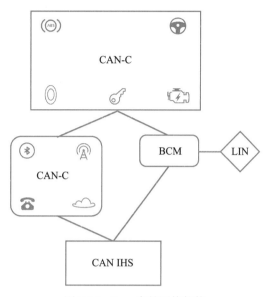

图 7-24　Jeep 车的网络架构

之后，黑客在研究 Uconnect 系统的权限时发现，虽然 Uconnect 系统对 CAN 总线数据只有读取权限而没有写入权限，但 CAN 总线并没有设置签名机制。黑客只需植入越狱代码，就可以开放 Uconnect 系统的写权限。

最后，黑客在研究入侵 Uconnect 系统的方法时，发现有两种途径。一种是通过 Uconnect 系统的近场 WiFi，由于其 WPA2 密码强度太低，并且存在开放端口 6667D-Bus，可以直接连接到 Uconnect 系统。另一种是通过运营商 Sprint 的通信协议和 TELNET 网络协议。Sprint 协议允许不同设备通过通信塔天线自由通信。黑客可破解 Sprint 通信协议以获取控制权，然后利用 TELNET 协议进行远程控制。

### 2. 宝马汽车 ConnectedDrive 安全漏洞事件

2015 年，宝马汽车 ConnectedDrive 安全漏洞事件曝光。德国汽车俱乐部 ADAC 的研究人员 Dieter Spaar 通过欺骗宝马汽车的电话支持服务中心，获取了车辆位置等敏感信息，并成功地远程控制了一辆 2015 款 BMW i3 电动汽车。事发后，宝马汽车采取了一系列措施加强安全，例如设置多层加密机制和限制远程功能的频率。宝马事件的全过程如下。

第一步，收集信息。

黑客选择了宝马的车载娱乐系统 ConnectedDrive 作为主要目标。ConnectedDrive 是一个通过网络实现通信的系统，用户可以通过手机 APP 获取车辆信息或发起请求，并将某些计算密集的请求转发至服务器。实现手机与车辆互联的工具是 ConnectedDrive 的通信模块 Combox，黑客将注意力放在 Combox 上。为了获取 Combox 与基站之间的通信流量，黑客使用了微基站（如 Nano Base Transceiver Station，NanoBTS）或移动基站操作系统等基站模拟蜂窝网络，从而获取 Combox 与基站之间的通信流量。

第二步，分析和利用漏洞。

黑客检查了连接到核心系统的 CAN 总线，发现在与通信模块 Combox 串行通信的线上，抓取的数据与基站捕获的数据存在差异，推断出是 Combox 实现了数据加密。为了破解数据加密，黑客利用反汇编分析软件（如 Hex-Rays 的 IDA Pro 软件）分析 Combox 上的 Flash 芯片，以获取加密方式的信息。随后，黑客通过分析下一代远程信息处理协议（Next Generation Texting Protocol, NGTP）和 V850 固件上的随机数据块，获取了加密密钥的信息。最终，他们确定了加密密钥为 DES256 或 AES128，并确定了数字签名为 DES CBC-MAC、HMAC-SHA1 和 HMAC-SHA256。

第三步，发起攻击。

在掌握了加密方式和密钥后，黑客伪装服务器，接收并处理汽车转发的请求。他们可以解密请求并发送控制指令（例如开车门），从而实现远程控制。

由此可总结出实现控制的整个过程为：首先，黑客选择目标系统，并利用伪基站模拟监听通信流量；随后，分析协议、固件和数据加密机制，以获取加密密钥；最后，伪装服务器发送指令，从而实现远程控制。这体现了渗透测试中的目标选择、信息收集、漏洞利用等关键步骤。

### 3. 中继攻击使车辆被盗事件

2019 年，一位名叫 Lennert Wouters 的比利时网络安全研究人员发现了无钥匙进入与启动系统的漏洞。他发现，只需一台简单的无线电设备来干扰特定频率的无线信号，就能使车主失去对车辆的控制，进而打开车门并启动行驶。这种攻击称为中继攻击（Relay Attack）。

汽车会定时向外界发送 LF 信号，LF 信号是一种发送距离极短的信号。只有当车主拉动车门时，钥匙才会感知到信号，从而确保车主身份的真实性。钥匙感知信号后，会发送 RF 信号给汽车发起指令。主控收到 RF 信号后，会向钥匙发起随机挑战，钥匙需计算出应答，主控才会自动完成打开车门或者启动发动机的动作。

虽然 LF 信号传输距离极短，但 RF 信号传输距离并不短。由此，攻击者只需通过信号放大器和发射器将 LF 信号放大，使原本不在安全距离内的钥匙感应到该信号。随后，钥匙将正常发送 RF 信号至汽车并应答挑战。这样，汽车误认为钥匙在合理的距离内，从而完成开车门、启动发动机等动作。

### 4. 特斯拉门锁安全漏洞事件

2018 年 9 月，特斯拉的无钥匙进入和启动系统被爆出存在通用漏洞（Common Vulnerability and Exposure，CVE），编号为 CVE-2018-16806。该漏洞主要是由于系统设计时使用了过时的 DST40 加密算法。攻击者只需使用一个微型电脑 Raspberry Pi 3 Model B+、一个负责 RFID 嗅探及克隆的破解信号工具 Proxmark3、Yard Stick One 天线以及一个用来供电的 USB 接口的充电宝（见图 7-25），便可在数秒内在约 $216m^2$ 的范围内找到真正的密钥，完成钥匙复制。之后，攻击者可成功应答汽车的随机挑战，解锁并启动车辆。特斯拉 PKES 基于挑战 / 应答方式的身份认证过程如图 7-26 所示。

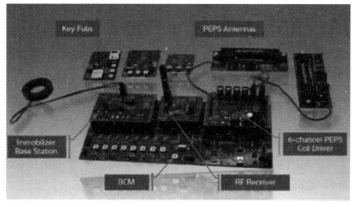

图 7-25　无钥匙进入与启动系统

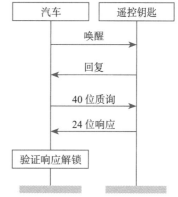

图 7-26　特斯拉 PKES 基于挑战 / 应答方式的身份认证过程

### 5. 斯巴鲁主机升级机制漏洞事件

2018 年 11 月，一个被称为 CVE-2018-18203 的漏洞被公开，它影响了斯巴鲁的 StarLink 主机更新机制。这个漏洞允许攻击者在斯巴鲁主机上获取持久的管理员访问权限，从而使攻击者可以作为管理员在主机上安装恶意固件，并执行任意恶意代码。

具体而言，该漏洞主要是由斯巴鲁 StarLink 主机上的一个命令注入漏洞导致的。当 StarLink 主机验证特定更新文件时，攻击者只需发送精心构造的命令序列，使签名检查出现错误，就能获取管理员权限，并完全控制 StarLink 主机。该完整过程如下。

- 链接线束并供电：黑客获得与 StarLink 主机连接并供电的物理访问权限。
- 硬件设计分析：黑客对 StarLink 主机的硬件进行分析，发现了其主要组成部分，包括 ARM 处理器、32G eMMC 存储器、UART 调试口和 USB 端口等。
- 利用串口换数据：通过串口，黑客与 StarLink 主机进行数据交互，进一步探测和分析系统。
- 寻找命令行：通过逆向分析固件，黑客发现了可以直接登录的命令行（即 /bin/sh 命令行）。
- 提升权限：尽管权限受限，但当系统安装 FAT32 USB 设备（即每个二进制文件被标记为 777）时，黑客通过 USB 适配器将串口与系统的 daemon 或 dm 连接，并设置环境变量 $PATH 以包含相应文件夹，就能执行闪存中的二进制文件。
- 获取持久的 root 权限：黑客执行 cdqnx6fs 二进制文件，并在修改文件后利用 SSH 协议获得了持久的 root 权限。
- 修改认证文件：黑客选择修改密钥认证文件 auth2-passwd.c，将返回结果 authenticated 恒定设为 1，从而绕过身份验证。

在这一过程中，黑客以渗透测试的思想进行信息收集、漏洞利用和权限提升等操作，成功完成了对目标系统漏洞的攻击。